中国（上海）自由贸易试验区
变革与机遇

乐美龙 编著

上海交通大学出版社
SHANGHAI JIAO TONG UNIVERSITY PRESS

内容提要

本书从介绍保税区、出口加工区、保税物流园区、保税港区、综合保税区等这些特殊保税区开始,系统地介绍上海自贸区的地理位置、功能分布、交通及配套条件、发展情况,再系统地介绍上海自贸区政策体系。随后重点介绍上海自贸区开放的六大领域及其将产生的市场影响,并分析上海自贸区对各地可能产生的影响及各地主要动向。

图书在版编目(CIP)数据

中国(上海)自由贸易试验区变革与机遇 /乐美龙编著. — 上海 : 上海交通大学出版社,2015
(国际航运中心建设丛书)
ISBN 978-7-313-12959-8

Ⅰ. 中... Ⅱ. 乐... Ⅲ. 自由贸易区－经济发展－研究－上海市 Ⅳ. F752.851

中国版本图书馆 CIP 数据核字(2015)第 094490 号

中国(上海)自由贸易试验区变革与机遇

编　　著:乐美龙

出版发行 上海交通大学出版社　　　　　　地　　址:上海市番禺路 951 号

邮政编码:200030　　　　　　　　　　　电　　话:021-64071208

出 版 人:韩建民

印　　制:常熟市梅李印刷有限公司　　　经　　销:全国新华书店

开　　本:787mm×960mm　1/16　　　　印　　张:15.75

字　　数:276 千字

版　　次:2015 年 6 月第 1 版　　　　　　印　　次:2015 年 6 月第 1 次印刷

书　　号:ISBN 978-7-313-12959-8/F

定　　价:38.00 元

前　言

中国(上海)自由贸易试验区,简称自贸区,是中国历史上一次重要的变革探索。它不同于过去依次推行的保税区、出口加工区、保税物流园区、保税港区、综合保税区,重在以优惠的关税政策吸引投资,促进贸易与相关产业发展,它是中国政治、经济深层改革的一个试验田。简政放权、TPP/TIPP/PSA倒逼(二次入世)、扩大开放、经济转型、吸引投资、创新服务、本币入世等均在试验之列。自贸区试验一旦成功,就会在中国大地"复制、推广",使中国逐步走出依赖投资和出口,以资源、环境为代价的经济发展模式,进入到以先进制造业和现代服务业为龙头的绿色、人本、和谐、高效的科学发展之路。

2013年9月29日"中国(上海)自由贸易试验区"正式挂牌成立以来,社会各界反响热烈。同年10月,应上海交通大学出版社之邀着手编写本书。编写的目的有三个:一是完整介绍中国(上海)自由贸易试验区的情况,以方便读者全面掌握自贸区情况,免得一鳞半爪,到处翻找;二是向政府官员传达完整的政策体系及其解读。自贸区开始之初,各地政府对自贸区的热情十分高涨,希望能承袭过去的保税区、出口加工区、保税物流园区、保税港区、综合保税区的做法,也能尽早搭上这政策"快车";三是为中外企业、商人寻找商机提供参考。自贸区成立之初,商人如云,每一位来自贸区注册的企业都希望利用政策红利,挖到"第一桶金"。自贸区自挂牌至2014年6月底,区内累计新设企业10 445家,新设外资企业1 245家。2014年上半年,自贸区完成经营总收入7 400亿元,同比增长11.2%。其中商品销售额6 350亿元,增长11.3%;航运物流服务收入535亿元,增长19.0%。截至2014年5月底,跨境人民币境外借款发生45笔,共101亿元;参与跨境双向人民币资金池试点企业17家,资金池收支额78亿元。

为了使读者更好地了解自贸区,本书的叙述从保税区、出口加工区、保税物流园区、保税港区、综合保税区这些特殊关税区开始,然后再系统介绍上海自贸区的地理位置、功能分布、交通及配套条件、发展情况。在此基础上,系统介绍上海自贸区政策体系。之后,重点介绍上海自贸区开放的六大领域及其将产生的市场影响,这部分是本书的重点。最后,分析上海自贸区对各地可能产生的影响及各地主要动向。全书以回答大家关心的问题的方式结尾。

　　需要说明的是:尽管本人曾深度参与了保税区、出口加工区、保税物流园区、保税港区等特殊关税区的具体研究项目,也浏览了大量专家、学者、业者、发表的文章,但由于自贸区无论其承担的使命,还是将产生的影响,均非过去设立的那些特殊关税区能比,作者在此的解读和分析可能偏颇甚至错误,敬请谅解。同时,作者也欢迎读者来信批评指正。作者邮箱:lemeilong@126.com。

编者　乐美龙

2014 年 11 月

目　　录

第 1 章

什么是上海自贸区

1.1 什么是自贸区

1.1.1 自贸区

自贸区,全称自由贸易区(free trade area,FTA)。根据 WTO 在 1947 年《关税与贸易总协定》的有关解释,所谓"自由贸易区",是指两个以上的主权国家或单独关税区通过签署协定,在世贸组织最惠国待遇基础上,相互进一步开放市场,分阶段取消绝大部分货物的关税和非关税壁垒,改善服务和投资的市场准入条件,从而形成的实现贸易和投资自由化的特定区域。

早在 20 世纪 50 年代初,美国就提出了在自贸区内发展以出口加工为主的制造业的构想。20 世纪 60 年代后期,作为后起之秀,一些发展中国家也积极向世界靠拢,将自贸区逐步发展成为出口加工区。20 世纪 80 年代以来,随着科学技术的发展、资本积累的增加和知识经济时代的到来,自贸区已经不仅仅局限于单一制造业,许多国家的自贸区形成"科技型自由贸易区"。当今自贸区发展迅速,数量不断增加,范围不断扩大,功能趋于综合,管理趋向完善。据不完全统计,截至 2013 年,全球已有1 200多个自由贸易区,其中 15 个发达国家设立了 425 个,占 35.4%;67个发展中国家设立了 775 个,占 65.6%。

除此之外,迄今中国已与东盟、智利、巴基斯坦、新西兰、新加坡、秘鲁签订了自贸协定;正在与澳大利亚、海湾合作委员会(包括沙特阿拉伯、科威特、阿联酋、阿曼、卡塔尔和巴林 6 国)、冰岛、挪威、哥斯达黎加、南部非洲关税同盟等国家和地区进行自贸区谈判。

1.1.2 海关特殊监管区

自贸区是一个海关特殊监管区。一般以特殊的政策吸引投资、促进贸易,促进就业、税收和经济、社会的发展。改革开放以来,我国根据需要,已分阶段采用了不同形态的海关特殊监管区。

1.1.2.1　海关特殊监管区的形态

改革开放以来,我国为了吸引外资、促进贸易,促进经济更快发展,依次实行过四种类型的海关特殊监管区,包括保税区、出口加工区、保税物流园区和保税港区。

1. 保税区(bonded area)

保税区,亦称保税仓库区,是海关设置的或经海关批准注册、受海关监督和管理的可以较长时间存储商品的区域,功能定位为“保税仓储、出口加工、转口贸易”。海关对保税区实行封闭管理,区内实行境内关外的运作方式。境外货物进入保税区,实行保税管理,即不必缴纳进口关税。也可自由出口,只需交纳存储费和少量费用,但如果要进入关境,则需缴纳关税。而境内其他地区货物进入保税区,视同出境。运入保税区的货物可以进行储存、改装、分类、混合、展览,以及加工制造,但必须处于海关监管范围内,同时,外经贸、外汇管理等部门对保税区也实行较区外相对优惠的政策。各国的保税区一般对保税区内的货物都有不同的时间规定,逾期未办理有关手续,海关有权对其拍卖。拍卖后扣除有关费用后,余款退回货主。

保税区是中国继经济特区、经济技术开发区、国家高新技术产业开发区之后,经国务院批准设立的新的经济性区域。由于保税区按照国际惯例运作,实行比其他开放地区更为灵活优惠的政策,因此广受各地欢迎。我国在1984年提出设立保税区设想,于1990年在上海浦东外高桥设立第一个保税区——上海外高桥保税区。1992年后,国务院又相继批准了大连、天津、广州、深圳、海口、张家港、福州、宁波、青岛、厦门、汕头、珠海等共15个保税区。其功能主要为进出口加工、国际贸易、保税仓储、商品展示。保税区经过二十几年的发展,成效显著。譬如上海外高桥保税区,2012年,从该区进口的手表、酒类、化妆品分别占全国的43%、37%、29%,进口的医药品、医疗器械占全国的24%和21%。我国保税区在扩大我国对外开放、提高对外开放水平和促进经济发展等方面发挥了特殊作用。

2. 出口加工区(export processing zone)

出口加工区,是我国划定或开辟的专门用于制造、加工、装配出口商品的特殊工业区,是为了支持我国成为世界制造大国,提升加工贸易产业层次,推动经济发展而提出的特殊关税区。海关对出口加工区采用封闭式管理,24小时监管。通过简化通关手续,为出口加工企业提供更宽松的经营环境和更快捷的通关便利,实现出口加工贸易在海关“一次申报、一次审单、一次查验”的通关要求。出口加工区一般设在经济相对发达、交通运输和对外贸易方便、城市发展基础较好的地区。2000年 6 月,国务院正式批准了深圳、上海、大连、天津、厦门、广州、烟台、北京、威海、昆山、苏州、杭州、武汉、成都、珲春 15 个城市设立首批出口加工区,以后陆续增加到57 个。出口加工区虽冠以"出口"二字,但其产品可以在国内销售,但此时视同进口,必须缴纳规定的关税。经过十几年的发展,出口加工区在我国贸易、制造领域已扮演着重要角色。以宁波出口加工区为例,其液晶模组产业产值 300 多亿元。生产的液晶模组约 70% 出口国外,30% 供应国内,占有国内约 40% 的市场份额。

3. 保税物流园区(bonded logistics park)

保税物流园区是随着我国成为航运大国而提出的另一种类型的特殊关税区,是指经国务院批准,在海港区划出特定区域,实行保税区的政策,专门发展现代国际物流业的海关特殊监管区域。依据"境内关外"定位,海关实行封闭管理,区域内实行"一线放开、二线管住,区内宽松"的区域管理理念。

保税物流园区是由中国境内一家企业法人经营,多家企业进入并从事保税仓储物流业务的海关集中监管场所,可存放经海关批准的国内出口货物、转口货物、国际中转货物、外商暂存货物、加工贸易进出口货物,也可供应国际航行船舶和航空器的物料、维修用零部件、供维修外国产品所进口寄售的零配件及其他未办结海关手续的货物。

在区域内,海关通过电子化监管手段,最大限度地简化监管、通关手续。保税物流园区的提出,最初是为了支持我国的港口成为航运中心而提出的,一般都临港而设,通过园区与港区的"无缝对接",实现货物在保税状态下的快速换装、集拼、转运。2003 年 12 月,国务院首先批准了最有希望成为东北亚航运中心的上海建立保税物流园区——上海外高桥保税物流园区。2004 年 8 月,又批准了青岛、宁波、大连、张家港、厦门、深圳和天津设立保税物流园区。作为采用(园)区港(口)联动方式,用来支持国际中转、国际配送、国际转口、国际采购业务的保税物流园区,它的推出推动了我国国际物流业,特别是国际中转业务的发展。保税物流园区后期还推出了 A 型(公共型)或 B 型(一家企业法人经营),主要是把政策延伸到内陆保税物流园区。譬如 B 型保税物流园区——深圳华南保税物流园区,它主要服务于香港的保税仓储,以有效降低香港企业的仓储成本。

4. 保税港区(bonded port area)

保税港区,是继保税区、出口加工区、保税物流园区之后我国设立的另一海关特殊监管区,是上述三区基础上的一种推进和功能叠加。它一般设立在对外开放的口岸港区和与之相连的特定区域,具有保税物流、保税加工等相关功能。即在对外开放的港口城市里,将"区"(临近港区的保税区、出口加工区和保税物流园区)和"港"(部分开放港区,包括码头、仓库和道路等)通过科学规划并利用相关政策有机整合在一起,比较适合仓储物流、对外贸易、国际采购、分销和配送、国际中转、检测和售后服务维修、商品展示、研发、加工、制造、港口作业等功能。在政策上,保税港区享受保税区、出口加工区相关的税收和外汇管理政策。其主要税收政策为:国外货物入港区保税;货物出港区进入国内销售按货物进口的有关规定办理报关,并按货物实际状态征税;国内货物入港区视同出口,实行退税;港区内企业之间的货物交易不征增值税和消费税。从保税港区政策和功能上可以看出,保税港区在区位、功能和政策上优势更明显。从功能上讲,保税港区叠加了保税区、出口加工区、保税物流园区乃至港口码头通关的所有政策和功能,集保税区、保税物流园区、港口、出口加工区等优势于一体;从发展过程上讲,保税港区是我国建设自由贸易区的先行实验区;从运作模式上讲,保税港区实现了保税区域与港口的实质联动。

保税区、出口加工区、保税物流园区、保税港区是我国海关特殊监管区的四种基本形态,后期,为了管理和运作方便,我国还提出了综合保税区的概念。譬如,上海综合保税区就包括外高桥港、浦东空港(机场)、洋山港、外高桥保税物流园区、浦东机场综合保税区、洋山港保税港区在内的所谓的"三港三区"。综合保税区也可设立在我国内陆地区,虽没有实体的港口,但仍可以享受特殊的关税政策。这种综合保税区一般都集出口加工区、保税区、保税物流园区和口岸功能于一身。当然,这类综合保税区与上海的综合保税区在概念上有所不同。截至 2014 年上半年,全国共有 35 个综合保税区。

1.1.2.2　各海关特殊监管区比较

我国的各海关特殊监管区,定位不同,其政策、功能和运作模式等有所不同。表 1-1~表 1-4 是其在政策、功能和运作模式上的主要不同。

在四种类型中,保税港区是最后提出,也是政策最优惠的区域,它兼具保税物流、保税加工和口岸通关功能。而保税区只具有保税仓储和保税加工功能,不具备港口作业功能,也不能享受出口退税政策;出口加工区仅仅具有保税加工功能;保税物流园区具备保税物流、保税仓储功能,可享受出口退税政策,但不具备保税加工功能。而保税港区集中了这三个区域所有的优惠政策,将保税区、出口加工区和保税物流园区三者的功能和港口功能集于一身,即在上述三个区域内可以开展的业务,在保税港区内都可以开展,所以保税港区的优惠政策是最高的。保税港区在区域政策上,通过将保税区叠加"入区退税"政策,实现与出口加工区、保税物流园区在政策上的统一;在监管模式上,实行"一线放开、二线管住、区内自由"监管模式,营造了便利、高效的运营环境。

表1-1 保税港区、出口加工区、保税物流园区与保税区的政策比较

政策优惠	出口加工区	保税区	保税物流园区	保税港区
国外货物入区保税	×	√	√	√
国内货物入区退税	√	×	√	√
区内货物内销需报关并征税	√	√	√	√
区内货物允许加工	√	√	×	√
区内货物交易不征增值税和消费税	√	√	√	√

表1-2 保税港区、出口加工区、保税物流园区与保税区的功能比较

功能优势	出口加工区	保税区	保税物流园区	保税港区
仓储物流	×	√	√	√
对外贸易	×	√	√	√
国际采购	√	√	√	√
分销配送	×	√	√	√
研发、加工、制造	√	√	×	√
港口作业	×	×	√	√
国际中转功能	×	×	√	√
检测和售后服务维修	√	√	×	√
商品展示	√	√	√	√

表1-3 保税港区、出口加工区、保税物流园区与保税区的运作模式比较

运作管理	出口加工区	保税区	保税物流园区	保税港区
行政体制	分离或从属	分离或从属	分离或从属	合一或独立
海关监管	港口与区域分属两个海关监管	港口与区域分属两个海关监管	港口与区域分属两个海关监管	一个海关统一监管
开放口岸及口岸管理	以转关方式实现监管衔接	以转关方式实现监管衔接	专门通道卡口与港口联系	集装箱枢纽港在区域内
货物进出口	监管严格	监管严格	监管严格	监管更自由

（续表）

运作管理	出口加工区	保税区	保税物流园区	保税港区
多式联运	不具备	不具备	间接和有限的水水联运	具备公铁海联运、水水联运的条件
集装箱业务	不具备	不具备	可开展拆拼箱等增值业务,但中转条件有限	可开展集装箱拆拼箱、中转等增值业务
区域空间	大(10km² 左右)	小(约 2km²)	小(约 1km²)	大(近 10km²)

表 1-4   保税港区与保税区、出口加工区、保税物流园区政策演进

	保税港区	保税区	出口加工区	保税物流园区	异同点比较
功能	仓储物流(保税仓储、国际采购配送、国际中转),商品展示,加工(研发、加工、制造及检测),对外贸易,港口作业	加工、贸易、仓储和展示	加工,相关联企业物流服务及研发、维修功能	仓储物流(保税仓储,国际采购,国际中转),商品展示,进出口贸易,检测维修	从功能上看,保税港区综合叠加了保税区、出口加工区和保税物流园区的功能,同时还具备了口岸功能
政策	• 免税、免证、保税 • 国内货物进区退税 • 区内流转免增值税 • 内销按成品征税 • 不实行银行保证金台账制度 • 可以开展"园区一日游"业务 • 实行意愿结汇与核销	• 免税、免证、保税 • 区内流转免增值税 • 内销按料件或成品征税 • 不实行银行保证金台账制度 • 实行意愿结汇与核销	• 税收政策同保税区政策基本相同,但国内货物进区可退税 • 区内企业销往境内区外的货物,按制成品征税 • 不实行银行保证金台账制度 • 实行意愿结汇核销	同保税港区	• 保税港区、出口加工区具有国内货物进区退税,而保税区没这个功能 • 货物可在保税港区和保税物流园区不限期存放 • 保税物流园区不能进行加工制造等业务

（续表）

	保税港区	保税区	出口加工区	保税物流园区	异同点比较
海关监管	·围网全封闭、卡口式管理 ·一线放开、二线管住、区内搞活	·海关对保税区实行围网管理，并实行24小时全天候工作制度	·采取全封闭、卡口式管理，海关在围网及卡口设置闭路电视监控系统，并实行24小时工作制度	·围网全封闭、卡口管理 ·保税物流园区与港口分属不同海关，但有绿色通道	·四个海关特殊监管区域均采取封闭管理 ·保税港区相对于其他三个区域，海关监管更加便捷，实现"境内关外"

1.1.2.3　自贸区和海关特殊监管区间的比较

自由贸易区，简称自贸区，是保税区、出口加工区、保税物流园区、保税港区、综合保税区之后提出的海关特殊监管区，是在关税、汇兑、许可等方面在我国大陆迄今享有最高自由度的海关特殊监管区。显然，在促进经济发展上，自贸区与我国之前提出的其他海关特殊监管区是一脉相承的。实际上，上海自贸区的围定范围也正是原上海综保区的围定范围。但上海自贸区的意义已远远超出了过去那些海关特殊监管区的意义。它是探索我国政治、经济进一步改革，寻求新一轮"入世"主动权的试验田。

全球虽有 1 200 多个自贸区，但各个自贸区在范围、规模、政策上有所不同。在有些国土较小的国家和地区，干脆把整个国家和地区作为自由贸易区。同时，为强调其良好的港口资源和市场地位，常称之为自由港，譬如我国香港。在国际上，自由港与自由港之间的政策也略有不同。但自由港一般在关税、汇兑、许可等方面比自贸区更加开放，除了规定的涉及国家、地区安全、公众健康等禁止性领域外，有的甚至于全部放开。表 1-5 为自由港、自由贸易区、出口加工区的区别；表 1-6 为我国大多数保税港区和自贸区的差异。

表 1-5　自由港、自由贸易区、出口加工区的区别

自由经济区	功　能	自由度和流通性	区位限制	典型例子
自由港	功能单一，主要是国际贸易商品的存储转运	"四个自由"，在各种自由经济区中自由度最高、流通性最好	最严格，一定是港口或港口部分，且对港口容量与业务能力要求较高	中国香港、新加坡

（续表）

自由经济区	功　能	自由度和流通性	区位限制	典型例子
自由贸易区	早期功能单一,仅限于贸易;目前功能多样,综合性强,由贸易扩展到加工、存储、展示	自由度与流通性仅次于自由港,但人员的流动不如自由港自由	一般并无特定限制	巴西、玛瑙斯自由贸易区,巴拿马、科隆自由贸易区
出口加工区	主要侧重于出口加工	自由度与流通性仅次于自由贸易区	无限制	中国台湾高雄、菲律宾巴丹出口加工区

表 1-6　我国大多数保税港区和自贸区的差异

海关监管类别 差异表现方面	自 由 贸 易 区	保 税 港 区
设立目的和定位	在不影响对国内市场保护的前提下,最大限度地获取全球自由贸易给整个国民经济带来的好处	为了推动地方经济发展,改善我国投资、建设的软环境,特别是利用海关保税的独特条件,最大限度地利用国外资金、技术发展外向型经济,使保税港区真正成为开放型经济的新增长点,充分发挥保税港区的带动效应,带动区域发展
区域性质	属于海关管辖之外的特殊区域,真正实现了"境内关外"。海关对区内货物的储存、流动、买卖等活动基本不加干预,只有货物出去进入国内非自由贸易区时才进行严格管制	虽然也是"境内关外",但仅对进出口税收而言
设立主体	是为了满足国家经济发展的需要,促进贸易发展,推进区域经济一体化进程,提升国际竞争力,是一种国家行为	地方政府主要是利用国家对保税港区在关税、财政、贸易和管制等方面的特殊政策,带动地方经济发展和扩大招商引资,使保税港区成为地区经济发展的增长点和吸引外商投资的热土

（续表）

海关监管类别 差异表现方面	自由贸易区	保税港区
管理体制	均成立专门机构,负责区域事宜的宏观管理和协调,具有较高的权威性,有权对所设区域内的一切机构与事务进行监管、有权自行制定法规与调理、有权独立行政而不受其他职能部门干预等	更多地体现为地方政府的管理
自由度和开放度	自由度非常高,企业有完全的自主权	自身没有决策能力,主要的决策全都在于政府
政策法规	最高立法机关制定自贸区特别法,以保证自贸区各项政策的稳定性,一般是先设立法律,再设立自贸区	立法进度方面可能滞后
优惠政策	· 充分自由:贸易自由,对进出口贸易及转口贸易没有限制;运输自由,免办海关手续,非强制领航,船员可自由登岸,卫生检疫及出入境手续从简;投资自由,没有行业限制;最后是金融自由,结算币种可自由选择,外币可自由兑换、资金可自由进出等 · 政策优惠:给予自贸区一定的政策优惠,如减免所得税,放宽信贷政策,提供投资匹配,加速资本折旧,保障投资安全,以优惠价格提供土地及水电	· 免税、免征、保税 · 国内货物进区退税 · 区内流转免增值税 · 内销按成品征税 · 不实行银行保证金台账制度 · 可开展园区一日游业务 · 实行意愿结汇和核销

1.1.3 自贸区与自贸园区

前已述及,每个国家的自贸区,其设立的目的有所不同,其功能和政策也有所不同,在使用的名称上也有所不同。为此,了解一些相关名称的概念,特别是名称比较相近的自贸园区的概念,十分必要。

1.1.3.1　自由贸易园区的概念

为了正确理解自由贸易区和自由贸易园区的内涵,商务部和海关总署于2008年5月9日向全国联合公开发布了《关于规范"自由贸易区"表述的函》(商国际函〔2008〕15号),该文件对"自由贸易园区"的描述是:自由贸易园区(free trade zone,FTZ),指在某一国家或地区境内设立的实行优惠税收和特殊监管政策的小块特定区域,类似于世界海关组织的前身——海关合作理事会所解释的"自由区"。按照该组织1973年订立的《京都公约》的解释:"自由区(free zone)系指缔约方境内的一部分,进入这一部分的任何货物,就进口税费而言,通常视为在关境之外,并免于实施通常的海关监管措施。有的国家还使用其他一些称谓,例如自由港、自由仓等。"我国的经济特区、保税区、出口加工区、保税港、经济技术开发区等特殊经济功能区都具有"自由贸易园区"(FTZ)的某些特征,但与"自由贸易园区"并非完全对应。

1.1.3.2　自由贸易园区的特征

由于自由贸易园区与自由贸易区的形式和地理概念的不同,其相应的法律依据也有比较大的区别。自由贸易园区的法律特征如下:

1. 地位上境内关外

处于"境内关外"是自由贸易园区的典型特征,也是一国海关监管自由贸易园区的最优惠政策原则。自由贸易园区和其他区域的重大区别之一,就是避免由于关税和复杂的海关手续所造成的贸易障碍。自由贸易园区虽然位于设区国边境之内,但在海关监管上却被置于该国的关境之外,海关对货物进出自由贸易园区关境减免关税,但是若出了该自由贸易园区的关境而进入该国境内其他区域,则被视为进口;该国境内其他区域货物进入该自由贸易园区也被视为出口,要被征收相应的关税。除特殊情况外,海关不实施惯常的监管制度。

2. 管理上受设区国政府的管辖

自由贸易园区是设区国政府从经济利益出发,通过特殊的经济政策和手段,在该国境内开辟的一个区域。所以,作为设区国政府的一个特殊经济管理区域,自由贸易园区当然受设区国政府的管理。设区国政府设立自由贸易园区,并依据相关法律在该区域内设立相应的管理机构,代表政府对该自由贸易园区进行管理。

3. 位置上隔离封闭

自由贸易园区是在所属国领土上,用障碍物与该国其他地区隔离开来的一个区域,且该区域对该国其他区域封闭。在该封闭区域内,实施独立的管理政策,货物从国内其他地区进出该区视同从该国国境进出口,区内企业生产经营活动也都被隔离在区域内。

4. 形式上一般区港联合

根据对世界上其他国家的自由贸易园区的比较,会发现自由贸易园区大多设在港口吞吐量较大、运输具有地理优势的海港等地方,例如美国的纽约港、新加坡自由港、德国的汉堡港等。有的国家也将自由贸易园区设在内河港、航空港等区域。总之,将自由贸易园区设在一国的边境港口附近,有利于货物的进出口,在世界各国已形成共识。

5. 经营上保持开放

在对自由贸易园区的经营管理上,赋予区内的企业和个人充分的自由,但必须以遵守区内相关法律为前提。鼓励投资,对外资的进入通常没有行业限制;在贸易往来上对进出口贸易及转口贸易几乎没有限制;货物进出关境免办海关手续、船员可自由登岸、卫生检疫及出入境手续等从简。总之,自由贸易园区向世界上所有国家或地区的企业、商品自由开放,具有很高的开放性。

6. 政策上最大优惠

自由贸易园区最重要的特征就是政策优惠。为了吸引投资,设区国政府往往给予自由贸易园区内的企业各项政策上的优惠,例如减免所得税、进出口通关便利、财政与金融优惠措施等。政府通过给予这些优惠,使得自由贸易园区顺利运行,进而推动经济发展。

1.1.3.3　自贸区与自贸园区的区别

自贸园区是一个主权国家自己在其领土上设立的开放区域,实行优惠的关税政策,以吸引投资、扩大贸易。自贸园区一般带有"试水"性质,易放易收,政府对园区具有很强的管理能力。而自贸区由于受双边或多边协定限制,政府在管理时,必须受协定约束。

自由贸易区和自由贸易园区之间的差异对比总结如表 1-7 所示。

表 1-7　FTA 与 FTZ 比较

		FTA	FTZ
相异	设立主体	多个主权国家(或地区)	单个主权国家(或地区)
	区域范围	两个或多个关税地区	一个关税区内的小范围区域
	国际惯例依据	WTO	WCO

（续表）

		FTA	FTZ
相异	核心政策	成员之间贸易开放、取消关税壁垒,同时保留各自独立的对外贸易政策	海关保税、免税为主,辅以所得税税费的优惠等投资政策
	法律依据	双边或多边协议	国内立法
相同		都是为降低国际贸易成本,促进对外贸易和国际商务的发展而设立	

　　因此,目前的上海自贸区严格意义上讲为上海自贸园区。为了与已经广泛传播的通俗叙述一致,后面的叙述我们也将省去"园"字,分别以"上海自由贸易区""上海自贸区"来指代"上海自由贸易园区",英文名 Shanghai FTZ 或 SFTZ。

1.1.4　上海自贸区与特殊海关监管区的区别与联系

　　上海自贸区是我国实行的保税区、保税物流园区、出口加工区、保税港区的自然延伸,是我国第一个真正意义上的自由贸易区。上海自贸区的设立是在国际背景和国内环境的双重影响下应运而生,是通过对外开放"升级版"倒逼改革"升级版",通过改革开放"升级版"来推动打造中国经济"升级版"的重大举措。与保税区、保税物流园区、出口加工区、保税港区最主要不同的是,它强调的不是关税等政策上的优惠,而是服务业更进一步开放和政府行政管理的变革。从功能上来看,具有以上特殊海关监管区的所有功能;从政策上看,突破了固有的法律条文;从管理上看,打破了传统的行政管理框架。因此,上海自贸区不仅仅具有经济意义,更具有政治意义。它肩负着我国在新时期加快政府职能转变,探索管理模式创新、促进贸易和投资便利化,为全面深化改革和扩大开放探索新途径、积累新经验的重要使命。

1.2　为什么要建立上海自贸区

1.2.1　国际背景

1.2.1.1　TPP/TIPP/PSA 倒逼

　　经过 13 年的努力中国终于在 2001 年 12 月正式加入 WTO。自加入世贸以来,发展迅速。经过 12 年的努力,在 2013 年取代美国正式成为世界第一货物贸易大国。而倍感威胁的欧美日三大经济体为了应对这种威胁,建立了新的区域性贸易和服务规则,以取代 WTO,其中包括跨太平洋伙伴关系协议(TPP)、跨大西洋贸易和投资协议(TTIP)和多边服务业协议(PSA)。目前 WTO 主导下的"多哈回合谈判"已陷入停滞,"ABC 世贸"格局逐渐形成。"ABC 世贸"即"Anyone But China 世贸"。欧美日试图通过新规则的建立加快推动高标准的贸易自由化,将中国排除在外。目前,美国主导的泛太平洋合作伙伴(TPP)和跨大西洋贸易与投资伙伴(TTIP)已经涵盖了超过 39 个国家、62% 的世界 GDP 经济体量,但中国尚未加入到 TPP 的谈判中。TPP、TTIP 如果在预期内顺利谈成,则将在很大程度上改变世界贸易规则、标准和格局,抑制新兴国家在国际贸易谈判中的进攻性地位,有可能再次将包括中国在内的新兴国家驱赶到国际贸易体系的边缘。中国对外经济将受到极大冲击,或将面临严峻的"二次入世"危险。

为了缓解可能出现的危机,中国需要提前为未来的开放铺平道路、做好准备,并且在国际投资规则中体现中国的利益和话语权。为此,有必要建立"属于自己"的自由贸易区域。对于新一轮的游戏规则,如果整个国家要第一时间进去可能有困难,因此先让自贸区主动开放门户,加大贸易自由度,让所有国家都可以来我国自由投资和贸易,做一个对接的小窗口,这样比较稳妥。同时还可以适当将其中的某些高商业标准映射到整个中国制造和服务业,提升制造业和服务业的危机感。如果试验失败了,由于范围有限,影响也有限。而一旦成功,就可以进一步扩大推广并全面对接整个中国经济,对中国突破欧美日贸易壁垒有着非常重要的意义。

1.2.1.2　适应企业业务形态与模式的转变

随着信息化、网络化、全球化、专业化的不断推进,企业的业务模式在不断转变,新模式不断涌现。一方面,随着计算机网络技术应用的普及,网络通信技术的发展进一步加快,导致与货物相关的服务生产呈现全球分段化的趋势。另一方面,各种服务平台型企业大量涌现,服务经济显得越发重要。企业商业模式的不断创新,专业化分工体系的越来越细化以及许多企业要求系统服务提供商为其提供完整的功能性服务等新需求的出现,市场准入问题日益凸显。同时信息、通信技术的不断变化,新商业形态的不断出现,商业模式的不断更新,导致了其商业业态和商业模式很难找到对应的产业目录。而这种新型商业业态和新型商业模式往往诞生于多个产业,又很难归类。为此,我们必须要有一种更加宽松的自由贸易环境,主动适应跨国公司在业务发展模式上的变化和推出的新型商业模式,不断探索新的服务监管模式,谋求发展的主动。

1.2.2　国内背景

1.2.2.1　行政改革试点

我国社会主义市场经济的变革要求政府从"全能型""管理型"政府向"服务型"政府转变。服务型政府不再是凌驾于社会之上的官僚机构,更像是一个有责任心的"企业家",以市场为导向,本着"民本位、社会本位、权利本位"的思想,为公众服务。这就要求政府还权于社会、还权于市场,将主要精力放在维护市场经济秩序、保护财产权利和公民权利上。中国作为一个政府主导的国家,各级政府掌握着很大的资源配置权利,随意干预经济的行为比较普遍。虽然加入 WTO 已有很多年,政府管理经济的方式和水平有很大提高和改善,但是对市场的干预仍然很大。为什么美欧至今不承认中国是个市场经济国家? 其中尽管有他们的偏见和政治考量,但客观地说,我们自身确实有可检讨的地方,其中之一就在于政府对经济的干预太多,违背了市场经济对政府的要求。

构建服务型政府不是一朝一夕就可以完成,它是一个逐步建立和实行的过程。在这个过程中总会遇到许多困难和挫折,也会有许多问题需要解决。上海自贸区其实是以自贸区的形式,为中国接下来的全面再改革承担探路的使命,这也是中央和李克强总理力推自贸区的初衷。推动加快转变政府职能和行政体制改革是我国建立中国(上海)自由贸易试验区主要任务之一。简政放权、加强事中事后监管等是自贸区行政改革的亮点。

1.2.2.2　国内经济发展的需要

1. 国内经济正处于换挡减速的关口

在过去的 20 多年的时间里,我国 GDP 年均增长 10％左右,2011 年在我国的GDP 总量超过日本达到世界第二之后,制约经济发展的主要因素已由经济总量转向经济结构,尤其是产业结构。也就是说,在这个新起点上,经济发展的着力点需要由速度转向结构。2012 年以来,我国的经济增长速度结束了持续 20 多年的10％左右的高速增长期,转向 8％左右的中高速增长期。增长速度的减缓固有外部市场的原因,更多的是由于追求经济精益发展而对我国经济结构进行的主动调整。根据"十八大"的部署,我国当前产业结构转型升级主要涉及三个方面:一是推动战略性新兴产业、先进制造业健康发展;二是加快传统产业转型升级;三是推动服务业特别是现代服务业发展壮大。这就是我国当前产业结构转型升级的战略重点。其中,服务业和制造业面临的问题和突破方向是重中之重。我国上海自贸区将为提升我国的制造业以及服务业发展水平探路。

2. 稳出口遭遇威胁

首先,国际市场需求低迷。2008 年经济危机以后,世界经济遭受严重打击,各国纷纷吸取教训,重整经济。外国市场的需求严重缩水,加上美元贬值、人民币升值,导致我国经济增长的一个重要支撑点——出口贸易,被严重打击和削弱。其次,贸易摩擦严重。随着中国外贸占全球份额以及占全球出口比重的逐步上升,中国遭受的贸易保护主义渐增。据商务部统计,2013 年中,全球 19 个国家(地区)对中国发起贸易救济调查案件 89 起,涉案金额 36.19 亿美元。中国已连续 17 年成为全球遭受反倾销调查最多的国家,连续 6 年成为全球遭受反补贴调查最多的国家。贸易摩擦使得中国外贸发展外部环境的不稳定、不确定性增多,对稳出口构成严重威胁。这就使得推进贸易和投资自由化、便利化显得尤为重要。同时,国内市场经济面临的效率低下、劳动力成本上升、产品技术不高等问题也为外贸带来了不小的阻力。

3. 外国资本流出倾向严重

中国经济多年以来的快速发展,其中一个主要原因就是改革开放以来大量外国资本的注入。大多数外国资本看中的就是中国经济的高增长率和广阔的市场投资环境。近些年大量的国际资本外流,应引起我们重视。在这个阶段中,大量的国际热钱涌入中国市场。热钱是具有投机型性、趋利性的不稳定资金;热钱的去留主要取决于所投资市场的回报率。在中国经济高速增长时期,热钱投资回报比较高,大量热钱涌入。然而,随着我国经济转型、经济增长速度减缓,在经济下行的趋势下,热钱就有可能撤出。而热钱的撤出一般规模较大,势必会对中国的市场产生冲击。

4. 经济缺乏新增长点

眼下,严重依赖出口已明显动力不足,因此,中国亟须从其他方面入手为中国经济注入新活力。房地产业曾一度成了整个中国经济的宠儿。房地产的发展既带动了投资又拉动了内需。在初始发展时期,大力发展房地产业能够推动经济的发展,抑制通货膨胀。然而由于我国经济发展依赖房地产业发展严重,形成了以政府、地产商、银行为主的三方利益集团。政府不断规划新城区,改造旧城区,出售土地获得巨额财政收入;地产商从银行融资买地建楼,然后高价卖楼赚取利润;银行通过放贷给地产商和消费者来获取高额利息收入。在这样一种利益链的驱动下，各方联合在一起共同推动房价上涨，使我国的房地产业泡沫急剧膨胀，产业失衡严重，经济形势危急。为了避免这种形势的恶化，也是为了中国经济长远利益的考虑，国家已经对房地产实施了打压政策，而且打压政策应该会一直延续下去。在这种打压下，经济增速(以 GDP 衡量)势必下滑。为此，国家急需通过改革谋取新的经济增长点。

可以说，建立上海自贸区是深入贯彻党的"十八大"精神，在新形势下推进改革开放的重大举措。作为全国经济政治体制改革的试点，上海自贸区建设有利于推进贸易自由化和投资便利化，打开外贸新局面；有助于激活企业发展活力，带动产业、产值快速提升，有效拉动内需和促进地区经济的繁荣，重振地方乃至全国经济；有利于进一步推进政治、经济改革，打造高效简约的行政管理体制，打造中国经济的"升级版"。

1.2.3　目标定位

1. 对接国际新投资贸易规则

面对国际贸易和投资规则上的封锁，中国只有积极应对。中国正与五大洲的29 个国家和地区建设 16 个自贸区。其中，已经签署并实施了 10 个自贸协定。而且，中国已经超过美国成为多数国家最大的贸易伙伴。根据美联社的相关贸易数据，2011 年中国是 124 个国家的最大贸易伙伴，美国则是 76 个。中国广阔的市场与潜在的消费力，足以吸引众多国家与中国进行自由贸易区谈判。上海自贸区的建立无疑又在此基础上推进了一大步，期望自贸区能先行先试、扩大开放，带领中国准确对接国际贸易新规则。希望通过自贸区这一窗口获得参与新一轮全球贸易自由化的机会，不被边缘化。

2. 探寻国家未来的发展道路

内外兼修，才是一条明智的道路。因此，扩大对外开放的同时，中国还必须以开放倒逼改革的方式苦练内功。中国经济正处于换挡减速过弯的关口，在国际市场需求持续低迷、人口红利逐步消失带来的劳工成本上升、贸易摩擦频繁以及人民币不断升值等作用下，中国经济表现不尽乐观。目前，中国已进入改革深水区，剩下的全是难啃的"硬骨头"。而上海自贸区则是站在在中国新一轮改革风口浪尖的先锋者。自由贸易试验区通过开放暴露问题，通过问题倒逼改革，通过改革促进发展。区内各项政策以"可复制、可推广"为前提，旨在打造一个投资贸易便利、货币兑换自由、监管高效便捷、法制环境规范的中国市场环境，探索一条可在全国范围内推广的发展道路。

3. 探索政府行政管理体制

虽然我国经济一直打着市场经济的头衔在发展,但依然摆脱不了以前计划经济的影子。原先的部门改头换面、政企合一,又经营又管理。很多以政府为背景的国有企业,成为垄断利益集团的主要组成部分,严重阻挠市场经济的正常发展。上海自贸区的建立,其主要目的之一就是深化体制改革,将政府的手拿离市场;简政放权,切实做到政企分离,削弱政府在市场经济活动中的影响力,使政府转变为"服务型政府",即服务企业发展,监控市场运行,杜绝以往政府在市场经济中影响力过大的情况。

4. 推进上海四个"中心"建设

自贸区依托上海,无非是因为上海的国际性、开放性、先进性。然而,自贸区的建设无先路可循,唯有从政策到细则再到执行措施,融合当地经济,一步步推进。2011 年,国家明确将"上海国际经济中心、国际金融中心、国际航运中心和国际贸易中心建设"纳入"十二五"规划纲要。外高桥保税区、外高桥保税物流园区、洋山保税港区、浦东机场综合保税区共同组成了上海自贸区,而这四个地方同时也是上海对外开放的主要门户,其贸易、金融、服务等已经站在了改革开放的前沿。自贸区依据其"可复制、可推广"的前提,以上海本地的经济、金融、贸易和航运为依托,通过政府行政职能改革创新、六大服务业开放和相关法律法规的修改等措施为我国的改革探路。上海自贸区强化了上海四个"中心"建设的战略地位,与上海四个"中心"建设形成联动机制。自贸区的建设,必将推进上海四个"中心"的建设。

1.3　为什么选择上海

自贸区这个概念酝酿已久,总的方向是扩大对外开放,以开放倒逼改革。总的目的是形成可复制可推广的经验。自贸区试点最终选在上海,一是基础造就,二是形势使然。

1.3.1　地理位置优势

上海地处中国漫长海岸线的中心,世界第三大河、亚洲第一大河——长江入海口,东向东海,隔海与日本九州岛相望,南濒杭州湾,是一个真正的港口城市。

上海港位于长江三角洲前缘,地处长江东西运输通道与海上南北运输通道的交汇点,对外接近世界环球航线,对内直通长江经济带,是一个良好的滨江滨海国际性港口,是我国沿海最重要的枢纽港,也是我国对外开放,参与国际经济大循环的重要口岸。2012年,上海港货物吞吐量为7.36亿吨,同比增长1.1%;集装箱吞吐量为3252.9万TEU,同比增长2.5%,成为世界第一个集装箱吞吐量超过3000万标准箱的港口,货物吞吐量和集装箱吞吐量领跑全球,变成最有条件成为东北亚航运中心的城市。上海市外贸物资中,99%经由上海港进出,其每年完成的外贸吞吐量占全国沿海主要港口的20%左右。

上海港的水陆交通便利,集疏运渠道畅通。通过高速公路和国道、铁路干线及沿海运输网可辐射到长江流域甚至全国。在水路方面,上海港控江襟海,地处长三角水网地带,水路交通十分发达,沿海北距大连558海里,南距香港823海里,长江西溯重庆2399公里;在公路方面,有沪宁、沪杭、沪青平、沪乍、嘉浏等高速公路与江苏和浙江对接,并连通全国高速公路网;有204、312、318、320等四条国道分别通往烟台、乌鲁木齐、拉萨和昆明。在铁路方面,浦东铁路与沪杭、沪宁铁路干线相连,其中沪宁线与津浦线连接,成为中国东部纵贯南北的运输大动脉;沪杭线与浙赣、萧甬线相衔,可通达中南、西南及浙东地区。

上海作为中国的铁路与航空枢纽,其航空运输也非常发达。上海是中国的三大航空枢纽之一,拥有虹桥与浦东两座国际机场。上海浦东国际机场位于上海浦东长江入海口南岸的滨海地带,距市中心约30公里,距虹桥机场约52公里,是中国(包括港、澳、台)三大国际机场之一,与北京首都国际机场、香港国际机场并称中国三大国际航空港。

1.3.2　经济基础雄厚

上海有条件设立自贸区的一个重要原因是其雄厚的经济实力。这体现在两个方面:一是上海本身的经济实力位于大中华圈城市之首;二是其经济腹地——长江三角洲是我国最强的经济圈。

1. 大中华圈城市之首——上海

上海是中国的经济中心,生产总值约占全国的4%,位居大中华圈城市之首。2012年全市生产总值为20181.72亿元,全世界排名第11位,人均生产总值达到85033元,折合13471美元,图1-1为2008—2012年间上海市GDP总额以及增长速度。其中第一产业、第二产业、第三产业的生产总值分别为:127.80亿元、7854.77亿元、12199.15亿元,分别占全国的比重为:0.2%、3.3%、5.3%。2012年上海港口货物吞吐量位居全球第一,货物吞吐量为7.36亿吨,占全国比重的

6.8%,其中属于内贸的有 3.77 亿吨,外贸的有 3.58 亿吨,可见经由上海进出口的货物量非常大。2012 年上海市货物运输量达 94 376 万吨,占全国比重的 2.3%,上海关区进出口总额 8 013.10 亿美元,占全国比重的 20.7%,外商直接投资实际到位金额 151.85 亿美元,占全国比重的 13.6%,国际旅游入境人数 800.40 万人次,占全国比重的 6.0%。从以上数据可以看出,上海的各项经济指标都走在全国的前列,经济实力雄厚,可以有力地推动自贸区的建设发展。同时,上海正在致力于建设成为国际经济中心、国际金融中心、国际贸易中心及国际航运中心,这一国家战略在上海的实施,也将对自贸区的建设起着积极的推动作用。

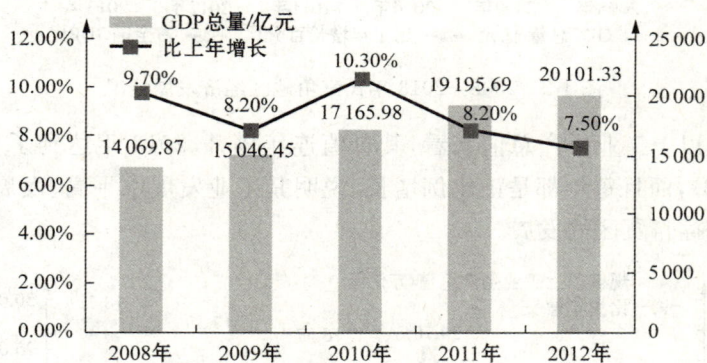

图 1-1　2008—2012 年上海市生产总值及其增长速度

2. 中国最强经济圈——长三角

长江三角洲经济圈是全国最大的经济圈,综合实力全国第一,也是我国对外开放的最大地区。该地区工业基础雄厚、商品经济发达、水陆交通方便,是全国最大的外贸出口基地。长江三角洲城市群已成为国际公认的 6 大世界级城市群之一。2010 年 5 月,国务院正式批准实施的《长江三角洲地区区域规划》明确了长江三角洲地区发展的战略定位,即亚太地区重要的国际门户、全球重要的现代服务业和先进制造业中心、具有较强国际竞争力的世界级城市群。明确的区域规划带来了政策的倾斜,从而推动了长三角经济圈的进一步发展。

从经济总量上来看,2013 年长三角地区 GDP 总量逼近 10 万亿元,达到 97 760亿元,占全国 GDP 总量的 17.2%。由图 1-2 可以看出,从 2008 年至 2013 年 6 年间,长三角地区的经济总量占全国 GDP 的总量大致保持在 17.5%左右,说明其经济一直都很平稳,而且在数量上相比其他地区也有绝对优势,是拉动全国经济增长的重要一极。同时我们看到,虽然 6 年间的增长速度不是很平稳,但总体上还是以比较高的速度在增长,说明其发展空间比较大,有良好发展势头。

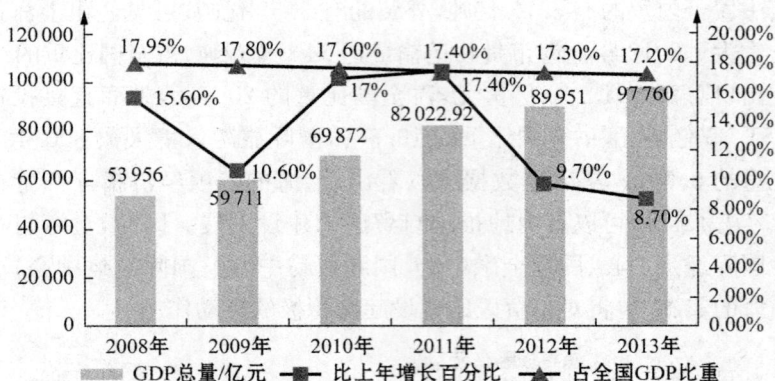

图 1-2　2008—2013 年长三角地区经济发展情况

　　从规模以上工业生产总值来看,其总值连年攀升,2013 年达到了 18.71 万亿元(见图 1-3),而且每年都是正比例增长,说明其工业发展水平高、发展态势好,可以有力地支撑自贸区的发展。

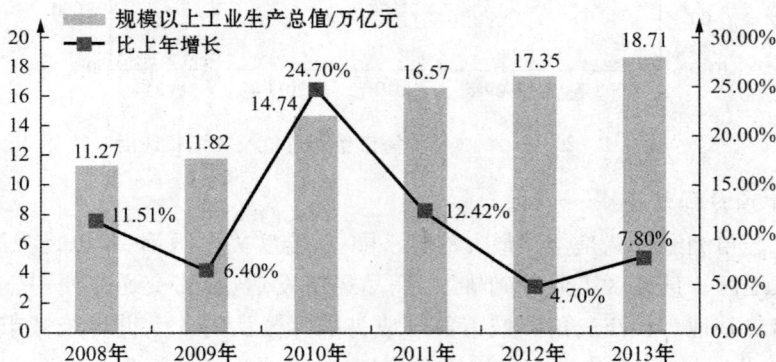

图 1-3　2008—2013 年规模以上工业生产总值及增长率

　　从第三产业的发展情况来看,服务业的发展也很强劲。2013 年,第三产业增加值达到了 48 400 亿元,对全国的贡献比为 18.4％。而且从图中我们还可以看到,其增加值持续增加,增长速度也比较高,对全国贡献率一直保持在 18.5％左右,说明其服务业发展水平比较高,这对于重点发展高端服务业的自贸区来说,无疑会起着积极的推动作用。

　　长江三角洲经济圈作为自贸区的后方阵地,将有力地支撑自贸区的建设。

1.3.3　三港三区的发展基础

　　从保税区到出口加工区到保税物流园区到保税港区,上海一直是我国"先行先试"的排头兵。在保税区域的运作上,已经积累了比较丰富的经验。2012 年,上海自由贸易试验区前身,上海综合保税区所覆盖的外高桥保税区、外高桥保税物流园区、洋山保税港区和上海浦东机场综合保税区合计完成进出口总额 1 130.5 亿美元,比上年增长 14.5%;税务部门税收 429.0 亿元,比上年增长 11.8%;商品销售额 10 998.1 亿元,比上年增长 13%;物流企业经营收入 4 041.4 亿元。其中物流业收入 816.9 亿元,比上年增长 18.1%。具备了非常良好的进一步发展基础。

　　值得一提的是:除海运外,近年来,上海航空运输发展迅速。上海自贸区涵盖的浦东机场的航班量已占到整个上海机场的六成左右,国际旅客吞吐量位居国内机场首位,货邮吞吐量位居世界机场第三位。通航浦东机场的中外航空公司已达48 家,航线覆盖 90 余个国际(地区)城市、62 个国内城市。据统计,2012 年上海空港运送旅客约 7 870 万人次,列亚洲第三、中国第二;年货邮吞吐量 336 万吨,列亚洲第一。两机场年起降飞机 60 万架次,均被中国东方航空与中国国际航空作为枢纽机场使用。此外,上海航空、春秋航空、吉祥航空、中国货运航空、上海国际货运航空、扬子江快运航空、长城航空 7 家航空公司也以上海为基地。

1.3.4　发达的金融市场

　　上海是中国的金融中心,几乎囊括了全中国所有的金融市场要素:上海证券交易所、期货交易所、中国金融交易所、上海钻石交易所、黄金交易所、金融衍生品交易所、银行间债券市场、中国外汇交易中心、中国资金拆借市场、国家黄金储备运营中心、国家外汇储备运营中心、上海清算所(中国人民银行清算总中心)、中国人民银行上海总部(央行征信系统中心、支票节流数据处理中心)、中国四大银行(农行、中行、工行、建行)上海总部、各大外资银行大中华总部、中国反洗钱资金监控中心、上海银行间同业拆放利率、中国保险交易所等。截至 2012 年,上海共有金融业单位数 1 124 家,货币金融有 510 家,资本市场有 193 家,保险业有 347 家,外资金融单位 208 家。2012 年,上海主要金融市场成交总额 519 万亿元,同比增长 24.2%。其中上海证券交易所成交量 54.75 亿元,上海期货交易所成交量 89.20 亿元,中国金融期货交易所成交量 75.84 亿元,全国银行间货币与债券市场成交量 263.63 亿元,上海黄金交易所成交量 35.30 亿元,实现原保险保费收入 820.64 亿元,赔付支出 255.79 亿元。同时,由于便捷的地理位置和传统的经济底蕴,花旗、汇丰、安联、美国国际集团、渣打、法国兴业银行等17家外资金融公司中国总部设在上海。随着上海市国际金融中心建设的稳步推进,上海对世界级金融机构的集聚效应正逐步加强,也将更好地为上海自贸区提供全方位的金融服务。

1.3.5　成熟的监管制度和管理经验

上海园区资源丰富,园区功能规划合理、体系完整、思路独到、经验成熟。自2009年,上海市人民政府设立了综合保税区管理委员会,管理规范高效,保税区近几年发展迅速,贸易额突飞猛进的同时也吸引了越来越多的跨国企业,积累了丰富的管理经验,这有助于下一步创新上海自贸区监管服务模式,减少监管成本,提供一套有效、高效和创新的服务体系。

1.3.6　良好的国际影响

上海具有大规模、开放性相对较高的市场经济,与国内外经济联系密切,影响广泛。同时,经过多年的发展,上海已经集聚了众多跨国企业,使上海俨然成为了一个国际化城市,形成了开放包容的文化氛围。毫无疑问,即将开园的迪士尼乐园将进一步提升上海的国际化水平,提升上海的影响力。同时,围绕过去的"三港三区"建设,上海积累了较为丰富的运作经验,产生了广泛的影响,也积累了良好的发展基础。至2012年,"三港三区"吸引各类投资企业12 000家,其中世界500强企业投资了230个项目,2012年进出口贸易额为1 130亿美元。这些都为上海开展自贸区建设奠定了良好的基础。

1.4　上海自贸区概况

1.4.1　总体情况

中国(上海)自由贸易试验区,简称上海自由贸易区或上海自贸区,是中国政府设立在上海的区域性自由贸易园区,也是中国大陆境内第一个自由贸易园区。该试验区于2013年8月22日经国务院正式批准设立,于9月29日上午10时正式挂牌开张。试验区总面积为28.78平方公里,相当于上海市面积的1/226,范围涵盖上海市外高桥保税区、外高桥保税物流园区、洋山保税港区和上海浦东机场综合保税区等4个海关特殊监管区域,包括了外高桥港、洋山港、浦东空港等三个枢纽港,如图1-4所示。

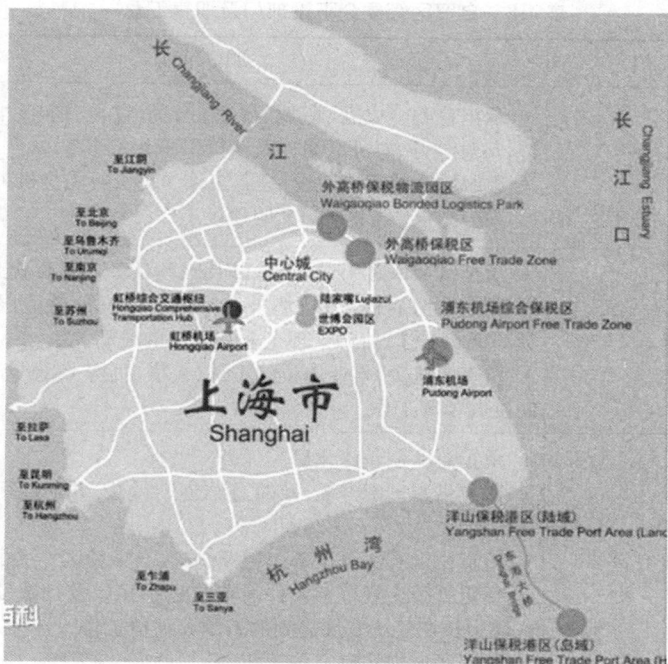

图 1-4　上海自贸区范围

其总体目标是：经过两至三年的改革试验，加快转变政府职能，积极推进服务业扩大开放和外商投资管理体制改革，大力发展总部经济和新型贸易业态，加快探索资本项目可兑换和金融服务业全面开放，探索建立货物状态分类监管模式，努力形成促进投资和创新的政策支持体系，着力培育国际化和法治化的营商环境，力争建设成为具有国际水准的投资贸易便利、货币兑换自由、监管高效便捷、法制环境规范的自由贸易试验区，为我国扩大开放和深化改革探索新思路和新途径，更好地为全国服务。

上海自贸区范围内相关改革试点任务和行政任务由中国（上海）自由贸易试验区管理委员会负责。自贸区管委会由上海市常委、副市长艾宝俊任管理委员会主任。自贸区管委会总部已于 2014 年 3 月 31 日搬迁至新址——位于浦东新区滴水湖畔的港城大厦。自贸区管委会下设办公室、人力资源局、政策法规研究室、经济发展局、财政和金融服务局、规划建设和环境管理局、综合监管和执法局、洋山保税港区办事处、外高桥保税区办事处、浦东机场综合保税区办事处等机构。管委会各部门的职责汇总如表 1-8 所示。

表 1-8　自贸区管委会下设部门及职责汇总

部　门		职　责
中国（上海）自由贸易试验区管理委员会	办公室	• 承担管委会文秘、机要、保密、档案、宣传、信息、督办、外事、接待、信息公开、对外联络以及后勤保障相关事务 • 组织协调信息化建设、应急工作。负责管委会机关、事业单位和区域范围内党群和精神文明建设工作
	人力资源局	• 承担区域人才引进、储备以及服务任务。负责优化各类人才发展环境，做好特殊人员（境外、港澳台人员等）就业服务，落实区域劳动保障工作，协调处理企业和员工的劳动关系 • 负责委机关、事业单位的干部、人事、机构、编制管理及行政审批制度改革等工作
	政策法规研究室	• 承担制度创新深化研究任务 • 研究借鉴国际经验，及时总结创新做法，并形成可复制、可推广的经验 • 负责协助有关立法部门起草、修改与试验区有关的法律、规章 • 负责管委会规范性文件的审核和备案以及行政复议工作；负责区域中长期经济发展规划的编制和评估工作 • 负责区域内法制宣传工作
	经济发展局	• 承担投资管理制度创新、贸易监管制度创新、服务业扩大开放以及功能拓展任务 • 落实外商投资审批、核准、备案管理等事项，落实境外投资备案管理制度，协调落实管委会综合服务大厅"一口受理"工作 • 对接国家部委服务业开放前置审批，推动服务业开放项目化和项目落地。负责贸易监管创新、功能拓展、总部经济培育、招商育商总体牵头工作
	财政和金融服务局	• 承担金融监管、金融制度创新任务。协助金融监管部门，深化落实各项金融管理体制创新工作，推进金融服务业扩大开放 • 协调引进境内外各类金融机构和交易主体 • 协同培育发展面向境内外的多层次金融市场和推进各类金融功能拓展 • 研究与国际惯例接轨的财税制度，负责年度经济发展计划编制和经济形势分析 • 配合市区两级财政做好财力分配体制工作，落实和兑现各级财政扶持政策 • 负责本级行政、事业单位财政预算管理、财务管理及会计核算和监督 • 指导、联系区域统计管理工作

（续表）

	部　门	职　　责
中国（上海）自由贸易试验区管理委员会	规划建设和环境管理局	· 承担区域规划编制、调整及建设管理的任务 · 负责区域内规划、土地、房屋管理、建设、市政、民防、卫生（建设工程相关事项）、环境保护、绿化、市容、环境卫生、城市交通等方面的行政管理工作
	综合监管和执法局	· 承担综合监管、综合执法任务 · 探索研究、实践综合监管和执法制度，建立以注重事中、事后监管为核心的综合监管和执法模式 · 组织协调综合监管信息共享和服务平台系统开发及应用。探索社会组织参与市场监管运作机制，配合相关部门探索安全审查和反垄断审查协助机制、社会信用体系建设及综合评估机制 · 负责区域内文化、知识产权、食品药品监管方面的行政管理 · 负责城市管理、文化综合执法，以及规土、建设、房管、环保、民防、劳动保障、知识产权、食药监、统计等方面的执法工作 · 组织协调区域内安全生产监管工作
	洋山保税港区办事处	· 代表管委会具体落实或协调落实洋山保税港区相关行政事务，承担本区域的贸易监管创新、总部经济培育具体任务 · 负责区域招商引资、稳商育商和企业服务工作，负责区域贸易便利化、亚太总部培育和功能拓展推进工作，负责联系和协调驻区各行政职能部门和相关开发公司，贯彻落实区域经济发展目标
	外高桥保税区办事处	· 代表管委会具体落实或协调落实外高桥保税区、外高桥保税物流园区以及森兰区域的相关行政事务，承担本区域的贸易监管创新、总部经济培育具体任务 · 负责区域招商引资、稳商育商和企业服务工作 · 负责区域贸易便利化、亚太总部培育和功能拓展推进工作 · 负责联系和协调驻区各行政职能部门和相关开发公司
	浦东机场综合保税区办事处	· 代表管委会具体落实或协调落实浦东机场综合保税区的相关行政事务，承担本区域的贸易监管创新、总部经济培育具体任务 · 负责区域招商引资、稳商育商和企业服务工作 · 负责区域贸易便利化、亚太总部培育和功能拓展推进工作 · 负责联系和协调驻区各行政职能部门和相关开发公司

1.4.2　分区情况

1.4.2.1　外高桥保税区

上海外高桥保税区于 1990 年 6 月经国务院批准成立,同年 9 月正式启动,规划面积 10 平方公里,已封关运作面积 8.9 平方公里,是全国第一个,也是目前全国所有海关特殊监管区域中经济总量最大、经济效益最好的保税区。

1. 地理位置及交通

上海外高桥保税区位于上海的东北端,濒临长江口,紧靠外高桥港区。面对良好的深水岸线,背倚富饶的长江三角洲腹地,东通中国南北沿海及世界各大洋,西达长江流域和江、浙、皖内河以及太湖流域,它是目前中国经济总量最大、经济效益最好的海关特殊监管区。

上海外高桥保税区距市中心 20 公里,距浦东国际机场 40 公里,距虹桥国际机场 35 公里。杨高路、张杨路、杨浦大桥、中环线、外环线、翔殷路隧道、外环隧道、轨道交通 6 号线和沪崇苏高速公路、浦东铁路和轨道交通 10 号线,组成了便利通达的立体交通网络,将外高桥保税区同市区及周边城市紧密相连。

2. 基础设施建设

根据自贸区的总体规划,自贸区一期建设项目包括五大平台:跨国公司地区总部平台、亚太分拨中心平台、专业物流平台、高端现代服务业平台和功能性贸易平台。而外高桥保税区的现有条件就较好地迎合了这一需求。

在跨国公司地区总部平台方面,截至 2013 年 8 月,外高桥保税区内已经积聚了 35 家地区总部和 197 家营运中心(功能性总部),其中 31 家(截至 2012 年末)被上海市认定为区域性地区总部。此次外高桥拟使用募集资金进一步加强跨国公司地区总部平台的建设,积极引进卡尔蔡司、玛涅蒂-马瑞利、斯坦威等项目,并为相关企业提供定制物业和专业配套服务。

亚太分拨中心平台建设方面,目前外高桥保税区内已初步形成了进口型分拨中心、出口型分拨中心、转口型分拨中心、内贸型分拨中心、进口型集拼配送中心、出口型集拼配送中心、综合型分拨配送中心等运作模式。目前已有斯凯孚、沃尔沃等 20 家跨国公司进入首批培育名单,另有 45 家跨国公司列入储备名单。

保税物流功能是外高桥保税区最具竞争优势的基础功能。调查显示,外高桥保税区货物流向上海的占 40.2%;流向长三角周边地区的占 22.8%;流向国内其他地区的占 14.5%;流向国外的占 22.5%,物流枢纽地位初步显现。将来,外高桥拟使用募集资金着力拓展专业物流定制物业建设,与传统通用仓储物业错位竞争,积极引进国药控股、康德乐医药、三骏国际货代等大型物流企业,并与相关企业建立起稳定的战略合作伙伴关系,培育公司新的业务增长点。

在高端现代服务业平台方面,外高桥重点选择发展潜力大、智力要素密集、产业关联带动效应强的功能型和知识型服务业进行重点突破,着力打造一批各具特色的现代服务业,积极引进万国数据、公估行等大型企业和机构。

功能性贸易平台方面,外高桥主要放在了机床展销平台和高端汽车展销平台两个方面。外高桥已建立的机床展销平台既具备机床展示的功能,又具备商务会议、技术交流、用户培训、零部件保税仓库等功能,成为国内采购商了解世界最新机床制造技术和信息的窗口以及采购高品质进口机床设备的良好渠道,吸引了美国、德国、日本、澳大利亚、瑞士、中国台湾等国家和地区共 20 余家机床企业入驻。

此外,据《上海综合保税区经济发展统计公报》统计,2012 年外高桥保税区完成进口额 800.50 亿美元,比 2011 年增长 11.1%;上海市进口企业排名前 10 位的重点企业中有 4 家是外高桥保税区内企业,并且均入围全国进口企业百强行列。

3. 主要业务功能

上海外高桥保税区集自由贸易、出口加工、物流仓储及保税商品展示交易等多种经济功能于一体。

1) 国际贸易

外高桥保税区是上海重要的国际贸易基地,已与将近 200 个国家和地区中的 3 000 多家企业发生过进出口贸易往来,尤其是进口贸易。2011 年 9 月,外高桥保税区被商务部授予全国首个"国家进口贸易促进创新示范区"。涉及的行业主要有 10 类,分别为:酒类、钟表、汽车、工程机械、机床、医疗器械、生物医药、健康产品、化妆品以及文化产品。并且,2012 年进口手表、酒类、化妆品分别占全国的 43%、37%、29%;进口医药品、医疗器械分别增长 40% 和 29%,占全国的 24% 和 21%。另外,文化贸易平台还被文化部授予全国第一个"国家对外文化贸易基地"。

2) 出口加工

由于外高桥保税区不靠近国际航道,在地理位置上与位于国际主航道上的洋山保税港区相比存在着先天不足,导致区内的转口贸易、保税仓储功能的发挥受到限制,因此外高桥保税区突出发展了出口加工功能。出口加工业是外高桥保税区的支柱产业之一,区内有两个原仓储加工区和浦东微电子产业带,区内著名的加工企业有 JVC 电器、GE 等。

出口加工是以出口为目的的保税加工。保税加工是指经营者经海关批准,对未办理纳税手续进境的货物进行实质性加工装配和制造以及相关配套业务的生产性经营行为。在保税区进行加工与在出口加工区进行加工的政策是有区别的:出口加工区区内加工企业,不得将未经实质性加工的进口原材料、零部件销往境外或区外。区内从事仓储服务的企业,不得将仓储的原材料、零部件提供给区外企业,保税区则无此限定;加工区运往区外的货物,海关一律按照制成品征税,保税区则不同,实际操作中大多按料件征税;从区外进入加工区的国产机器设备、料件、基建物资可以向税务部门申请办理出口退税,而保税区必须是货物离境才可办理退税。

3) 物流分拨

外高桥保税区主要发展以"保税-滞后纳税"为特征的物流分拨,内有北区国际物流园区和南区机电产品国际物流园区两个已建成的物流园区,还有 1.6 平方公里的国际物流备用地。到目前为止,已有一大批知名物流企业在区内投资落户,其中包括美国 UPS、德国邮政、荷兰 TNT、日本大通、英国空运以及香港嘉里物流等。2005 年,外高桥保税区从事物流经营业务的企业就已经超过了 1000 家,曾被"上海市十五现代物流规划"确立为重点发展的三大物流基地之一。其物流分拨功能主要体现在以下三个方面:

(1) 零部件分拨:它的主要功能是为跨国公司在中国和亚洲地区所设立的合资、独资企业及专业维修、供应部门[如通用汽车仓储贸易(上海)有限公司、IBM 工程技术(上海)有限公司等]提供零配件,成为其母公司亚太集散中心的一个环节。零部件的分拨是上海外高桥保税区分拨中心的主业,有 70% 以上的分拨中心从事零部件的分拨。它的特征是:品种多、批量多,但数量小、价值低,报关作业量大。为此,海关实行"整进零出""分散出货、集中定期报关"等监管方法,以提高供货速度,方便客户。

(2) 商品分拨:它的功能主要是定时定量向连锁商店、超市提供商品。仓储操作是其主要特征,配送中心配送的大多数商品为国外商品。

(3) 成品分拨:根据客户对系统产品的要求,在保税区经过组装后向客户(如 ABB 工程有限公司等)供应,海关将成品分拨的管理分为保税货物管理和非保税货物的管理,对保税货物可先通关纳税,再实施组装。成品分拨使销售服务更加完善,使客户更加满意,也为配送中心提供了便利。

4) 保税商品展示交易

外高桥保税区成立了三大综合交易市场以及机电、钟表、医药等 10 多个专业保税交易市场。加入保税交易市场,成为市场会员的投资企业高达 5000 多家。

保税商品展示交易与传统进口商品零售模式的区别:对于一件要经过保税展

示交易的境外商品来说,它进入中国市场要经过四个环节,分别为:进境、入库、分拨出区、保税展销。在进境前,先进行预归类及价格审核,完成海关进境备案申报工作,然后进入保税区指定的分拨仓库,并在此完成预检验、报关、安检、查验等流程,然后进入保税展示交易场所,在电子围网的监控下进行展销,销售完成后再向海关集中进行报关完税。如果该商品没有实现销售,则可以自由返区离境。在传统进口商品零售模式下,进口商品则必须先清关完税后再进行销售,如果销售不畅则成为商家的存货。通过对比,可以看出:保税展示交易平台实现了内外贸在零售环节的对接,促进了国际商品进入国内市场,进一步增强了贸易便利化。

目前,外高桥正在森兰地块内建设"进口高端消费品保税展示交易平台",该平台首期项目——森兰商都的运行系统已开发完成,并成功与海关、税务、商检联网进行了测试。依托自贸区现有的保税仓库,以森兰—外高桥为载体,通过内外联动,将保税区内的"库"与区外森兰的"店"有效融合,推动国际贸易全产业链的延伸与发展,促进地区产业经济的转型升级。

1.4.2.2　外高桥保税物流园区

2003 年 12 月,国务院批准设立上海外高桥保税物流园区,规划面积为 1.03 平方公里,封关面积也为 1.03 平方公里。外高桥保税物流园区规划图如图 1-5 所

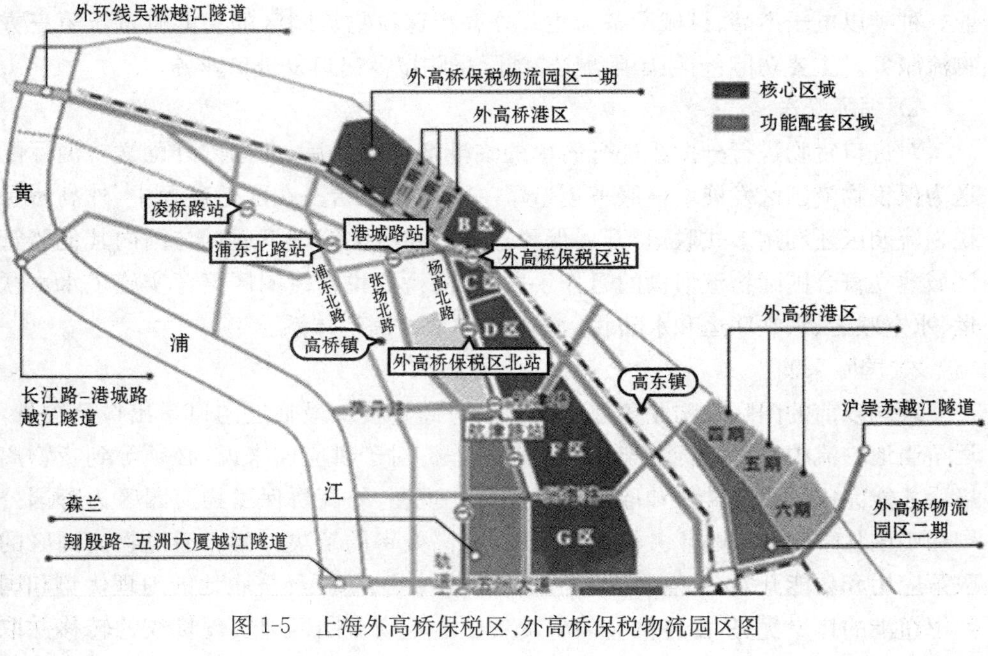

图 1-5　上海外高桥保税区、外高桥保税物流园区图

示。这是我国第一个保税物流园区,也是全国首家"区港联动"试点区域,可同时享受保税区、出口加工区相关政策和上海港的港航资源。"区港联动"是指加强保税区与临近的港区合作,通过进一步整合保税区的政策优势和港区的区位优势,在保税区和港区之间开辟直接通道,在港区划出特定的区域(不含码头泊位),拓展港区功能。通过区域化、网络化、电子化通关管理,满足企业对货物快速流通和海关有效监管的要求,吸引物流企业投资,从而推动保税区和港区物流业发展。但是,上海外高桥保税物流园区在实施"区港联动"政策后,在海关管理上仍由港口海关和保税区海关分头管理,虽然在区内实行"一次申报、一次查验、一次放行",但仍有二重卡口,因此在实际运作中很难达到"一线放开、二线管住"的政策目标。

1. 地理位置及交通

外高桥保税物流园区位于外高桥保税区的西北方向,离外高桥保税区和外高桥港区都很近,具备与外高桥保税区相似的地理位置及交通优势,并与外高桥保税区相辅相成、联动发展。

2. 主要业务功能

作为一个保税物流园区,它可以同时享受保税区、出口加工区的相关政策以及上海港的港航资源。外高桥保税物流园区现已成为长三角地区乃至全国外向型经济发展的公共平台。八成以上的货物来自于江苏、浙江及上海本地的出口加工企业。种类以电子产品、机械设备为主。外高桥保税物流园区的功能侧重于第三方物流服务。主要功能包括:国际配送、国际采购以及出口复进口业务。

1) 国际配送

对进口货物进行分拆或进行简单的临港增值加工后,向国内外配送。国际配送为保税物流园区发展增值服务创造了一个重要平台。在配送过程中,外高桥保税物流园区还利用多式联运,开展保税运输。在海关管理下通过与国内其他监管区域建立符合国际物流惯例的运作手段,外高桥保税物流园区培育实施了水水联运、水空联运、水铁联运和水陆联运等海陆空多式联运体系。

2) 国际采购

我国以前的国际采购业务都是由各供应商直接从最临近的口岸出口至国外,运至当地物流中心后进行上架前的准备工作。对于供应商来说,必须等到货物离境后才能完成货权的转移和取得退税凭证。现在,外高桥保税物流园区为跨国公司在中国从事国际采购业务提供了低成本、高效率的解决方案。通过物流园区的政策应用和功能开发,重点引进跨国公司采购中心,依托经济腹地的地理优势和国际枢纽港的口岸优势,由各供应商将货集中运至物流园区即实现货权的转移并取得退税凭证,便于国际物流供应商将跨国采购中的增值服务转移到外高桥保税物流园区,以园区为节点开展门到门的国际物流全程服务。

3) 出口复进口业务

针对外高桥保税物流园区的"入区退税"政策,国货出口复进口业务也就是"一日游"业务应运而生。企业利用外高桥保税物流园区的"入区退税"政策,以"先出口,再进口"的方式,解决加工贸易深加工结转手续复杂、深加工增值部分不予退税等问题。原材料提供厂商通过"一日游"业务,可以享受到国家出口退税的优惠,以退税后的商品价格参与市场竞争;原材料接收厂商通过"一日游"业务,可以将采购国内件及中间品的退税时间提前,有效降低资金成本。在外高桥保税物流园区"一日游"业务出现前,我国的一些加工贸易企业一般将货物出口至中国香港及境外,再办理进口手续。较之外高桥保税物流园区"一日游"业务,境外"一日游"周期长,手续复杂,运输成本高。当然,入驻企业需经过外高桥保税物流园区海关批准,才能开展"一日游"业务。不论进出、报关报检及物流运输活动都可在外高桥保税物流园区内全部完成,十分方便。

1.4.2.3　洋山保税港区

2005 年 6 月,国务院批准设立洋山保税港区,这也是我国第一个保税港区,规划面积为 14.16 平方公里,已封关运作面积为 8.14 平方公里,是上海市和浙江省跨区域合作建设、实行海关特殊监管的经济功能区。它由三部分组成:①位于上海芦朝港的陆域部分,面积 6 平方公里,分为口岸查验区、港口辅助区、仓储物流区、国际中转区、采购配送区、加工制造区、商贸服务区等功能区;②位于浙江嵊泗的小洋山港口区域,面积 2.14 平方公里,是集装箱装卸、中转的功能区;③连接小洋山岛与陆地的东海大桥,总长 32.5 公里,建有全覆盖的视频监控系统和监控中心,可满足海关、检验检疫等口岸单位以及公安、养护等部门的监管要求。小洋山港口区域规划图如图 1-6 所示。

1. 地理位置及交通

洋山保税港区位于上海东南端的临港地区和通过东海大桥连接的舟山市崎岖列岛的小洋山港区,是上海自贸区里位置处在最东南端的一个。它实际是由三部分组成,一是位于芦潮港的物流园区;二是位于小洋山的港区和部分物流区;三是连接两者的 33 公里的大桥。洋山保税港区紧挨国际航道,水深达到 16 米以上,能够通航目前最大的集装箱船舶,也是上海唯一的海港区,港口条件优良。洋山保税港区通过 S2 高速和郊环线 G1501 与高速公路网相连;在芦潮港还设有铁路集装

图 1-6　洋山保税港区

箱中心站,可开展海铁联运;与浦东综合保税区有直接相连的两港大道,30分钟即可到达浦东国际机场。与市区轨道交通网相连的轨道交通 16 号线直达临港新城,交通十分便捷。

2. **主要业务功能**

保税港区集保税区、出口加工区、保税物流园区、港口的功能于一身,具备口岸、物流、加工三大主要功能和仓储物流、对外贸易、国际采购分销和配送、国际中转、检测和售后服务维修、商品展示、研发加工与制造、港口作业等 9 项具体功能。具体的主要业务功能如下:

1) 中转功能

洋山港是天然深水港,因此,航运服务业是洋山保税港区的主导产业。中转功能是作为集装箱枢纽港的洋山保税港区发展的主导功能。目前,中转业务大约有90%是来自中国内陆,只有大约10%的比例属于国际中转。究其原因,主要是上海港仍属于腹地型港口,其腹地除上海市外,包括江苏、浙江、安徽、江西、湖北、湖南、四川、重庆等省市。

依托长江黄金水道和内河水网,目前水水中转业务开展良好,包括国内水水中转集拼业务和国际水水中转业务。国内水水中转集拼业务是指国内保税货物经水路运至保税港区进行仓储,有的再进行简单的加工包装,然后运至境外目的港。长三角地区的货物甚至会和上海本地的货源在港区周边物流仓库内拼箱后,再通过洋山保税港区的国际远洋干线运送出境。国际水水中转业务一般流程为：①一程船挂靠洋山港区，并进行集装箱卸船作业以及仓储作业等。②将需要中转的集装箱由二程船装运出境，离开洋山保税港区；或者将中转箱通过水上穿梭巴士运至外高桥，然后再有二程船装运出境。

2）国际配送

国际配送是指对进口货物进行分拆或进行简单的临港增值加工后，向国内外配送。在洋山保税港区芦朝港的陆域部分设有仓储物流区、加工制造区以及采购配送区等，可以在相应的地方进行货物的商业性简单加工、分拣、分配、分销等分拨配送业务后，向境内外配送。洋山保税港区集聚了包括通信及电子产品、汽车及零部件、高档食品、品牌服装等的分拨配送中心，基本形成了面向国内和欧美的分拨配送基地。

3）高档汽车保税展示贸易

自 2009 年 6 月以来，洋山保税港区已率先在洋山国贸大厦开展进口高档汽车保税展示业务，先后有路虎、捷豹、奔驰、悍马、双龙、阿斯顿马丁等十余批汽车入区进行保税展示。在区内开展高档汽车保税展示贸易，进一步拓展了保税港区的服务贸易功能，进而形成了带动效应，提升了港区的人气，也有利于加快航运服务要素市场建设。同时，在洋山保税港区开展进口高档汽车保税展示交易业务，能够缓解汽车经销商的资金压力，缩短从进口到销售环节的时间，降低了成本，增强了汽车经销商的竞争力，也增强了洋山保税港区的市场吸引力。

1.4.2.4　上海浦东机场综合保税区

上海浦东机场综合保税区位于浦东机场第三跑道西侧，北通外高桥保税区，南达洋山保税港区，已封关面积 3.59 平方公里，是浦东新区东海岸线的区域中心节点之一，如图 1-7 所示。

1．地理位置及交通

2009 年 7 月，国务院批准设立上海浦东机场综合保税区，规划面积为 3.59 平方公里，已封关运作面积也为 3.59 平方公里。它大约处在外高桥保税区与洋山保税港区之间的中部位置，紧邻货邮吞吐量位居世界第三的上海浦东国际机场，位于浦东机场第三跑道西侧。浦东机场综合保税区地处亚洲、欧洲和美洲三角航线上的一点，依托我国经济发展优势、浦东机场丰富的航线资源和保税区的政策优势，正在向亚太航运枢纽的目标稳步迈进。

上海浦东机场综合保税区与浦东国际机场无缝衔接，距离外高桥保税区 20 公

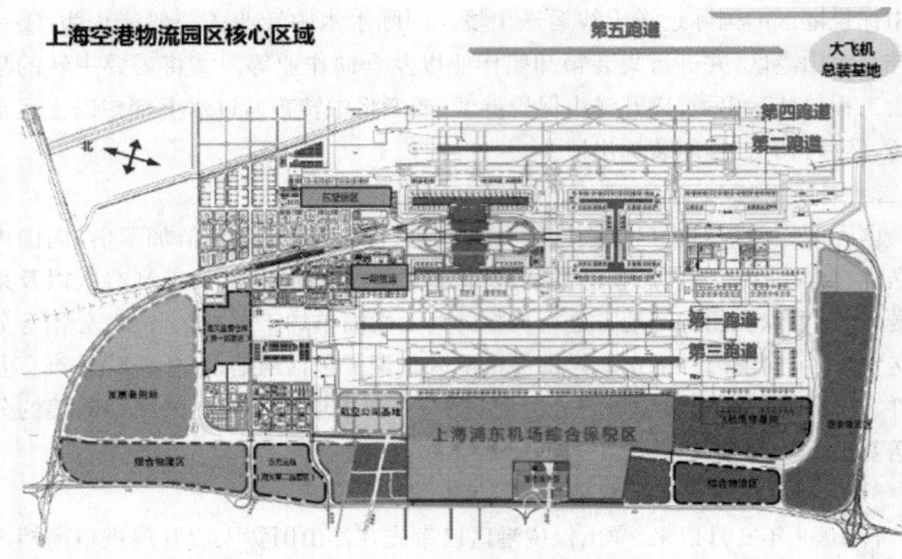

图 1-7　浦东机场综合保税区

里,距离洋山保税港区 30 公里。通过 S32、G1501 高速公路与高速公路网相连,通过中环、迎宾大道、远东大道、两港大道等干线公路与市区公路网相连,轨道交通 2 号线和磁悬浮直连机场,交通十分便捷。

2. 主要业务功能

综合保税区是经国务院批准设立在内陆地区的具有保税港区功能的海关特殊监管区域,由海关参照有关规定对综合保税区进行管理,与保税港区的区别主要在地域上,以及由地域而导致的功能上。对于其他功能和政策而言,两者几乎是一样的。依托上海空运优势,上海浦东机场综合保税区重点发展临空服务产业,推进空运枢纽增值服务中心建设,布局为:以信息技术产品、航空航材及零部件为核心的空运货物分拨配送中心、航空服务业的租赁和维修基地以及高端商品展示交易服务。

1) 航空物流

从现代物流的发展来看,港口和机场都已成为物流供应链中的重要节点。鉴于物流服务需求的多种类状况,港口和机场都有各自的优势:港口物流适合低廉、批量的货物集散,而机场物流则适合贵重、便捷、快速、小批量货物的运输。

上海位于中国东部沿海的中间位置,航空地理区位优势较为显著,通过“T”字形的经济辐射线可连接全国其他的各大城市,并且,从上海出发的国内航班现已覆盖近 61% 的国内航空市场;从上海飞往北美、欧洲大陆的飞行距离大致相等,且航线上投入的航班均具有满载直航的飞行条件和能力;飞往日、韩、澳洲、东南亚等地的航班也较多,联系较为便捷。另外,上海浦东国际机场当前的各项设备较为先进,各种设施和管理规定较为齐全,在管理和基础硬件设施方面能够满足参与航空枢纽港竞争的需求。

上海浦东机场综合保税区的航空物流功能主要包括国际货物中转、国际采购配送、国际转口贸易、国际快件转运等方面。空运的物件往往比较小,主要以快件为主,因此,上海浦东机场综合保税区充分发挥了航空物流的优势,将国际快件转运视为主要功能之一。目前,UPS、DHL 和 FedEx 三大全球快件公司均已入区。

2)航空服务贸易

航空服务贸易主要体现在报税维修、融资租赁和高端商品展示交易上。

(1)保税维修功能:2012 年 12 月 12 日,上海波音在浦东机场综合保税区启动保税维修业务,成为国内首家利用保税政策优势,发展国外制造航空产品维修业务的标杆企业,也预示着上海浦东机场综合保税区在全国率先拓展保税维修产业功能取得了初步成果。

在综合保税区开展保税维修业务优势明显。一是减免了保证金等相关费用,降低了企业运营成本。由于区外维修机库被纳入海关延伸监管范围,进境维修的飞机被视作保税飞机,可免开关税保函。二是为企业提供了便利的通关作业环境。机场海关为进境维修的飞机设计了"预约式通关""飞机落地先查后报"等绿色通关模式,可实现 24 小时全天候落地随查入库,并能节约 2 至 3 天的停机时间。因此,大力发展保税维修产业功能,成为了上海浦东机场综合保税区打造临空功能服务创新区的重要举措,这将有效提升上海浦东机场综合保税区的航运配套能力。

(2)融资租赁功能:在产业发展中,融资租赁业是上海浦东机场综合保税区功能创新的亮点。融资租赁是指出租人根据承租人对租赁物件的特定要求和对供货人的选择,出资向供货人购买租赁物件,并租给承租人使用。承租人则分期向出租人支付租金。在租赁期内租赁物件的所有权属于出租人所有,承租人拥有租赁物件的使用权。

2010 年 6 月 27 日,单机单船融资租赁项目在综合保税区正式启动运作。单机融资租赁项目是以单架飞机成立一个项目公司,单独运作,有效地隔离了融资租赁公司的风险,提高了其生存及竞争能力。有了融资租赁公司,航空企业承租方也不必一次性支付购买飞机的资金,降低了企业运营成本。

目前,一大批金融租赁公司、外商投资租赁公司、融资租赁内资试点企业以及其他租赁公司已纷纷在上海浦东机场综合保税区设立母公司或项目子公司,开展飞机、船舶、大型设备等项目租赁业务,并逐步形成了以交银租赁、招银租赁、国银租赁、威利斯租赁等为代表的航空租赁板块;以大新华船舶租赁、力合租赁为代表的航运租赁板块以及以天信租赁、凯琳圣租赁等为代表的设备租赁板块。

(3) 高端商品展示交易:根据国际惯例,知名的空港新城都有高端商品展示平台。浦东机场毗邻迪士尼旅游度假区,开展高端商品展示交易,其地理位置得天独厚。

表 1-9 为四个区的主要业务功能汇总表。表 1-10 为四个区的主要税收政策汇总表。

表 1-9　四个区的主要业务功能汇总表

区 域 名 称	主要业务功能
外高桥保税区	• 国际贸易:以进口贸易为主 • 出口加工 • 物流分拨 • 保税商品展示交易
外高桥保税物流园区	• 国际配送 • 国际采购 • 出口复进口业务
洋山保税港区	• 中转功能 • 国际配送 • 高档汽车保税展示贸易
上海浦东机场综合保税区	• 航空物流:以快件为主 • 航空服务贸易:保税维修,融资租赁,高端商品展示交易

表 1-10 为四个区的主要税收政策汇总表。

表 1-10　四个区的主要税收政策汇总表

区 域 名 称	主要税收政策
外高桥保税区	• 国外货物入区保税 • 国内货物入区不退税,货物只有在实际离境之后才能进行出口退税 • 货物出区进入国内销售按货物进口的有关规定办理报关,并按货物实际状态征税 • 区内企业之间的货物交易不征增值税和消费税

（续表）

区 域 名 称	主要税收政策
外高桥保税物流园区	• 国外货物入区保税 • 国内货物入区视同出口，实行退税 • 货物出区进入国内销售按货物进口的有关规定办理报关，并按货物实际状态征税 • 区内企业之间的货物交易不征增值税和消费税 （注：保税物流园区虽然有专门通道与港区相连，但在监管上仍与港口分属不同海关，因此不具有实际的口岸功能。）
洋山保税港区	• 国外货物入区保税 • 国内货物入区视同出口，实行退税 • 货物出区进入国内销售按货物进口的有关规定办理报关，并按货物实际状态征税 • 区内企业之间的货物交易不征增值税和消费税 （注：具有口岸功能，实现了保税区域与港口的实质性联动。）
上海浦东机场综合保税区	• 国外货物入区保税 • 国内货物入区视同出口，实行退税 • 货物出区进入国内销售按货物进口的有关规定办理报关，并按货物实际状态征税 • 区内企业之间的货物交易不征增值税和消费税

第 2 章

上海自贸区的政策体系

自贸区挂牌成立以来,国务院、国务院直属部门以及地方政府相继出台了各种政策,逐步形成了较为完整的政策体系。掌握这些政策,深入理解其中蕴涵的意义,无疑对自贸区的发展和在自贸区开展经营活动是十分有益的。

2.1 上海自贸区政策体系概述

2.1.1 自贸区政策体系构成

自贸区政策体系构成如图 2-1 所示。

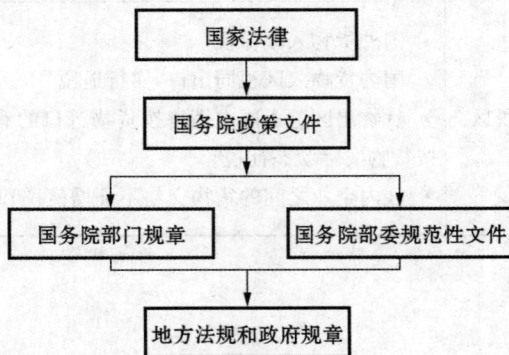

```
            ┌──────────────┐
            │   国家法律    │
            └──────┬───────┘
                   │
            ┌──────┴───────┐
            │ 国务院政策文件 │
            └──────┬───────┘
                   │
        ┌──────────┴──────────┐
        │                     │
┌───────┴────────┐   ┌────────┴─────────┐
│ 国务院部门规章  │   │ 国务院部委规范性文件 │
└───────┬────────┘   └──────────────────┘
        │
┌───────┴────────┐
│ 地方法规和政府规章 │
└────────────────┘
```

图 2-1　自贸区政策体系构成

2.1.2 政策体系归类

表 2-1 为上海自贸区已经发布的政策法律文件。

表 2-1　上海自贸区已经发布的政策法律文件

	法律法规名称	内容
国家法律	《中华人民共和国海关法》	第 34 条规定：经国务院批准在中华人民共和国境内设立的保税区等海关特殊监管区域，由海关按照国家有关规定实施监管
常委会决议	《全国人民代表大会常务委员会关于授权国务院在中国（上海）自由贸易试验区暂时调整有关法律规定的行政审批的决定》	授权国务院在自贸区内暂停《外资企业法》《中外合资经营企业法》和《中外合作经营企业法》规定的有关行政审批，由审批制改为备案制。上述调整在三年内试行
国务院政策文件	《中国（上海）自由贸易试验区总体方案》	上海自贸区总体纲领性文件。对开展自贸区的总体要求、总体目标、实施范围、实施任务和主要措施做出明确指示；对自贸区监管服务模式、配套税收政策、法律制度保障、金融领域创新和海关监管等方面作出具体指导
	《国务院关于在中国（上海）自由贸易试验区内暂时调整有关行政法规和国务院文件规定的行政审批或者准入特别管理措施的决定》	对相关法律具体条文做出修正或者交由地方部分制定详细政策
国务院部门规章及部委规范文件	《国家工商行政管理总局关于支持中国（上海）自由贸易试验区建设的若干意见》	在"试点工商登记制度改革，优化试验区营商环境；优化企业设立流程，提升试验区登记效能；转变市场主体监管方式，维护试验区市场秩序"等方面作出具体的规定措施
	《国家质检总局关于支持中国（上海）自由贸易试验区建设的意见》	以"进境检疫，适当放宽进出口检疫；方便进出，严密防范质量安全风险"为主要把握方向，对检疫工作作出相关规定
	《财政部关于中国（上海）自由贸易试验区有关进口税收政策的通知》	对自贸区有关进口税收政策作出解释说明，对进口环节的增值税、消费税等优惠政策进行适应规定，允许在特定区域设立保税展示交易平台
	《交通运输部、上海市人民政府关于落实《中国（上海）自由贸易试验区总体方案》加快推进上海国际航运中心建设的实施意见》	对开展航运融资、船舶登记制度、沿海捎带业务等措施进行具体说明，以推进上海国际航运中心的建设步伐

（续表）

	法律法规名称	内　容
国务院部门规章及部委规范文件	《文化部关于实施中国(上海)自由贸易试验区文化市场管理政策的通知》	对自贸区内文化市场管理有关政策的调整。允许在试验区内设立外资经营的演出经纪机构、演出场所经营单位,设立外资经营的娱乐场所等
	《保监会支持中国(上海)自由贸易试验区建设》	区内设立外资专业健康保险机构开展人民币跨境再保险业务,支持上海研究探索巨灾保险机制。开展航运保险,培育航运保险经纪人队伍等
	《资本市场支持促进中国(上海)自由贸易试验区若干政策措施》	按照规定可进行双向投资于境内外证券期货市场,推进国际原油期货平台筹建工作,允许境外母公司可按规定在境内市场发行人民币债券等
	《财政部、国家税务总局关于中国(上海)自由贸易试验区内企业以非货币性资产对外投资等资产重组行为有关企业所得税政策问题的通知》	对自贸区内企业以非货币性资产对外投资等资产重组行为有关企业所得税政策作出相关规定与说明
	《中国人民银行关于金融支持中国(上海)自由贸易试验区建设的意见》	出台"三十条",对人民币跨境使用、利率市场化、外汇管理体制改革等作出进一步的指导指示
	《中国银监会关于中国(上海)自由贸易试验区银行业监管有关问题的通知》	支持中资银行入区发展,设立非银行金融公司,外资银行入区经营,鼓励开展跨境投融资服务,支持区内开展离岸业务,简化准入方式等
	《关于中国(上海)自由贸易试验区有关进口税收政策的通知》	对自由贸易区的进口税收政策进行说明
	《外汇管理支持试验区建设实施细则》	对自由贸易区的外汇管理作出具体规定
地方法规及政府规范办法	《中国(上海)自由贸易试验区管理办法(上海市政府令第7号)》	明确自贸区的管理机构及其职责,投资管理制度、进出境监管等方面的制度创新、金融创新与风险防范机制,优化管理和服务的措施
	《中国(上海)自由贸易试验区外商投资项目备案管理办法》	对自由贸易试验区外商投资项目备案管理作出相关规定

(续表)

	法律法规名称	内　　容
地方法规及政府规范办法	《中国(上海)自由贸易试验区外商投资准入特别管理措施(负面清单)(2014 修订版)》	列明自贸区内对外商投资项目和设立外商投资企业采取的与国民待遇等不符的准入措施,并附具体名单,对 2013 版的负面清单进行进一步"瘦身"
	《中国(上海)自由贸易试验区境外投资项目备案管理办法》	对自由贸易试验区境外投资项目备案管理制度的具体阐释
	《中国(上海)自由贸易试验区外商投资企业备案管理办法》	对自贸试验区外商投资准入特别管理措施(负面清单)之外的外商投资企业设立和变更的备案管理制度的说明
	《中国(上海)自由贸易试验区外商独资医疗机构管理暂行办法》	对自由贸易试验区内外商独资医疗机构设置条件、审批与登记、变更、延期和终止、执业及监督的管理办法规定
	《中国(上海)自由贸易试验区中外合作经营性培训机构管理暂行办法》	对试验区内中外合作经营性培训机构设立、变更、终止及管理作出详细的说明
	《中国(上海)自由贸易试验区境外投资开办企业备案管理办法》	对自由贸易试验区境外投资开办企业备案管理办法的说明

2.2　中国(上海)自由贸易试验区总体方案

建立中国(上海)自由贸易试验区(以下简称试验区)是党中央、国务院作出的重大决策,是深入贯彻党的十八大精神,在新形势下推进改革开放的重大举措。为全面有效推进试验区工作,特制定了本方案。

一、总体要求

试验区肩负着我国在新时期加快政府职能转变、积极探索管理模式创新、促进贸易和投资便利化,为全面深化改革和扩大开放探索新途径、积累新经验的重要使命,是国家战略需要。

（一）指导思想

高举中国特色社会主义伟大旗帜，以邓小平理论、"三个代表"重要思想、科学发展观为指导，紧紧围绕国家战略，进一步解放思想，坚持先行先试，以开放促改革、促发展，率先建立符合国际化和法治化要求的跨境投资和贸易规则体系，使试验区成为我国进一步融入经济全球化的重要载体，打造中国经济升级版，为实现中华民族伟大复兴的中国梦作出贡献。

（二）总体目标

经过两至三年的改革试验，加快转变政府职能，积极推进服务业扩大开放和外商投资管理体制改革，大力发展总部经济和新型贸易业态，加快探索资本项目可兑换和金融服务业全面开放，探索建立货物状态分类监管模式，努力形成促进投资和创新的政策支持体系，着力培育国际化和法治化的营商环境，力争建设成为具有国际水准的投资贸易便利、货币兑换自由、监管高效便捷、法制环境规范的自由贸易试验区，为我国扩大开放和深化改革探索新思路和新途径，更好地为全国服务。

（三）实施范围

试验区的范围涵盖上海外高桥保税区、上海外高桥保税物流园区、洋山保税港区和上海浦东机场综合保税区4个海关特殊监管区域，并根据先行先试推进情况以及产业发展和辐射带动需要，逐步拓展实施范围和试点政策范围，形成与上海国际经济、金融、贸易、航运中心建设的联动机制。

二、主要任务和措施

紧紧围绕面向世界、服务全国的战略要求和上海"四个中心"建设的战略任务，按照先行先试、风险可控、分步推进、逐步完善的方式，把扩大开放与体制改革相结合、把培育功能与政策创新相结合，形成与国际投资、贸易通行规则相衔接的基本制度框架。

（一）加快政府职能转变

1. 深化行政管理体制改革

加快转变政府职能，改革创新政府管理方式，按照国际化、法治化的要求，积极探索建立与国际高标准投资和贸易规则体系相适应的行政管理体系，推进政府管理由注重事先审批转为注重事中、事后监管。建立一口受理、综合审批和高效运作的服务模式，完善信息网络平台，实现不同部门的协同管理机制。建立行业信息跟踪、监管和归集的综合性评估机制，加强对试验区内企业在区外经营活动全过程的跟踪、管理和监督。建立集中统一的市场监管综合执法体系，在质量技术监督、食品药品监管、知识产权、工商、税务等管理领域,实现高效监管,积极鼓励社会力量参与市场监督。提高行政透明度,完善体现投资者参与、符合国际规则的信息公开机制。完善投资者权益有效保障机制,实现各类投资主体的公平竞争,允许符合条件的外国投资者自由转移其投资收益。建立知识产权纠纷调解、援助等解决机制。

（二）扩大投资领域的开放

2. 扩大服务业开放

选择金融服务、航运服务、商贸服务、专业服务、文化服务以及社会服务领域扩大开放,暂停或取消投资者资质要求、股比限制、经营范围限制等准入限制措施(银行业机构、信息通信服务除外),营造有利于各类投资者平等准入的市场环境。

3. 探索建立负面清单管理模式

借鉴国际通行规则,对外商投资试行准入前国民待遇,研究制订试验区外商投资与国民待遇等不符的负面清单,改革外商投资管理模式。对负面清单之外的领域,按照内外资一致的原则,将外商投资项目由核准制改为备案制(国务院规定对国内投资项目保留核准的除外),由上海市负责办理;将外商投资企业合同章程审批改为由上海市负责备案管理,备案后按国家有关规定办理相关手续;工商登记与商事登记制度改革相衔接,逐步优化登记流程;完善国家安全审查制度,在试验区内试点开展涉及外资的国家安全审查,构建安全高效的开放型经济体系。在总结试点经验的基础上,逐步形成与国际接轨的外商投资管理制度。

4. 构筑对外投资服务促进体系

改革境外投资管理方式,对境外投资开办企业实行以备案制为主的管理方式,对境外投资一般项目实行备案制,由上海市负责备案管理,提高境外投资便利化程度。创新投资服务促进机制,加强境外投资事后管理和服务,形成多部门共享的信息监测平台,做好对外直接投资统计和年检工作。支持试验区内各类投资主体开展多种形式的境外投资。鼓励在试验区设立专业从事境外股权投资的项目公司,支持有条件的投资者设立境外投资股权投资母基金。

（三）推进贸易发展方式转变

5. 推动贸易转型升级

积极培育贸易新型业态和功能,形成以技术、品牌、质量、服务为核心的外贸竞争新优势,加快提升我国在全球贸易价值链中的地位。鼓励跨国公司建立亚太地区总部,建立整合贸易、物流、结算等功能的营运中心。深化国际贸易结算中心试点,拓展专用账户的服务贸易跨境收付和融资功能。支持试验区内企业发展离岸业务。鼓励企业统筹开展国际国内贸易,实现内外贸一体化发展。探索在试验区内设立国际大宗商品交易和资源配置平台,开展能源产品、基本工业原料和大宗农产品的国际贸易。扩大完善期货保税交割试点,拓展仓单质押融资等功能。加快对外文化贸易基地建设,推动生物医药、软件信息、管理咨询、数据服务等外包业务发展,允许和支持各类融资租赁公司在试验区内设立项目子公司并开展境内外租赁服务。鼓励设立第三方检验鉴定机构,按照国际标准采信其检测结果。试点开展境内外高技术、高附加值的维修业务。加快培育跨境电子商务服务功能,试点建立与之相适应的海关监管、检验检疫、退税、跨境支付、物流等支撑系统。

6. 提升国际航运服务能级

积极发挥外高桥港、洋山深水港、浦东空港国际枢纽港的联动作用,探索形成具有国际竞争力的航运发展制度和运作模式。积极发展航运金融、国际船舶运输、国际船舶管理、国际航运经纪等产业,加快发展航运运价指数衍生品交易业务。推动中转集拼业务发展,允许中资公司拥有或控股拥有的非五星旗船,先行先试外贸进出口集装箱在国内沿海港口和上海港之间的沿海捎带业务。支持浦东机场增加国际中转货运航班。充分发挥上海的区域优势,利用中资"方便旗"船税收优惠政策,促进符合条件的船舶在上海落户登记。在试验区实行已在天津试点的国际船舶登记政策。简化国际船舶运输经营许可流程,形成高效率的船籍登记制度。

(四)深化金融领域的开放创新

7. 加快金融制度创新

在风险可控前提下,可在试验区内对人民币资本项目可兑换、金融市场利率市场化、人民币跨境使用等方面创造条件进行先行先试。在试验区内实现金融机构资产方价格实行市场化定价。探索面向国际的外汇管理改革试点,建立与自由贸易试验区相适应的外汇管理体制,全面实现贸易投资便利化。鼓励企业充分利用境内外两种资源、两个市场,实现跨境融资自由化。深化外债管理方式改革,促进跨境融资便利化。深化跨国公司总部外汇资金集中运营管理试点,促进跨国公司设立区域性或全球性资金管理中心,建立试验区金融改革创新与上海国际金融中心建设的联动机制。

8. 增强金融服务功能

推动金融服务业对符合条件的民营资本和外资金融机构全面开放,支持在试验区内设立外资银行和中外合资银行。允许金融市场在试验区内建立面向国际的交易平台,逐步允许境外企业参与商品期货交易,鼓励金融市场产品创新。支持股权托管交易机构在试验区内建立综合金融服务平台,支持开展人民币跨境再保险业务,培育发展再保险市场。

（五）完善法制领域的制度保障

9. 完善法制保障

加快形成符合试验区发展需要的高标准投资和贸易规则体系。针对试点内容,需要停止实施有关行政法规和国务院文件的部分规定的,按规定程序办理。其中,经全国人民代表大会常务委员会授权,暂时调整《中华人民共和国外资企业法》《中华人民共和国中外合资经营企业法》和《中华人民共和国中外合作经营企业法》规定的有关行政审批,自 2013 年 10 月 1 日起在三年内试行。各部门要支持试验区在服务业扩大开放、实施准入前国民待遇和负面清单管理模式等方面深化改革试点,及时解决试点过程中的制度保障问题。上海市要通过地方立法,建立与试点要求相适应的试验区管理制度。

三、营造相应的监管和税收制度环境

适应建立国际高水平投资和贸易服务体系的需要,创新监管模式,促进试验区内货物、服务等各类要素自由流动,推动服务业扩大开放和货物贸易深入发展,形成公开、透明的管理制度。同时,在维护现行税制公平、统一、规范的前提下,以培育功能为导向,完善相关政策。

（一）创新监管服务模式

1. 推进实施"一线放开"

允许企业凭进口舱单将货物直接入区,再凭进境货物备案清单向主管海关办理申报手续,探索简化进出境备案清单,简化国际中转、集拼和分拨等业务进出境手续;实行"进境检疫,适当放宽进出口检验"模式,创新监管技术和方法。探索构建相对独立的以贸易便利化为主的货物贸易区域和以扩大服务领域开放为主的服务贸易区域。在确保有效监管的前提下,探索建立货物状态分类监管模式。深化功能拓展,在严格执行货物进出口税收政策的前提下,允许在特定区域设立保税展示交易平台。

2. 坚决实施"二线安全,高效管住"

优化卡口管理,加强电子信息联网,通过进出境清单比对、账册管理、卡口实货核注、风险分析等加强监管,促进二线监管模式与一线监管模式相衔接,推行"方便进出,严密防范质量安全风险"的检验检疫监管模式。加强电子账册管理,推动试验区内货物在各海关特殊监管区域之间和跨关区便捷流转。试验区内企业原则上不受地域限制,可到区外再投资或开展业务,如有专项规定要求办理相关手续,仍应按照专项规定办理。推进企业运营信息与监管系统对接,通过风险监控、第三方

管理、保证金要求等方式实行有效监管,充分发挥上海市诚信体系建设的作用,加快形成企业商务诚信管理和经营活动专属管辖制度。

3. 进一步强化监管协作

以切实维护国家安全和市场公平竞争为原则,加强各有关部门与上海市政府的协同,提高维护经济社会安全的服务保障能力。试验区配合国务院有关部门严格实施经营者集中反垄断审查。加强海关、质检、工商、税务、外汇等管理部门的协作。加快完善一体化监管方式,推进组建统一高效的口岸监管机构。探索试验区统一电子围网管理,建立风险可控的海关监管机制。

(二)探索与试验区相配套的税收政策

4. 实施促进投资的税收政策

注册在试验区内的企业或个人股东,因非货币性资产对外投资等资产重组行为而产生的资产评估增值部分,可在不超过5年期限内,分期缴纳所得税。对试验区内企业以股份或出资比例等股权形式给予企业高端人才和紧缺人才的奖励,实行已在中关村等地区试点的股权激励个人所得税分期纳税政策。

5. 实施促进贸易的税收政策

将试验区内注册的融资租赁企业或金融租赁公司在试验区内设立的项目子公司纳入融资租赁出口退税试点范围。对试验区内注册的国内租赁公司或租赁公司设立的项目子公司,经国家有关部门批准从境外购买空载重量在25吨以上并租赁给国内航空公司使用的飞机,享受相关进口环节增值税优惠政策。对设在试验区内的企业生产、加工并经"二线"销往内地的货物照章征收进口环节增值税、消费税。根据企业申请,试行对该内销货物按其对应进口料件或按实际报验状态征收关税的政策。在现行政策框架下,对试验区内生产企业和生产性服务业企业进口所需的机器、设备等货物予以免税,但生活性服务业等企业进口的货物以及法律、行政法规和相关规定明确不予免税的货物除外。完善启运港退税试点政策,适时研究扩大启运地、承运企业和运输工具等试点范围。

此外,在符合税制改革方向和国际惯例,以及不导致利润转移和税基侵蚀的前提下,积极研究完善适应境外股权投资和离岸业务发展的税收政策。

四、扎实做好组织实施

国务院统筹领导和协调试验区推进工作。上海市要精心组织实施,完善工作机制,落实工作责任,根据《方案》明确的目标定位和先行先试任务,按照"成熟的可先做,再逐步完善"的要求,形成可操作的具体计划,抓紧推进实施,并在推进过程中认真研究新情况、解决新问题,重大问题要及时向国务院请示报告。各有关部门要大力支持,积极做好协调配合、指导评估等工作,共同推进相关体制机制和政策创新,把试验区建设好、管理好。

二零一三年九月二十八日

2.3　国务院关于在中国(上海)自由贸易试验区内暂时调整有关行政法规和国务院文件规定的行政审批或者准入特别管理措施的决定

各省、自治区、直辖市人民政府,国务院各部委、各直属机构:

为加快政府职能转变,创新对外开放模式,进一步探索深化改革开放的经验,根据《全国人民代表大会常务委员会关于授权国务院在中国(上海)自由贸易试验区暂时调整有关法律规定的行政审批的决定》和《中国(上海)自由贸易试验区总体方案》的规定,国务院决定在中国(上海)自由贸易试验区内暂时调整下列行政法规和国务院文件规定的行政审批或者准入特别管理措施:

一、改革外商投资管理模式,对国家规定实施准入特别管理措施之外的外商投资,暂时调整《中华人民共和国外资企业法实施细则》《中华人民共和国中外合资经营企业法实施条例》《中华人民共和国中外合作经营企业法实施细则》《指导外商投资方向规定》《外国企业或者个人在中国境内设立合伙企业管理办法》《中外合资经营企业合营期限暂行规定》《中外合资经营企业合营各方出资的若干规定》《〈中外合资经营企业合营各方出资的若干规定〉的补充规定》《国务院关于投资体制改革的决定》《国务院关于进一步做好利用外资工作的若干意见》规定的有关行政审批。

二、扩大服务业开放,暂时调整《中华人民共和国船舶登记条例》《中华人民共和国国际海运条例》《征信业管理条例》《营业性演出管理条例》《娱乐场所管理条例》《中华人民共和国中外合作办学条例》《外商投资电信企业管理规定》《国务院办公厅转发文化部等部门关于开展电子游戏经营场所专项治理意见的通知》规定的有关行政审批以及有关资质要求、股比限制、经营范围限制等准入特别管理措施。

国务院有关部门、上海市人民政府要根据法律、行政法规和国务院文件调整情况,及时对本部门、本市制定的规章和规范性文件作相应调整,建立与试点要求相适应的管理制度。

根据《全国人民代表大会常务委员会关于授权国务院在中国(上海)自由贸

易试验区暂时调整有关法律规定的行政审批的决定》和试验区改革开放措施的试验情况,本决定内容适时进行调整。

· 　附件:国务院决定在中国(上海)自由贸易试验区内暂时调整有关行政法规和国务院文件规定的行政审批或者准入特别管理措施目录

国务院

2013 年 12 月 21 日

(此件公开发布)

附件:

国务院决定在中国(上海)自由贸易试验区内暂时调整有关行政法规和国务院文件规定

的行政审批或者准入特别管理措施目录

序号	名　称	行政法规、国务院文件规定	内　容
1	外商投资项目核准(国务院规定对国内投资项目保留核准的除外)	1.《指导外商投资方向规定》 　第十二条第一款的有关规定:根据现行审批权限,外商投资项目按照项目性质分别由发展计划部门和经贸部门审批、备案。 2.《外国企业或者个人在中国境内设立合伙企业管理办法》 　第十三条:外国企业或者个人在中国境内设立合伙企业涉及须经政府核准的投资项目的,依照国家有关规定办理投资项目核准手续。 3.《国务院关于投资体制改革的决定》(国发〔2004〕20 号) 　第二部分第二项的有关规定:对于外商投资项目,政府还要从市场准入、资本项目管理等方面进行核准。 4.《国务院关于进一步做好利用外资工作的若干意见》(国发〔2010〕9 号) 　第四部分第十六项的有关规定:《外商投资产业指导目录》中总投资(包括增资)3 亿美元以下的鼓励类、允许类项目,除《政府核准的投资项目目录》规定需由国务院有关部门核准之外,由地方政府有关部门核准。	在负面清单之外的领域,暂时停止实施该项行政审批,改为备案管理

序号	名　称	行政法规、国务院文件规定	内　容
2	外资企业设立审批	1.《中华人民共和国外资企业法实施细则》 　　**第七条**：设立外资企业的申请，由中华人民共和国对外贸易经济合作部（以下简称对外贸易经济合作部）审查批准后，发给批准证书。 　　设立外资企业的申请属于下列情形的，国务院授权省、自治区、直辖市和计划单列市、经济特区人民政府审查批准后，发给批准证书： 　　（一）投资总额在国务院规定的投资审批权限以内的； 　　（二）不需要国家调拨原材料，不影响能源、交通运输、外贸出口配额等全国综合平衡的。 　　省、自治区、直辖市和计划单列市、经济特区人民政府在国务院授权范围内批准设立外资企业，应当在批准后 15 天内报对外贸易经济合作部备案（对外贸易经济合作部和省、自治区、直辖市和计划单列市、经济特区人民政府，以下统称审批机关）。 　　**第十六条**：外资企业的章程经审批机关批准后生效。 2.《指导外商投资方向规定》 　　第十二条第一款的有关规定：外商投资企业的合同、章程由外经贸部门审批、备案。其中，限制类限额以下的外商投资项目由省、自治区、直辖市及计划单列市人民政府的相应主管部门审批，同时报上级主管部门和行业主管部门备案，此类项目的审批权不得下放。属于服务贸易领域逐步开放的外商投资项目，按照国家有关规定审批。 3.《国务院关于进一步做好利用外资工作的若干意见》（国发〔2010〕9 号） 　　第四部分第十六项的有关规定：服务业领域外商投资企业的设立（金融、电信服务除外）由地方政府按照有关规定进行审批。	在负面清单之外的领域，暂时停止实施该项行政审批，改为备案管理

（续表）

序号	名　称	行政法规、国务院文件规定	内　容
2	外资企业设立审批	4.《政府核准的投资项目目录(2013年本)》 第十二条第三款:外商投资企业的设立及变更事项,按现行有关规定由商务部和地方政府核准。	在负面清单之外的领域,暂时停止实施该项行政审批,改为备案管理
3	外资企业分立、合并或者其他原因导致资本发生重大变动审批	《中华人民共和国外资企业法实施细则》 第十七条:外资企业的分立、合并或者由于其他原因导致资本发生重大变动,须经审批机关批准,并应当聘请中国的注册会计师验证和出具验资报告;经审批机关批准后,向工商行政管理机关办理变更登记手续。	在负面清单之外的领域,暂时停止实施该项行政审批,改为备案管理
4	外资企业注册资本减少、增加、转让审批	《中华人民共和国外资企业法实施细则》 第二十一条:外资企业在经营期内不得减少其注册资本。但是,因投资总额和生产经营规模等发生变化,确需减少的,须经审批机关批准。 第二十二条:外资企业注册资本的增加、转让,须经审批机关批准,并向工商行政管理机关办理变更登记手续。	在负面清单之外的领域,暂时停止实施该项行政审批,改为备案管理
5	外资企业财产或者权益对外抵押、转让审批	《中华人民共和国外资企业法实施细则》 第二十三条:外资企业将其财产或者权益对外抵押、转让,须经审批机关批准并向工商行政管理机关备案。	在负面清单之外的领域,暂时停止实施该项行政审批,改为备案管理
6	外国投资者出资审批	《中华人民共和国外资企业法实施细则》 第二十五条第二款:经审批机关批准,外国投资者也可以用其从中国境内举办的其他外商投资企业获得的人民币利润出资。	在负面清单之外的领域,暂时停止实施该项行政审批,改为备案管理
7	外国投资者延期出资审批	《中华人民共和国外资企业法实施细则》 第三十一条第二款:外国投资者有正当理由要求延期出资的,应当经审批机关同意,并报工商行政管理机关备案。	在负面清单之外的领域,暂时停止实施该项行政审批,改为备案管理

（续表）

序号	名　称	行政法规、国务院文件规定	内　容
8	外资企业经营期限审批	《中华人民共和国外资企业法实施细则》 　　**第四十条**：外资企业的土地使用年限，与经批准的该外资企业的经营期限相同。 　　**第七十条**：外资企业的经营期限，根据不同行业和企业的具体情况，由外国投资者在设立外资企业的申请书中拟订，经审批机关批准。 　　**第七十一条第二款**：外资企业经营期满需要延长经营期限的，应当在距经营期满 180 天前向审批机关报送延长经营期限的申请书。审批机关应当在收到申请书之日起 30 天内决定批准或者不批准。	在负面清单之外的领域，暂时停止实施该项行政审批，改为备案管理
9	外资企业终止核准	《中华人民共和国外资企业法实施细则》 　　**第七十二条第二款**：外资企业如存在前款第（二）（三）（四）项所列情形，应当自行提交终止申请书，报审批机关核准。审批机关作出核准的日期为企业的终止日期。 　　**第七十三条**：外资企业依照本实施细则第七十二条第（一）（二）（三）（六）项的规定终止的，应当在终止之日起 15 天内对外公告并通知债权人，并在终止公告发出之日起 15 天内，提出清算程序、原则和清算委员会人选，报审批机关审核后进行清算。	在负面清单之外的领域，暂时停止实施该项行政审批，改为备案管理
10	中外合资经营企业设立审批	《中华人民共和国中外合资经营企业法实施条例》 　　**第六条第一款、第二款、第三款**：在中国境内设立合营企业，必须经中华人民共和国对外贸易经济合作部（以下简称对外贸易经济合作部）审查批准。批准后，由对外贸易经济合作部发给批准证书。 　　凡具备下列条件的，国务院授权省、自治区、直辖市人民政府或者国务院有关部门审批： 　　（一）投资总额在国务院规定的投资审批权限以内，中国合营者的资金来源已经落实的；	在负面清单之外的领域，暂时停止实施该项行政审批，改为备案管理

(续表)

序号	名 称	行政法规、国务院文件规定	内 容
10	中外合资经营企业设立审批	(二)不需要国家增拨原材料,不影响燃料、动力、交通运输、外贸出口配额等方面的全国平衡的。 　　依照前款批准设立的合营企业,应当报对外贸易经济合作部备案。 　　**第十四条**:合营企业协议、合同和章程经审批机构批准后生效。	在负面清单之外的领域,暂时停止实施该项行政审批,改为备案管理
11	中外合资经营企业转让股权审批	《中华人民共和国中外合资经营企业法实施条例》 　　**第二十条第一款**:合营一方向第三者转让其全部或者部分股权的,须经合营他方同意,并报审批机构批准,向登记管理机构办理变更登记手续。	在负面清单之外的领域,暂时停止实施该项行政审批,改为备案管理
12	中外合资经营企业增加、减少注册资本审批	《中华人民共和国中外合资经营企业法实施条例》 　　**第十九条**:合营企业在合营期内不得减少其注册资本。因投资总额和生产经营规模等发生变化,确需减少的,须经审批机构批准。 　　**第二十一条**:合营企业注册资本的增加、减少,应当由董事会会议通过,并报审批机构批准,向登记管理机构办理变更登记手续。	在负面清单之外的领域,暂时停止实施该项行政审批,改为备案管理
13	中外合资经营企业出资方式审批	《中华人民共和国中外合资经营企业法实施条例》 　　**第二十七条**:外国合营者作为出资的机器设备或者其他物料、工业产权或者专有技术,应当报审批机构批准。	在负面清单之外的领域,暂时停止实施该项行政审批,改为备案管理
14	中外合资经营企业经营期限审批	《中外合资经营企业合营期限暂行规定》 　　**第四条**:合营各方在合营合同中不约定合营期限的合营企业,按照国家规定的审批权限和程序审批。除对外经济贸易部直接审批的以外,其他审批机关应当在批准后30天内报对外经济贸易部备案。	在负面清单之外的领域,暂时停止实施该项行政审批,改为备案管理

（续表）

序号	名　称	行政法规、国务院文件规定	内　容
14	中外合资经营企业经营期限审批	**第六条第一款**:在本规定施行之前已经批准设立的合营企业,按照批准的合营合同约定的期限执行,但属本规定第三条规定以外的合营企业,合营各方一致同意将合营合同中合营期限条款修改为不约定合营期限的,合营各方应当申报理由,签订修改合营合同的协议,并提出申请,报原审批机关审查。	在负面清单之外的领域,暂时停止实施该项行政审批,改为备案管理
15	中外合资经营企业解散审批	1.《中华人民共和国中外合资经营企业法实施条例》 **第九十条第二款**:前款第(二)(四)(五)(六)项情况发生的,由董事会提出解散申请书,报审批机构批准;第(三)项情况发生的,由履行合同的一方提出申请,报审批机构批准。 2.《中外合资经营企业合营各方出资的若干规定》 **第七条第一款**:合营一方未按照合营合同的规定如期缴付或者缴清其出资的,即构成违约。守约方应当催告违约方在一个月内缴付或者缴清出资。逾期仍未缴付或者缴清的,视同违约方放弃在合营合同中的一切权利,自动退出合营企业。守约方应当在逾期后一个月内,向原审批机关申请批准解散合营企业或者申请批准另找合营者承担违约方在合营合同中的权利和义务。守约方可以依法要求违约方赔偿因未缴付或者缴清出资造成的经济损失。	在负面清单之外的领域,暂时停止实施该项行政审批,改为备案管理
16	中外合资经营、中外合作经营、外商独资经营企业出资审批	《〈中外合资经营企业合营各方出资的若干规定〉的补充规定》的全部条文	在负面清单之外的领域,暂时停止实施该项行政审批,改为备案管理

序号	名　称	行政法规、国务院文件规定	内　容
17	中外合作经营企业设立审批	《中华人民共和国中外合作经营企业法实施细则》 　　**第六条**:设立合作企业由对外贸易经济合作部或者国务院授权的部门和地方人民政府审查批准。 　　设立合作企业属于下列情形的,由国务院授权的部门或者地方人民政府审查批准: 　　(一)投资总额在国务院规定由国务院授权的部门或者地方人民政府审批的投资限额以内的; 　　(二)自筹资金,并且不需要国家平衡建设、生产条件的; 　　(三)产品出口不需要领取国家有关主管部门发放的出口配额、许可证,或者虽需要领取,但在报送项目建议书前已征得国家有关主管部门同意的; 　　(四)有法律、行政法规规定由国务院授权的部门或者地方人民政府审查批准的其他情形的。	在负面清单之外的领域,暂时停止实施该项行政审批,改为备案管理
18	中外合作经营企业协议、合同、章程重大变更审批	《中华人民共和国中外合作经营企业法实施细则》 　　**第十一条**:合作企业协议、合同、章程自审查批准机关颁发批准证书之日起生效。在合作期限内,合作企业协议、合同、章程有重大变更的,须经审查批准机关批准。	在负面清单之外的领域,暂时停止实施该项行政审批,改为备案管理
19	中外合作经营企业注册资本减少审批	《中华人民共和国中外合作经营企业法实施细则》 　　**第十六条第二款**:合作企业注册资本在合作期限内不得减少。但是,因投资总额和生产经营规模等变化,确需减少的,须经审查批准机关批准。	在负面清单之外的领域,暂时停止实施该项行政审批,改为备案管理

（续表）

序号	名　称	行政法规、国务院文件规定	内　容
20	中外合作经营企业转让合作企业合同权利审批	《中华人民共和国中外合作经营企业法实施细则》　　第二十三条第一款:合作各方之间相互转让或者合作一方向合作他方以外的他人转让属于其在合作企业合同中全部或者部分权利的,须经合作他方书面同意,并报审查批准机关批准。	在负面清单之外的领域,暂时停止实施该项行政审批,改为备案管理
21	中外合作经营企业委托经营管理合同审批	《中华人民共和国中外合作经营企业法实施细则》　　第三十五条第二款:合作企业应当将董事会或者联合管理委员会的决议、签订的委托经营管理合同,连同被委托人的资信证明等文件,一并报送审查批准机关批准。审查批准机关应当自收到有关文件之日起 30 天内决定批准或者不批准。	在负面清单之外的领域,暂时停止实施该项行政审批,改为备案管理
22	外国合作者先行回收投资报审查批准机关审批	《中华人民共和国中外合作经营企业法实施细则》　　第四十五条第一款:外国合作者依照本实施细则第四十四条第二项和第三项的规定提出先行回收投资的申请,应当具体说明先行回收投资的总额、期限和方式,经财政税务机关审查同意后,报审查批准机关审批。	在负面清单之外的领域,暂时停止实施该项行政审批,改为备案管理
23	中外合作经营企业延长合作期限审批	《中华人民共和国中外合作经营企业法实施细则》　　第四十七条第二款:合作企业期限届满,合作各方协商同意要求延长合作期限的,应当在期限届满的 180 天前向审查批准机关提出申请,说明原合作企业合同执行情况,延长合作期限的原因,同时报送合作各方就延长的期限内各方的权利、义务等事项所达成的协议。审查批准机关应当自接到申请之日起 30 天内,决定批准或者不批准。	在负面清单之外的领域,暂时停止实施该项行政审批,改为备案管理

序号	名　称	行政法规、国务院文件规定	内　容
23	中外合作经营企业延长合作期限审批	第四十七条第四款:合作企业合同约定外国合作者先行回收投资,并且投资已经回收完毕的,合作企业期限届满不再延长;但是,外国合作者增加投资的,经合作各方协商同意,可以依照本条第二款的规定向审查批准机关申请延长合作期限。	在负面清单之外的领域,暂时停止实施该项行政审批,改为备案管理
24	中外合作经营企业解散审批	1.《中华人民共和国中外合作经营企业法实施细则》 　第四十八条第二款:前款第二项、第四项所列情形发生,应当由合作企业的董事会或者联合管理委员会做出决定,报审查批准机关批准。在前款第三项所列情形下,不履行合作企业合同、章程规定的义务的中外合作者一方或者数方,应当对履行合同的他方因此遭受的损失承担赔偿责任;履行合同的一方或者数方有权向审查批准机关提出申请,解散合作企业。 2.《中外合资经营企业合营各方出资的若干规定》 　第七条第一款:合营一方未按照合营合同的规定如期缴付或者缴清其出资的,即构成违约。守约方应当催告违约方在一个月内缴付或者缴清出资。逾期仍未缴付或者缴清的,视同违约方放弃在合营合同中的一切权利,自动退出合营企业。守约方应当在逾期后一个月内,向原审批机关申请批准解散合营企业或者申请批准另找合营者承担违约方在合营合同中的权利和义务。守约方可以依法要求违约方赔偿因未缴付或者缴清出资造成的经济损失。 　第十条:中外合作经营企业合作各方的出资参照本规定执行。	在负面清单之外的领域,暂时停止实施该项行政审批,改为备案管理

序号	名　称	行政法规、国务院文件规定	内　容
25	放宽中外合资、中外合作国际船舶运输企业的外资股比限制	1.《中华人民共和国船舶登记条例》 　　**第二条第一款第二项**：依据中华人民共和国法律设立的主要营业所在中华人民共和国境内的企业法人的船舶。但是，在该法人的注册资本中有外商出资的，中方投资人的出资额不得低于50％。 2.《中华人民共和国国际海运条例》 　　**第二十九条第二款、第三款、第四款**：经营国际船舶运输、国际船舶代理业务的中外合资经营企业，企业中外商的出资比例不得超过49％。 　　经营国际船舶运输、国际船舶代理业务的中外合作经营企业，企业中外商的投资比例比照适用前款规定。 　　中外合资国际船舶运输企业和中外合作国际船舶运输企业的董事会主席和总经理，由中外合资、合作双方协商后由中方指定。	暂时停止实施相关规定内容，由国务院交通运输主管部门制定相关管理办法
26	允许设立外商独资国际船舶管理企业	《中华人民共和国国际海运条例》 　　**第二十九条第一款**：经国务院交通主管部门批准，外商可以依照有关法律、行政法规以及国家其他有关规定，投资设立中外合资经营企业或者中外合作经营企业，经营国际船舶运输、国际船舶代理、国际船舶管理、国际海运货物装卸、国际海运货物仓储、国际海运集装箱站和堆场业务；并可以投资设立外资企业经营国际海运货物仓储业务。	暂时停止实施相关规定内容，由国务院交通运输主管部门制定相关管理办法
27	允许设立外商投资资信调查公司	《征信业管理条例》 　　**第四十五条**：外商投资征信机构的设立条件，由国务院征信业监督管理部门会同国务院有关部门制定，报国务院批准。 　　境外征信机构在境内经营征信业务，应当经国务院征信业监督管理部门批准。	暂时停止实施相关规定内容，由国务院征信业监督管理部门制定相关管理办法

（续表）

序号	名　称	行政法规、国务院文件规定	内　容
28	取消外资演出经纪机构的股比限制,允许设立外商独资演出经纪机构,为上海市提供服务	《营业性演出管理条例》 　第十一条第一款、第二款:外国投资者可以与中国投资者依法设立中外合资经营、中外合作经营的演出经纪机构、演出场所经营单位;不得设立中外合资经营、中外合作经营、外资经营的文艺表演团体,不得设立外资经营的演出经纪机构、演出场所经营单位。 　设立中外合资经营的演出经纪机构、演出场所经营单位,中国合营者的投资比例应当不低于51%;设立中外合作经营的演出经纪机构、演出场所经营单位,中国合作者应当拥有经营主导权。	暂时停止实施相关规定内容,由国务院文化主管部门制定相关管理办法
29	允许设立外商独资的娱乐场所,在试验区内提供服务	《娱乐场所管理条例》 　第六条:外国投资者可以与中国投资者依法设立中外合资经营、中外合作经营的娱乐场所,不得设立外商独资经营的娱乐场所。	暂时停止实施相关规定内容,由国务院文化主管部门制定相关管理办法
30	允许举办中外合作的经营性教育培训机构和经营性职业技能培训机构	《中华人民共和国中外合作办学条例》 　第六十条:在工商行政管理部门登记注册的经营性的中外合作举办的培训机构的管理办法,由国务院另行规定。	暂时停止实施相关规定内容,由上海市制定发布相关管理办法
31	在保障网络信息安全的前提下,允许外资企业经营特定形式的部分增值电信业务	《外商投资电信企业管理规定》 　第二条:外商投资电信企业,是指外国投资者同中国投资者在中华人民共和国境内依法以中外合资经营形式,共同投资设立的经营电信业务的企业。 　第六条第二款:经营增值电信业务(包括基础电信业务中的无线寻呼业务)的外商投资电信企业的外方投资者在企业中的出资比例,最终不得超过50%。	暂时停止实施相关规定内容,由国务院工业和信息化主管部门制定相关管理办法

（续表）

序号	名　称	行政法规、国务院文件规定	内　容
31	在保障网络信息安全的前提下，允许外资企业经营特定形式的部分增值电信业务	**第十二条**：设立外商投资电信企业经营省、自治区、直辖市范围内增值电信业务，由中方主要投资者向省、自治区、直辖市电信管理机构提出申请并报送下列文件： （一）本规定第十条规定的资格证明或者有关确认文件； （二）电信条例规定的经营增值电信业务应当具备的其他条件的证明或者确认文件。 省、自治区、直辖市电信管理机构应当自收到申请之日起 60 日内签署意见。同意的，转报国务院工业和信息化主管部门；不同意的，应当书面通知申请人并说明理由。 国务院工业和信息化主管部门应当自收到省、自治区、直辖市电信管理机构签署同意的申请文件之日起 30 日内审查完毕，作出批准或者不予批准的决定。予以批准的，颁发《外商投资经营电信业务审定意见书》；不予批准的，应当书面通知申请人并说明理由。 **第十四条**：设立外商投资电信企业，按照国家有关规定，其投资项目需要经国务院发展改革部门核准的，国务院工业和信息化主管部门应当在颁发《外商投资经营电信业务审定意见书》前，将申请材料转送国务院发展改革部门核准。转送国务院发展改革部门核准的，本规定第十一条、第十二条规定的审批期限可以延长 30 日。 **第十五条**：设立外商投资电信企业，属于经营基础电信业务或者跨省、自治区、直辖市范围增值电信业务的，由中方主要投资者凭《外商投资经营电信业务审定意见书》向国务院商务主管部门报送拟设立外商投资电信企业的合同、章程；属于经营省、自治区、直辖市范围内增值电信业务的，由中方主要投资者凭《外商投资经营电信业务审定意见书》向省、自治区、直辖市人民政府商务主管部门报送拟设立外商投资电信企业的合同、章程。	暂时停止实施相关规定内容，由国务院工业和信息化主管部门制定相关管理办法

（续表）

序号	名　称	行政法规、国务院文件规定	内　容
31	在保障网络信息安全的前提下,允许外资企业经营特定形式的部分增值电信业务	国务院商务主管部门和省、自治区、直辖市人民政府商务主管部门应当自收到报送的拟设立外商投资电信企业的合同、章程之日起 90 日内审查完毕,作出批准或者不予批准的决定。予以批准的,颁发《外商投资企业批准证书》;不予批准的,应当书面通知申请人并说明理由。 　　第十六条:外商投资电信企业的中方主要投资者凭《外商投资企业批准证书》,到国务院工业和信息化主管部门办理《电信业务经营许可证》手续。 　　外商投资电信企业的中方主要投资者凭《外商投资企业批准证书》和《电信业务经营许可证》,向工商行政管理机关办理外商投资电信企业注册登记手续。 　　第十八条:违反本规定第六条规定的,由国务院工业和信息化主管部门责令限期改正,并处 10 万元以上 50 万元以下的罚款;逾期不改正的,由国务院工业和信息化主管部门吊销《电信业务经营许可证》,并由原颁发《外商投资企业批准证书》的商务主管部门撤销其《外商投资企业批准证书》。 　　第十九条:违反本规定第十七条规定的,由国务院工业和信息化主管部门责令限期改正,并处 20 万元以上 100 万元以下的罚款;逾期不改正的,由国务院工业和信息化主管部门吊销《电信业务经营许可证》,并由原颁发《外商投资企业批准证书》的商务主管部门撤销其《外商投资企业批准证书》。 　　第二十条:申请设立外商投资电信企业,提供虚假、伪造的资格证明或者确认文件骗取批准的,批准无效,由国务院工业和信息化主管部门处 20 万元以上 100 万元以下的罚款,吊销《电信业务经营许可证》,并由原颁发《外商投资企业批准证书》的商务主管部门撤销其《外商投资企业批准证书》。	暂时停止实施相关规定内容,由国务院工业和信息化主管部门制定相关管理办法

（续表）

序号	名　称	行政法规、国务院文件规定	内　容
32	允许外资企业从事游戏游艺设备的生产和销售,通过文化主管部门内容审查的游戏游艺设备可面向国内市场销售	《国务院办公厅转发文化部等部门关于开展电子游戏经营场所专项治理意见的通知》(国办发〔2000〕44 号) 　　二、自本意见发布之日起,各地要立即停止审批新的电子游戏经营场所,也不得审批现有的电子游戏经营场所增添或更新任何类型的电子游戏设备。 　　六、自本意见发布之日起,面向国内的电子游戏设备及其零、附件生产、销售即行停止。任何企业、个人不得再从事面向国内的电子游戏设备及其零、附件的生产、销售活动。一经发现向电子游戏经营场所销售电子游戏设备及其零、附件的,由经贸、信息产业部门会同工商行政管理等部门依照有关规定进行处理。 　　除加工贸易方式外,严格限制以其他贸易方式进口电子游戏设备及其零、附件(海关商品编号 95041000、95043010、95049010)。对电子游戏设备及其零、附件的加工贸易业务,列入限制类加工贸易产品,并实行加工贸易保证金台账实转制度,外经贸部门要严格审批和管理,海关加强实际监管,其产品只能返销出境;逾期不能出口的,由海关依法予以收缴,或监督有关企业予以销毁。各地海关要加大查验力度,实施重点查控,坚决打击通过伪报、夹藏等方式走私电子游戏设备及其零、附件的非法行为。	暂时停止实施相关规定内容,由国务院文化主管部门制定相关管理办法

2.4　中国(上海)自由贸易试验区管理办法

2013 年 9 月 29 日上海市人民政府令第 7 号公布

第一章　总　则

第一条(目的和依据)

为了推进中国(上海)自由贸易试验区建设,根据《全国人民代表大会常务委员会关于授权国务院在中国(上海)自由贸易试验区暂时调整有关法律规定的行政审批的决定》、《中国(上海)自由贸易试验区总体方案》和有关法律、法规,制定本办法。

第二条(适用范围)

本办法适用于经国务院批准设立的中国(上海)自由贸易试验区(以下简称"自贸试验区")。自贸试验区涵盖上海外高桥保税区、上海外高桥保税物流园区、洋山保税港区和上海浦东机场综合保税区,总面积28.78平方公里。

第三条(区域功能)

自贸试验区推进服务业扩大开放和投资管理体制改革,推动贸易转型升级,深化金融领域开放,创新监管服务模式,探索建立与国际投资和贸易规则体系相适应的行政管理体系,培育国际化、法治化的营商环境,发挥示范带动、服务全国的积极作用。

第二章　管理机构

第四条(管理机构)

本市成立中国(上海)自由贸易试验区管理委员会(以下简称"管委会")。管委会为市政府派出机构,具体落实自贸试验区改革任务,统筹管理和协调自贸试验区有关行政事务。

市有关部门和浦东新区等区县政府应当加强协作,支持管委会的各项工作。

第五条(机构职责)

管委会依照本办法履行以下职责:

(一)负责推进落实自贸试验区各项改革试点任务,研究提出并组织实施自贸试验区发展规划和政策措施,制定自贸试验区有关行政管理制度。

(二)负责自贸试验区内投资、贸易、金融服务、规划国土、建设、绿化市容、环境保护、劳动人事、食品药品监管、知识产权、文化、卫生、统计等方面的行政管理工作。

(三)领导工商、质监、税务、公安等部门在自贸试验区内的行政管理工作;协调海关、检验检疫、海事、金融等部门在自贸试验区内的行政管理工作。

(四)承担安全审查、反垄断审查相关工作。

(五)负责自贸试验区内综合执法工作,组织开展自贸试验区内城市管理、文化等领域行政执法。

(六)负责自贸试验区内综合服务工作,为自贸试验区内企业和相关机构提供指导、咨询和服务。

(七)负责自贸试验区内信息化建设工作,组织建立自贸试验区监管信息共享机制和平台,及时发布公共信息。

(八)统筹指导自贸试验区内产业布局和开发建设活动,协调推进自贸试验区内重大投资项目建设。

(九)市政府赋予的其他职责。

原由上海外高桥保税区管理委员会、洋山保税港区管理委员会、上海综合保税区管理委员会分别负责的有关行政事务,统一由管委会承担。

第六条(综合执法)

管委会综合执法机构依法履行以下职责:

(一)集中行使城市管理领域、文化领域的行政处罚权,以及与行政处罚权有关的行政强制措施权和行政检查权。

(二)集中行使原由本市规划国土、建设、住房保障房屋管理、环境保护、民防、人力资源社会保障、知识产权、食品药品监管、统计部门依据法律、法规和规章行使的行政处罚权,以及与行政处罚权有关的行政强制措施权和行政检查权。

(三)市政府决定由管委会综合执法机构行使的其他行政处罚权。

第七条(集中服务场所)

管委会应当依据自贸试验区的区域布局和企业需求,设立集中办理行政服务和管理事项的场所。

第八条(驻区机构)

海关、检验检疫、海事、工商、质监、税务、公安等部门设立自贸试验区办事机构,依法履行自贸试验区有关监管和行政管理职责。

第九条(其他行政事务)

市有关部门和浦东新区政府按照各自职责,承担自贸试验区其他行政事务。

第三章　投资管理

第十条(服务业扩大开放)

自贸试验区根据《中国(上海)自由贸易试验区总体方案》,在金融服务、航运服务、商贸服务、专业服务、文化服务和社会服务等领域扩大开放,暂停或者取消投资者资质要求、股比限制、经营范围限制等准入限制措施。

自贸试验区根据先行先试推进情况以及产业发展需要,不断探索扩大开放的领域、试点内容及相应的制度创新措施

第十一条(负面清单管理模式)

自贸试验区实行外商投资准入前国民待遇,实施外商投资准入特别管理措施

(负面清单)管理模式。

对外商投资准入特别管理措施(负面清单)之外的领域,按照内外资一致的原则,将外商投资项目由核准制改为备案制,但国务院规定对国内投资项目保留核准的除外;将外商投资企业合同章程审批改为备案管理。

自贸试验区外商投资准入特别管理措施(负面清单),由市政府公布。外商投资项目和外商投资企业备案办法,由市政府制定。

第十二条(境外投资备案制)

自贸试验区内企业到境外投资开办企业,实行以备案制为主的管理方式,对境外投资一般项目实行备案制。

境外投资开办企业和境外投资项目备案办法,由市政府制定。

第十三条(注册资本认缴登记制)

自贸试验区实行注册资本认缴登记制,公司股东(发起人)对其认缴出资额、出资方式、出资期限等自主约定并记载于公司章程,但法律、行政法规对特定企业注册资本登记另有规定的除外。

公司股东(发起人)对缴纳出资情况的真实性、合法性负责,并以其认缴的出资额或者认购的股份为限对公司承担责任。

第十四条(营业执照与经营许可)

自贸试验区内取得营业执照的企业即可从事一般生产经营活动;从事需要许可的生产经营活动的,可以在取得营业执照后,向主管部门申请办理。

法律、行政法规规定设立企业必须报经批准的,应当在申请办理营业执照前依法办理批准手续。

第四章　贸易发展和便利化

第十五条(贸易转型升级)

自贸试验区积极发展总部经济,鼓励跨国公司在自贸试验区内设立亚太地区总部,建立整合贸易、物流、结算等功能的营运中心。

自贸试验区推动国际贸易、仓储物流、加工制造等基础业务转型升级,发展离岸贸易、国际贸易结算、国际大宗商品交易、融资租赁、期货保税交割、跨境电子商务等新型贸易业务。

鼓励自贸试验区内企业统筹开展国际国内贸易,实现内外贸一体化发展。

第十六条(航运枢纽功能)

自贸试验区发挥与外高桥港、洋山深水港、浦东空港枢纽的联动作用,加强与自贸试验区外航运产业集聚区的协同发展。

自贸试验区发展航运金融、国际船舶运输、国际船舶管理、国际船员管理、国际航运经纪等产业，发展航运运价指数衍生品交易业务。自贸试验区发展航空货邮国际中转，加大航线、航权开放力度。

自贸试验区实行具有竞争力的国际船舶登记政策，建立高效率的船籍登记制度。自贸试验区内企业可以将"中国洋山港"作为船籍港进行船舶登记，从事国际航运业务。

第十七条（进出境监管制度创新）

对自贸试验区和境外之间进出货物，允许自贸试验区内企业凭进口舱单信息将货物先行提运入区，再办理进境备案手续。对自贸试验区和境内区外之间进出货物，实行智能化卡口、电子信息联网管理模式，完善清单比对、账册管理、卡口实货核注的监管制度。

允许自贸试验区内企业在货物出区前自行选择时间申请检验。

自贸试验区推进货物状态分类监管模式。对自贸试验区内的保税仓储、加工等货物，按照保税货物状态监管；对通过自贸试验区口岸进出口或国际中转的货物，按照口岸货物状态监管；对进入自贸试验区内特定的国内贸易货物，按照非保税货物状态监管。

第十八条（进出境监管服务便利化）

自贸试验区推进新型业务监管创新试点，建立与服务贸易、离岸贸易和新型贸易业务发展需求相适应的监管模式。

自贸试验区积极发展国际中转、集拼和分拨业务。推行"一次申报、一次查验、一次放行"模式。

简化自贸试验区内货物流转手续，按照"集中申报、自行运输"的方式，推进自贸试验区内企业间货物流转。

鼓励设立进出口商品检验鉴定机构。建立对第三方检验鉴定机构检测结果的采信机制。

第五章　金融创新与风险防范

第十九条（金融创新）

在自贸试验区开展金融领域制度创新、先行先试，建立自贸试验区金融改革创新与上海国际金融中心建设的联动机制。

第二十条（资本项目可兑换）

在自贸试验区实行资本项目可兑换,在风险可控的前提下,通过分账核算方式,创新业务和管理模式。

第二十一条(利率市场化)

在自贸试验区培育与实体经济发展相适应的金融机构自主定价机制,逐步推进利率市场化改革。

第二十二条(人民币跨境使用)

自贸试验区内机构跨境人民币结算业务与前置核准环节脱钩。自贸试验区内企业可以根据自身经营需要,开展跨境人民币创新业务,实现人民币跨境使用便利化。

第二十三条(外汇管理)

建立与自贸试验区发展需求相适应的外汇管理体制,推进贸易投资便利化。

第二十四条(金融主体发展)

根据自贸试验区需要,经国家金融管理部门批准,允许不同层级、不同功能、不同类型的金融机构进入自贸试验区,允许金融市场在自贸试验区内建立面向国际的交易平台,提供多层次、全方位的金融服务。

第二十五条(风险防范)

本市加强与国家金融管理部门的协调,配合国家金融管理部门在自贸试验区建立与金融业务发展相适应的监管和风险防范机制。

第六章　综合管理和服务

第二十六条(优化管理)

自贸试验区按照国际化、法治化的要求,建立高效便捷的管理和服务模式,促进投资和贸易便利化。

第二十七条(管理信息公开)

管委会和有关部门在履职过程中制作或者获取的政策内容、管理规定、办事程序及规则等信息应当公开、透明,方便企业查询。

自贸试验区有关政策措施、制度规范在制定和调整过程中,应当主动征求自贸试验区内企业意见。

第二十八条(一口受理机制)

自贸试验区工商部门会同税务、质监等部门和管委会建立外商投资项目核准(备案)以及企业设立(变更)"一表申报、一口受理"工作机制。工商部门统一接收申请人提交的申请材料,统一向申请人送达有关文书。

管委会建立自贸试验区内企业境外投资备案"一表申报、一口受理"工作机制,统一接收申请人提交的申请材料,统一向申请人送达有关文书。

第二十九条(完善监管)

管委会和有关部门应当按照自贸试验区改革需求,实行以事中、事后监管为主的动态监管,优化管理流程和管理制度。

自贸试验区执法检查情况,应当依法及时公开。涉及食品药品安全、公共卫生、环境保护、安全生产的,还应当公开处理进展情况,并发布必要的警示、预防建议等信息。

第三十条(安全审查和反垄断审查)

自贸试验区建立安全审查和反垄断审查的相关工作机制。

投资项目或者企业属于安全审查、反垄断审查范围的,管委会应当及时提请开展安全审查、反垄断审查。

第三十一条(知识产权保护)

加强自贸试验区知识产权保护,鼓励和支持专业机构提供知识产权调解、维权援助等服务。

管委会负责自贸试验区内专利纠纷的行政调解和处理。

第三十二条(企业年度报告公示)

实行自贸试验区内企业年度报告公示制度。自贸试验区内企业应当向工商部门报送年度报告。年度报告应当向社会公示,涉及商业秘密内容的除外。企业对年度报告的真实性、合法性负责。

自贸试验区内企业年度报告公示办法另行制定。

第三十三条(信用信息制度)

建立自贸试验区内企业信用信息记录、公开、共享和使用制度,推行守信激励和失信惩戒联动机制。

第三十四条(监管信息共享)

管委会组织建立自贸试验区监管信息共享机制和平台,实现海关、检验检疫、海事、金融、发展改革、商务、工商、质监、财政、税务、环境保护、安全生产监管、港口航运等部门监管信息的互通、交换和共享,为优化管理流程、提供高效便捷服务、加强事中事后监管提供支撑。

第三十五条(综合性评估)

本市在自贸试验区建立行业信息跟踪、监管和归集的综合性评估机制。

市发展改革部门会同市有关部门和管委会建立工作机制,开展行业整体、行业企业试点实施情况和风险防范的综合性评估,提出有关评估报告,推进完善扩大开放领域、试点内容和制度创新措施。

第三十六条(行政复议和诉讼)

当事人对管委会或者有关部门的具体行政行为不服的,可以依照《中华人民共和国行政复议法》或者《中华人民共和国行政诉讼法》的规定,申请行政复议或者提起行政诉讼。

第三十七条(商事纠纷解决)

自贸试验区内企业发生商事纠纷的,可以向人民法院起诉,也可以按照约定,申请仲裁或者商事调解。

支持本市仲裁机构依据法律、法规和国际惯例,完善仲裁规则,提高自贸试验区商事纠纷仲裁专业水平和国际化程度。

支持各类商事纠纷专业调解机构依照国际惯例,采取多种形式,解决自贸试验区商事纠纷。

第七章　附　则

第三十八条(附件)

管委会承担的行政审批事项、具体管理事务和管委会综合执法机构集中行使的行政处罚权,由本办法附件予以明确。

第三十九条(施行日期)

本办法自 2013 年 10 月 1 日起施行。

附件:

一、管委会承担的行政审批事项

(一)投资管理部门委托的企业投资项目的核准。

(二)商务管理部门委托的外商投资企业设立和变更审批,境外投资开办企业审批。

(三)规划管理部门委托的建设项目选址意见书、核定规划条件、建设用地规划许可证、建设工程规划设计方案、建设工程规划许可证的审批,建设工程竣工规划验收。

(四)除新增建设用地外,土地管理部门委托的国有土地使用权划拨、出让等建设项目用地预审。

(五)建设管理部门委托的建设项目报建许可,建设项目初步设计审批,建设工程施工许可,占用城市道路人行道设置各类设施许可,临时占路及公路用地许可,桥梁安全保护区域内施工许可,掘路许可,道路用地范围内埋设管线和管线穿越、跨越道路审批,增设改建平面交叉道口许可,超限运输车辆行驶许可,外商投资企业首次申请建设工程设计和建筑业企业资质许可。

(六)绿化市容管理部门委托的建设项目配套绿化方案审批及竣工验收、临时使用绿地许可(含公共绿地),迁移、砍伐树木(古树名木除外)许可,调整公共绿地内部布局、服务设施设置许可,户外广告设施设置或者宣传品、标语的张贴、悬挂许可,户外非广告设施设置审批,配套建设的环境卫生设施规划、设计方案的审批和竣工验收。

(七)环境保护管理部门委托的建设项目环境影响评价、试生产、竣工验收的审批,建筑工地夜间施工审批,污染物处理设施闲置、拆除的审批。

(八)民防管理部门委托的结建民防工程审批和施工图审查,民防工程建设费的收取和减免审核,民防工程竣工验收,民防工程的拆除审批。

(九)科技管理部门委托的高新技术企业认定初审。

(十)人力资源社会保障管理部门委托的企业实行其他工作时间审批,外国人来沪的就业审批,台港澳人员来沪就业审批,定居国外中国人在沪就业核准,外国专家来沪工作许可,办理《上海市居住证》B证。

(十一)水务管理部门委托的临时停止供水或者降低水压审批,排水许可证核发。

(十二)知识产权管理部门委托的专利代理机构申报初审和专利广告出证,境外图书出版合同登记,复制境外音像制品著作权授权合同登记,进口图书在沪印制备案。

(十三)文化管理部门委托的演出经纪机构在自贸试验区内举办演出活动的审批。

(十四)卫生计生管理部门委托的建设项目预防性卫生审查。

(十五)食品药品监管部门委托的药品零售企业开办、变更许可,餐饮服务许可,互联网药品交易企业审批。

二、管委会承担的具体管理事务

(一)编制区域内控制性详细规划、土地出让计划及各专项规划并按法定程序报批,审批区域内产业用地控制性详细规划指标的调整,负责区域内土地利用监管等。

(二)建设工程招标投标备案,设计文件审查,建设工程规划开工放样验收,基础建设及结构封顶备案,建设项目规划参数调整(包括小于2.0容积率、绿化率、建筑密度、建筑高度、工业、仓储、研发用地相互转换、拆分及合并),建设工程质量安全监督检查、竣工备案、建设工程档案验收等建设工程管理工作。

（三）建筑垃圾和工程渣土处置申报管理，生活垃圾分类及处置申报管理，绿化专业工程安全质量监督申报、现场监督管理，绿地范围控制线划定及调整。

（四）民防建设工程安全质量监督申报、监督检查管理，民防工程的维护管理和安全使用管理的监督检查，地下空间安全使用管理的综合协调。

（五）编制区域规划环评及其跟踪评价，并按规定程序报批；组织区域环境、污染源的监测和监督管理，负责污染事故应急处理。

（六）安全生产监督检查。

（七）演出经纪机构、文化娱乐场所和游戏游艺设备生产企业的日常监管。

（八）食品、药品、医疗器械、保健食品和化妆品生产经营活动的日常监管。

（九）统计管理、协调和监督检查。

三、管委会综合执法机构集中行使的行政处罚权

（一）《上海市城市管理相对集中行政处罚权暂行办法》《上海市人民政府关于扩大浦东新区城市管理领域相对集中行政处罚权范围的决定》和《上海市文化领域相对集中行政处罚权办法》规定的行政处罚权。

（二）规划国土管理部门依据法律、法规和规章，对规划和土地方面的违法行为行使的行政处罚权。

（三）建设管理部门依据法律、法规和规章，对建设方面的违法行为行使的行政处罚权。

（四）住房保障房屋管理部门依据法律、法规和规章，对住房保障和房屋方面的违法行为行使的行政处罚权。

（五）环境保护管理部门依据法律、法规和规章，对环境保护方面的违法行为行使的行政处罚权。

（六）民防管理部门依据法律、法规和规章，对民防和地下空间使用方面的违法行为行使的行政处罚权。

（七）人力资源社会保障管理部门依据法律、法规和规章，对劳动保障方面的违法行为行使的行政处罚权。

（八）知识产权管理部门依据法律、法规和规章，对著作权、专利权方面的违法行为行使的行政处罚权。

（九）食品药品监管部门依据法律、法规和规章，对食品、药品、医疗器械、保健食品和化妆品监管方面的违法行为行使的行政处罚权。

（十）统计管理部门依据法律、法规和规章，对统计方面的违法行为行使的行政处罚权。

2.5　中国(上海)自由贸易试验区外商投资准入特别管理措施(负面清单)(2014 修订版)

上海市人民政府公告
2014 年　第 1 号

　　根据有关法律法规、国务院批准的《中国(上海)自由贸易试验区总体方案》《中国(上海)自由贸易试验区进一步扩大开放的措施》《外商投资产业指导目录(2011年修订)》,现予公布《中国(上海)自由贸易试验区外商投资准入特别管理措施(负面清单)(2014 年修订)》。

　　特此公告。

上海市人民政府

2014 年 6 月 30 日

中国(上海)自由贸易试验区外商投资准入特别管理措施(负面清单)
(2014 年修订)

上海市人民政府

说明

　　《中国(上海)自由贸易试验区外商投资准入特别管理措施(负面清单)(2014年修订)》(以下简称"负面清单"),以有关法律法规、国务院批准的《中国(上海)自由贸易试验区总体方案》《中国(上海)自由贸易试验区进一步扩大开放的措施》、《外商投资产业指导目录(2011 年修订)》等为依据,列明中国(上海)自由贸易试验区(以下简称"自贸试验区")内对外商投资项目和设立外商投资企业采取的与国民待遇等不符的准入措施。负面清单按照《国民经济行业分类及代码》(2011 年版)分类编制,包括 18 个行业门类。S 公共管理、社会保障和社会组织、T 国际组织2 个行业门类不适用负面清单。

　　对负面清单之外的领域,按照内外资一致的管理原则,外商投资项目实行备案制(国务院规定对国内投资项目保留核准的除外);外商投资企业设立和变更实行备案管理。对负面清单之内的领域,外商投资项目实行核准制(国务院规定对外商投资项目实行备案的除外);外商投资企业设立和变更实行审批管理。

　　除列明的外商投资准入特别管理措施,禁止(限制)外商投资国家以及中国缔结或者参加的国际条约规定禁止(限制)的产业,禁止外商投资危害国家安全和社会安全的项目,禁止从事损害社会公共利益的经营活动。

　　自贸试验区内的外资并购、外国投资者对上市公司的战略投资、境外投资者以其持有的中国境内企业股权出资,应符合相关规定要求;涉及国家安全审查、反垄断审查的,按照相关规定办理。

　　香港特别行政区、澳门特别行政区、台湾地区投资者在自贸试验区内投资参照负面清单执行。内地与香港特别行政区、澳门特别行政区《关于建立更紧密经贸关系的安排》及其补充协议、《海峡两岸经济合作框架协议》及其后续《海峡两岸服务贸易协议》、我国签署的自贸协定中适用于自贸试验区并对符合条件的投资者有更优惠的开放措施的,按照相关协议或协定的规定执行。

　　根据有关法律法规和自贸试验区发展需要,负面清单将适时调整。

中国(上海)自由贸易试验区外商投资准入特别管理措施(负面清单)

(2014 年修订)

部门	领域	序号	特别管理措施	国民经济行业分类代码
A 农、林、牧、渔业	A01 农业、A02 林业、A03 畜牧业、A04 渔业、A05 农、林、牧、渔服务业	1	投资中药材种植、养殖须合资、合作	A01
		2	限制投资农作物新品种选育和种子生产(中方控股)	A01
		3	投资农作物种子须合资、合作,且注册资本不低于 50 万美元,其中粮、棉、油作物种子企业中方投资比例应大于 50%,且注册资本不低于 200 万美元	A01
		4	限制投资珍贵树种原木加工(限于合资、合作)	A02
		5	禁止投资中国稀有和特有的珍贵优良品种研发、养殖、种植以及相关繁殖材料生产(包括种植业、畜牧业、水产业优良基因),转基因生物研发和转基因农作物种子、种畜禽、水产苗种生产	A
		6	禁止投资中国管辖海域及内陆水域水产品捕捞	A04

（续表）

部门	领域	序号	特别管理措施	国民经济行业分类代码
B 采矿业	B06 煤炭开采和洗选业	7	限制投资特殊和稀缺煤类勘查、开采（中方控股）	B06 M747
	B07 石油和天然气开采业	8	投资煤层气勘探、开发和矿井瓦斯利用须合资、合作	B07 M747
		9	投资石油、天然气的风险勘探、开发须合资、合作	B07 M747
		10	投资低渗透油气藏（田）的开发须合资、合作	B07
		11	投资油页岩、油砂、重油、超重油等非常规石油资源勘探、开发须合资、合作	B07 M747
		12	投资页岩气、海底天然气水合物等非常规天然气资源勘探、开发须合资、合作	B07 M747
	B08 黑色金属矿采选业	13	限制投资硫铁矿开采、选矿，以及硼镁铁矿石开采	B08
	B09 有色金属矿采选业	14	限制投资硼镁石开采，锂矿开采、选矿，以及贵金属（金、银、铂族）勘查、开采	B09 M747
		15	禁止投资钨、钼、锡、锑的勘查、开采和稀土、放射性矿产的勘查、开采、选矿	B09 M747
	B10 非金属矿采选业	16	限制投资重晶石勘查、开采（限于合资、合作）	B10 M747
		17	限制投资金刚石、高铝耐火黏土、硅灰石、石墨等重要非金属勘查、开采，磷矿开采、选矿，盐湖卤水资源的提炼，以及天青石开采	B10 M747
		18	限制投资大洋锰结核、海砂的开采（中方控股）	B10
		19	禁止投资萤石勘查、开采	B10 M747
	B11 开采辅助活动	20	限制投资硼镁铁矿石加工	B11

（续表）

部门	领域	序号	特别管理措施	国民经济行业分类代码
C 制造业	C13 农副食品加工业	21	限制投资大米、面粉加工	C131
		22	限制投资豆油、菜籽油、花生油、棉籽油、茶籽油、葵花籽油、棕榈油等食用油脂加工(中方控股)	C133
		23	限制投资生物液体燃料(燃料乙醇、生物柴油)生产(中方控股)	C136
		24	限制投资玉米深加工	C139
	C15 酒、饮料和精制茶制造业	25	限制投资黄酒、名优白酒生产(中方控股)	C151
		26	投资中国传统工艺的绿茶生产加工须中方控股,禁止投资中国传统工艺的特种茶(白茶、黄茶、乌龙茶、黑茶、紧压茶等)生产加工	C153
	C16 烟草制品业	27	限制投资打叶复烤烟叶加工生产	C161
		28	投资二醋酸纤维素及丝束加工须合资、合作	C169
	C23 印刷和记录媒介复制业	29	限制投资出版物印刷(中方控股),注册资本不得低于1 000万元人民币	C231
		30	投资只读类光盘复制须合资、合作,且中方控股或占主导地位	C233
	C24 文教、工美、体育和娱乐用品制造业	31	禁止投资象牙雕刻、虎骨加工、脱胎漆器、珐琅制品、宣纸、墨锭生产	C243
	C25 石油加工、炼焦和核燃料加工业	32	禁止投资放射性矿产冶炼、加工	C253

（续表）

部门	领域	序号	特别管理措施	国民经济行业分类代码
C 制造业	C26 化学原料和化学制品制造业	33	限制投资乙炔法聚氯乙烯以及规模以下乙烯和后加工产品、纯碱、烧碱、硫酸、硝酸、钾碱、无机盐的生产	C261
		34	限制投资丁二烯橡胶（高顺式丁二烯橡胶除外）、乳液聚合丁苯橡胶、热塑性丁苯橡胶生产	C265
		35	限制投资易制毒化学品生产（麻黄碱、3,4-亚基二氧苯基-2-丙酮、苯乙酸、1-苯基-2-丙酮、胡椒醛、黄樟脑、异黄樟脑、醋酸酐）、氟化氢等低端氟氯烃或氟氯化合物生产、感光材料生产	C266
		36	禁止投资武器弹药制造	C267
	C27 医药制造业	37	限制投资麻醉药品及一类精神药品生产（中方控股）	C271
		38	禁止投资列入《野生药材资源保护条例》和《中国珍稀、濒危保护植物名录》的中药材加工	C273 C274
		39	禁止投资中药饮片的蒸、炒、灸、煅等炮制技术应用及中成药保密处方产品的生产	C273 C274
		40	限制投资血液制品的生产、纳入国家免疫规划的疫苗品种生产	C276
	C32 有色金属冶炼和压延加工业	41	限制投资稀土冶炼、分离（限于合资、合作）	C323
	C34 通用设备制造业	42	限制投资 400 吨以下轮式、履带式起重机械制造（限于合资、合作）	C343
	C35 专用设备制造业	43	投资深水（3 000 米以上）海洋工程装备的设计须合资、合作	C351

(续表)

部门	领域	序号	特别管理措施	国民经济行业分类代码
C 制造业	C35 专用设备制造业	44	限制投资 320 马力*及以下推土机、15 吨级及以上 30 吨级及以下液压挖掘机、3 吨级及以上 6 吨级及以下轮式装载机、220 马力*及以下平地机、压路机、叉车、135 吨级及以下电力传动非公路自卸翻斗车、60 吨级及以下液力机械传动非公路自卸翻斗车、沥青混凝土搅拌与摊铺设备和高空作业机械、园林机械和机具、商品混凝土机械(拖泵、搅拌车、搅拌站、泵车)制造	C351
		45	投资大型煤化工成套设备制造须合资、合作	C352
		46	投资空中交通管制系统设备制造须合资、合作	C359
	C36 汽车制造业	47	投资汽车整车、专用汽车、农用运输车生产须合资,中方股份比例不得低于 50%;股票上市的汽车整车、专用汽车、农用运输车股份公司对外出售法人股时,中方法人之一必须相对控股且大于外资法人股份之和;同一家外商可在国内建立 2 家以下(含 2 家)生产同类(乘用车类、商用车类)整车产品的合资企业,如与中方合资伙伴联合兼并国内其他汽车生产企业可不受 2 家的限制	C36
		48	投资汽车嵌入式电子集成系统的制造与研发须合资、合作	C366
		49	投资新能源汽车能量型动力电池(能量密度≥110Wh/kg,循环寿命≥2000 次)外资比例不超过 50%	C366

* 1 马力=0.735 千瓦。

（续表）

部门	领域	序号	特别管理措施	国民经济行业分类代码
C 制造业	C37 铁路、船舶、航空航天和其他运输设备制造业	50	投资轨道交通运输设备须合资、合作：高速铁路、铁路客运专线、城际铁路、干线铁路及城市轨道交通运输设备的整车和关键零部件（牵引传动系统、控制系统、制动系统）的研发、设计与制造；城市轨道交通乘客服务设施和设备的研发、设计与制造，高速铁路、铁路客运专线、城际铁路及城市轨道交通信息化建设中有关信息系统的设计与研发；轨道交通运输通信信号系统的研发、设计与制造，铁路噪声和振动控制技术与研发、铁路运输安全监测设备制造	C371 C372
		51	投资船舶低、中速柴油机及其零部件的设计，游艇的制造须合资、合作	C373
		52	投资船舶低、中速柴油机及曲轴的制造须中方控股	C373
		53	投资船舶舱室机械制造须中方相对控股	C373
		54	限制投资船舶（含分段）的设计、制造与修理（中方控股）；投资海洋工程设备（含模块）制造与修理须中方控股	C373 C351 C433
		55	投资民用通用飞机的设计、制造与维修须合资、合作	C374 C433
	C37 铁路、船舶、航空航天和其他运输设备制造业	56	投资航空发动机、航空辅助动力系统的设计、制造与维修须合资、合作；投资民用航空机载设备设计与制造须合资、合作	C374 C433
		57	投资 3 吨级以下民用直升机设计与制造须合资、合作，投资 3 吨级及以上民用直升机设计与制造须中方控股	C374
		58	投资民用干线、支线飞机的设计、制造与维修须中方控股	C374 C433 C563
		59	投资地面、水面效应飞机制造及无人机、浮空器设计与制造须中方控股	C374

（续表）

部门	领域	序号	特别管理措施	国民经济行业分类代码
C 制造业	C37 铁路、船舶、航空航天和其他运输设备制造业	60	大排量(排量＞250 毫升)摩托车中外合资生产企业的中方股份比例不得低于 50％；股票上市的大排量(排量＞250 毫升)摩托车股份公司对外出售法人股份时,中方法人之一必须相对控股且大于外资法人股之和;同一家外商可在国内建立 2 家以下(含 2 家)生产摩托车类整车产品的合资企业,如与中方合资伙伴联合兼并国内其他汽车生产企业可不受 2 家的限制	C375
	C38 电气机械和器材制造业	61	投资 100 万千瓦超超临界火电机组用关键辅机设备制造须合资、合作:安全阀、调节阀	C381
		62	投资输变电设备制造须合资、合作:非晶态合金变压器、500 千伏及以上高压开关用操作机构、灭弧装置、大型盆式绝缘子(1000 千伏、50 千安以上),500 千伏及以上变压器用出线装置、套管(交流 500、750、1000,直流有所规格)、调压开关(交流 500、750、1 000 千伏有载、无载调压开关),直流输电用干式平波电抗器、±800 千伏直流输电用换流阀(水冷设备、直流场设备)	C381
		63	投资额定功率 350 兆瓦及以上大型抽水蓄能机组制造须合资、合作;水泵水轮机及调速器、大型变速可逆式水泵水轮机组、发电电动机及励磁、启动装置等附属设备	C381
		64	禁止投资开口式(即酸雾直接外排式)铅酸电池、含汞扣式氧化银电池、含汞扣式碱性锌锰电池、糊式锌锰电池、镉镍电池制造	C384
	C39 计算机、通信和其他电子设备制造业	65	投资民用卫星设计与制造、民用卫星有效载荷制造须中方控股	C392
		66	限制投资卫星电视广播地面接收设施及关键件生产	C393

（续表）

部门	领域	序号	特别管理措施	国民经济行业分类代码
D 电力、热力、燃气及水生产和供应业	D44 电力、热力生产和供应业	67	投资核电站的建设、经营须中方控股	D44
		68	限制投资电网的建设、经营（中方控股），限制投资城市人口 50 万以上的城市热力管网、燃气管网、供排水管网的建设、经营（中方控股）	D44 D45 D46
E 建筑业	E48 土木工程建筑业	69	投资支线铁路及其桥梁、隧道、轮渡和站场设施的建设、经营须合资、合作	E481
		70	投资铁路干线路网的建设、经营须中方控股	E481
		71	投资高速铁路、铁路客运专线、城际铁路基础设施综合维修须中方控股	E481
		72	投资城市地铁、轻轨等轨道交通的建设、经营须中方控股	E481
F 批发和零售业	F51 批发业、F52 零售业	73	限制投资粮食收购，承担储备粮经营管理和军粮供应任务的粮食企业须国有控股，限制投资粮食、棉花的批发，限制投资大型农产品批发市场建设、经营	F511
		74	限制投资烟草的批发、零售、配送	F512 F522
		75	除香港、澳门服务提供者可以独资、合资、合作形式提供音像制品（含后电影产品）分销外，限制其他国家或地区投资者投资音像制品（除电影外）的分销（限于合作）	F514 F524 L712
		76	限制投资农药、农膜、保税油的批发、配送	F516
		77	禁止投资文物拍卖和文物商店	F518 F524
		78	限制投资农药、农膜的零售、配送（设立超过 30 家分店、销售来自多个供应商的不同种类和品牌商品的连锁店由中方控股）	F521
		79	除同一香港、澳门服务提供者投资图书、报纸、期刊连锁经营的出资比例不得超过 65% 外，其他国家或地区投资者投资图书、报纸、期刊连锁经营，连锁门店超过 30 家的，不允许控股	F524 L712

（续表）

部门	领域	序号	特别管理措施	国民经济行业分类代码
F 批发和零售业	F51 批发业、F52 零售业	80	限制投资加油站(同一外国投资者设立超过30家分店、销售来自多个供应商的不同种类和品牌成品油的连锁加油站,由中方控股)建设、经营	F526
		81	限制投资直销,投资者须具有3年以上在中国境外从事直销活动的经验,且公司实缴注册资本不低于8000万元人民币;限制投资网上销售(一般商品的网上销售除外)	F529
G 交通运输、仓储和邮政业	G53 铁路运输业	82	限制投资铁路旅客运输公司(中方控股)	G531
	G54 道路运输业	83	限制投资公路旅客运输公司(限于合资),从事班线客运、旅游客运、包车客运外资比例不超过49%,主要投资者中至少一方必须是中国境内从事5年以上道路旅客运输服务的企业;从事道路客运站(场)经营须合资(外资比例不超过49%)或合作	G542
		84	限制投资出入境汽车运输公司	G543
	G55 水上运输业	85	限制投资国内水路运输业务(中方控股),投资定期、不定期国际海上运输业务须合资、合作	G551 G552
		86	除从事公共国际船舶代理业务的,外资比例不超过51%外,限制投资船舶代理(中方控股)	G553
		87	限制投资外轮理货(限于合资、合作)	G553
	G56 航空运输业	88	投资航空运输业须中方控股,法定代表人须为中国籍公民,经营年限不得超过30年,其中投资公共航空运输业务的,单个外方(含关联方)投资比例不得超过25%	G561
		89	投资农、林、渔业通用航空公司须合资、合作,法定代表人须为中国籍公民,经营年限不得超过30年	G562
		90	投资从事公务飞行、空中游览的通用航空企业须中方控股,限制投资摄影、探矿、工业等通用航空企业(中方控股),法定代表人须为中国籍公民,经营年限不得超过30年	G562

（续表）

部门	领域	序号	特别管理措施	国民经济行业分类代码
G 交通运输、仓储和邮政业	G56 航空运输业	91	除中国香港、澳门服务提供者可以独资形式提供代理服务、装卸控制和通信联络及离港控制系统服务、集装设备管理服务、旅客与行李服务、货物与邮件服务、机坪服务、飞机服务等七项航空运输地面服务外，其他国家或地区投资者投资航空运输地面须合资、合作	G563
		92	投资航空油料项目须中方控股	G563
		93	除中国与其他世贸组织成员签署的自由贸易区协议允许的相关世贸组织成员服务提供者可与中国内地的计算机订座系统服务提供者成立中国内地企业控股的合资企业外，禁止其他国家或地区投资者投资民航计算机订座系统，相关投资需进行经济需求测试	G563
		94	投资民用机场的建设、经营须中方相对控股	G563
		95	禁止投资空中交通管制公司	G563
	G60 邮政业	96	禁止投资经营信件的国内快递业务和投资邮政公司	G601 G602
I 信息传输、软件和信息技术服务业	I63 电信、广播电视和卫星传输服务	97	限制投资基础电信业务，外资比例不超过 49%	I63
		98	禁止投资各级广播电台（站）、电视台（站）、广播电视频道（率）、广播电视传输覆盖网（发射台、转播台、广播电视卫星、卫星上行站、卫星收转战、微波站、监测台、有线广播电视覆盖网）	I63
	I64 互联网和相关服务	99	除应用商店以外，投资经营其他信息服务业务的外方投资比例不得超过 50%	I64
		100	投资经营国内因特网虚拟专用网业务的外方投资比例不得超过 50%	I64
		101	禁止投资新闻网站、网络视听节目服务、互联网上网服务营业场所、互联网文化经营（音乐除外）	I64
		102	禁止直接或间接从事和参与网络游戏运营服务	I64

(续表)

部门	领域	序号	特别管理措施	国民经济行业分类代码
I信息传输、软件和信息技术服务业	I65软件和信息技术服务业	103	除投资经营类电子商务的外方投资比例不得超过55%以外,投资经营其他在线数据处理与交易处理业务的外方投资比例不得超过50%	I65
		104	禁止投资经营因特网数据中心业务	I65
J金融业	J66货币金融服务、J67资本市场服务、J68保险业、J69其他金融业	105	投资银行业金融机构须符合现行规定	J66
		106	限制投资保险公司(含集团公司,寿险公司外方投资比例不超过50%)、保险中介机构(含保险经纪、代理、公估公司)、保险资产管理公司	J68
		107	限制投资证券公司,外方参股比例不超过49%,初设时业务范围限于股票(包括人民币普通股、外资股)和债券(包括政府债券、公司债券)的承销与保荐、外资股的经纪、债券(包括政府债券、公司债券)的经纪和自营,持续经营2年以上符合相关条件的,可申请扩大业务范围;限制投资证券投资咨询机构,仅限港澳证券公司,参股比例不超过49%;限制投资期货公司,仅限港澳服务提供者,参股比例不超过49%	J67
		108	投资融资租赁公司的外国投资者总资产不得低于500万美元;公司注册资本不低于1000万美元,高级管理人员应具有相应专业资质和不少于3年从业经验	J69
K房地产业	K70房地产业	109	限以项目公司形式投资高档宾馆、高档写字楼、国际会展中心	K701
		110	禁止投资别墅的建设、经营	K701
		111	限以项目公司形式投资房地产二级市场交易	K704

（续表）

部门	领域	序号	特别管理措施	国民经济行业分类代码
L 租 赁和 商 务服务业	L72 商务服务业	112	投资设立投资性型公司,注册资本不得低于3 000 万美元,外国投资者应为外国公司、企业或其他经济组织,申请前一年该投资者的资产总额不低于 4 亿美元,且该投资者在中国境内已设立投资企业,其实缴注册资本超过 1 000 万美元,或该投资者在中国境内已设立 10 个以上投资企业,其实缴注册资本超过 3 000 万美元	L721
		113	限制投资法律咨询,外国律师事务所限以设立代表处的形式提供法律服务	L722
		114	投资会计事务所须合伙	L723
		115	限制投资市场调查（限于合资、合作）	L723
		116	禁止投资社会调查	L723
		117	除允许香港、澳门服务提供者设立独资人才中介机构外,其他国家或地区投资者只能设立中外合资人才中介机构,外资比例不超过70%,最低注册资本为 12.5 万美元,外方投资者应当是从事 3 年以上人才中介服务的外国公司、企业和其他经济组织	L726
		118	投资从事出境旅游业务的旅行社限合资（不得从事赴台湾地区旅游业务）	L727
		119	投资武装守护押运服务的保安服务公司外方投资比例不得超过49%	L728
		120	限制投资评级服务公司	L729
M 科 学研究和技术服务业	M73 研究和 试 验发展	121	禁止投资人体干细胞技术开发和应用	M731
		122	禁止投资基因诊断与治疗技术开发和应用	M734

（续表）

部门	领域	序号	特别管理措施	国民经济行业分类代码
M 科学研究和技术服务业	M74 专业技术服务业	123	限制投资测绘公司(中方控股);禁止投资大地测量、海洋测绘、测绘航空摄影、行政区域界限测绘、地形图、世界政区地图、全国政区地图、省级及以下政区地图、全国性教学地图、地方性教学地图和真三维地图的编制、导航电子地图编制以及国务院测绘行政主管部门规定的其他测绘活动	M744
		124	限制投资空中摄影等特技摄影服务(限于合资)	M749
N 水利、环境和公共设施管理业	N76 水利管理业	125	投资综合水利枢纽的建设、经营须中方控股	N762 N763
	N77 生态保护和环境治理业	126	禁止投资自然保护区和国际重要湿地的建设、经营	N771
		127	禁止投资国家保护的原产于中国的野生动、植物资源开发	N771
P 教育	P82 教育	128	投资经营性教育培训机构、职业技能培训机构须合作	P82
		129	投资非经营性学前教育、中等职业教育、普通高中教育、高等教育等教育机构,以及非经营性教育培训机构、职业技能培训机构限合作,不允许设立分支机构	P82
		130	禁止投资义务教育,以及军事、警察、政治、宗教和党校等特殊领域教育机构;禁止投资经营性学前教育、中等职业教育、普通高中教育、高等教育等教育机构	P82
Q 卫生和社会工作	Q83 卫生	131	投资医疗机构不允许设立分支机构	Q83
R 文化、体育和娱乐业	R85 新闻和出版业	132	禁止投资新闻机构	R851
		133	禁止投资图书、报纸、期刊的出版业务	R852
		134	禁止投资音像制品和电子出版物的出版、制作业务	R852

(续表)

部门	领域	序号	特别管理措施	国民经济行业分类代码
R 文化、体育和娱乐业	R86 广播、电视、电影和影视录音制作业	135	除中国香港、澳门服务提供者外,限制投资电影院的建设、经营(中方控股)	R86
		136	禁止投资广播电视节目、电影的制作业务(限于合作)	R86
		137	禁止投资广播电视节目、制作经营公司、电影制作公司、发行公司、院线公司	R86
	R88 体育	138	禁止投资高尔夫球场的建设、经营	R882
	R89 娱乐业	139	限制投资大型主题公园的建设、经营	R892

2.6　国家工商行政管理总局关于支持中国(上海)自由贸易试验区建设的若干意见

上海市工商行政管理局:

　　《国家工商行政管理总局关于支持中国(上海)自由贸易试验区建设的若干意见》已经 2013 年 9 月 16 日国家工商行政管理总局局务会议审议通过,现印发给你局,请认真贯彻执行。

国家工商行政管理总局
2013 年 9 月 26 日

国家工商行政管理总局关于支持中国(上海)自由贸易试验区建设的若干意见

　　建立中国(上海)自由贸易试验区(下称"试验区")是深入贯彻党的十八大精神、实行更加积极主动开放战略的重要举措。试验区肩负着我国在新时期更加深入参与国际竞争、全面提高开放型经济水平、加快转变经济发展方式的重要使命,是国家战略需要。充分发挥工商行政管理职能作用,对推动试验区建设,实现以开放促发展、促改革、促创新,形成可复制、可推广的经验具有重要意义。根据《国务院关于印发中国(上海)自由贸易试验区总体方案的通知》精神和试验区的实际需要,本着改革创新、先试先行的原则,提出如下意见。

一、试点工商登记制度改革,优化试验区营商环境

(一)试行注册资本认缴登记制。除法律、行政法规对公司注册资本实缴另有规定的外,其他公司试行注册资本认缴登记制。

试行认缴登记制后,工商部门登记公司全体股东、发起人认缴的注册资本或认购的股本总额(即公司注册资本),不登记公司实收资本。公司股东(发起人)应当对其认缴出资额、出资方式、出资期限等自主约定,并记载于公司章程。有限责任公司的股东以其认缴的出资额为限对公司承担责任;股份有限公司的股东以其认购的股份为限对公司承担责任。公司应当将股东认缴出资额或者发起人认购股份、出资方式、出资期限、缴纳情况通过市场主体信用信息公示系统向社会公示。公司股东(发起人)对缴纳出资情况的真实性、合法性负责。

放宽注册资本登记条件,除法律、行政法规、国务院决定对特定行业注册资本最低限额另有规定的外,取消有限责任公司最低注册资本3万元、一人有限责任公司最低注册资本10万元、股份有限公司最低注册资本500万元的规定;不再限制公司设立时全体股东(发起人)的首次出资额及比例;不再限制公司全体股东(发起人)的货币出资金额占注册资本的比例;不再规定公司股东(发起人)缴足出资的期限。

(二)试行"先照后证"登记制。除法律、行政法规、国务院决定规定的企业登记前置许可事项外,在试验区内试行"先照后证"登记制度。试验区内企业向工商部门申请登记、取得营业执照后即可从事一般生产经营活动;经营项目涉及企业登记前置许可事项的,在取得许可证或者批准文件后,向工商部门申领营业执照;申请从事其他许可经营项目的,应当在领取营业执照及许可证或者批准文件后,方可从事经营活动。

(三)试行年度报告公示制。试验区内试行将企业年度检验制度改为企业年度报告公示制度。企业应当按年度在规定的期限内,通过市场主体信用信息公示系统向工商部门报送年度报告,并向社会公示,任何单位和个人均可查询。企业对年度报告的真实性、合法性负责。建立经营异常名录制度,通过市场主体信用信息公示系统,记载未按规定期限公示年度报告的企业。

(四)试行外商投资广告企业项目备案制。在试验区内申请设立外商投资广告企业的,在试验区内的外商投资企业申请增加广告经营业务的,以及在试验区内的外商投资广告企业申请设立分支机构的,不再受现行《外商投资广告企业管理规定》第九条、第十条和第十一条的限制,同时取消对试验区内外商投资广告企业的

项目审批和设立分支机构的审批,改为备案制;试验区内外商投资广告企业设立后需要更换合营方或转让股权、变更广告经营范围和变更注册资本的,无需另行报批,改为备案制,可直接办理企业变更登记。

二、优化企业设立流程,提升试验区登记效能

(五)授予试验区工商部门外资登记管理权。试验区工商部门负责辖区由上海市人民政府及其授权部门批准设立及备案的外商投资企业的登记注册和监督管理。

(六)试验区内实行企业设立"一口受理"。支持试验区工商部门按照上海市人民政府的要求,企业设立可以通过电子数据交换或者现场办理的方式申报材料,由工商部门统一接收申请人向各职能部门提交的申请材料,统一送达许可决定、备案文书和相关证照。

(七)试行新的营业执照样式。除《农民专业合作社法人营业执照》、《个体工商户营业执照》以外,将其他各类企业营业执照统一成一种样式。

三、转变市场主体监管方式,维护试验区市场秩序

(八)强化信用信息公示,完善信用约束机制。建立以工商部门经济户籍库为基础的市场主体信用信息公示系统,推动社会诚信体系建设。工商部门通过系统公示市场主体登记、备案、监管信息。企业按照规定通过系统公示年度报告、获得资质资格的许可信息,工商部门可以对年度报告公示内容进行抽查。对被载入经营异常名录的企业、有违法记录的市场主体及其相关责任人,工商部门采取有针对性的信用监管措施。

(九)创新市场主体监管方式,提升行政执法水平。强化工商部门市场监管和行政执法的职能作用,探索建立与国际高标准投资和贸易规则体系相适应的市场主体监管方式。强化部门间协调配合,形成监管部门分工明确、沟通顺畅、齐抓共管的工作格局,增强监管合力,提升监管效能,共同营造统一开放、公平诚信、竞争有序的市场环境。

国家工商行政管理总局关于支持试验区建设的意见,由总局职能司局会同上海市工商行政管理局具体落实。上海市工商行政管理局要在上海市委、市政府的领导下,深入贯彻落实科学发展观,围绕中心、服务大局,切实履行法定职责,加强改革创新,拓展服务领域,提升服务水平,为推动试验区建设作出积极贡献。

2.7　国家质检总局关于支持中国(上海)自由贸易试验区建设的意见

上海出入境检验检疫局、上海市质量技术监督局:

　　为贯彻落实党中央、国务院全面提高开放型经济水平、促进区域经济发展的总体部署,质检总局就支持中国(上海)自由贸易试验区(以下简称"试验区")建设提出如下意见:

一、积极开展质检制度创新

　　认真贯彻落实国务院关于试验区建设的总体部署,根据国家改革开放的新形式、政府转变职能的新要求,按照"进境检疫,适当放宽出口检验,方便进出,严密防范质量安全风险"的原则,深入研究,大胆创新,探索建立旨在进一步提升质量、保障安全、促进发展的新的检验检疫制度体系。积极创新质监工作体制,借鉴国际惯例和通行做法,建立与国际接轨的质量安全保障体系、技术基础支撑体系和高效便捷的质量技术监督服务体系。在试验区内形成可复制、可推广的个改经验,使质检工作在国家经济社会建设中发挥更大的作用。

二、探索建立试验区检验检疫监管新模式

　　积极借鉴国际先进的自由贸易区经验,创新检验检疫监管模式。按照方便进出、严密防范质量安全风险的原则,"一线"最大限度予以便利,主要实施进出境检疫和重点敏感货物检验;"二线"在完善检验检疫便利化措施基础上,做好进出口货物的检验检疫监管工作。深入研究和运用以风险管理、诚信管理为基础的分类监管模式,建立和完善风险评估、预警和处置体系,切实将检验检疫工作重心转向安全、卫生、健康、环保和反欺诈,形成科学高效的监管体系。积极研究对进出口产品实施前置备案注册、验证管理和后续监管的创新措施。探索实施原产地溯源制度,提升产品质量安全保障水平。建立对第三方检验鉴定机构的采信制度和管理制度,完善试验区集中查验和监督管理设施,全面提高履职效能。

三、支持试验区创新建立质量技术监督和执法体制

　　支持采用远程监控、全程监管、信息化等手段,创新特种设备监管模式,设立特

种设备应急处置机构,加强对试验区内锅炉、电梯、压力容器、压力管道、场(厂)内专用机动车辆等特种设备的安全监管。支持试验区内建立以企业质量自我声明、流通环节抽样检测、风险监测、质量申投诉处理、质量安全突发事件应对为主要内容的产品质量监管模式。

四、支持深化试验区质量监督行政审批制度改革

将试验区内特种设备生产单位许可、进口非法定计量单位计量器具审批等行政审批事项下放给上海市质量技术监督部门实施。支持探索改革工业产品生产许可制度,取消一批审批事项,缩减审批目录范围,转变审批方式,逐步实行告知承诺审批。支持上海市质量技术监督局会同相关部门对试验区内检测机构资质审批事项进行整合,提高审批速度和效率,加强对实验室的事中和事后监管。支持统一实施检验检测机构后续监管,建立检测机构采信制度和信息共享平台。

五、促进试验区提升贸易便利化水平

加强与地方政府和口岸相关部门的协作配合,积极推动信息共享、联合执法和协同把关,为试验区货物和人民的进出提供更为便捷的服务。配合建立符合试验区内国际分拨、融资租赁、第三方维修、转口贸易等新业态发展需求的监管制度,推动"区港一体化"建设。鼓励探索进出口地理标志保护监管的便利化服务措施及信息采集,探索试行将有关行政许可及审批权限下放至直属局和放宽审批条件,试点简化进口备案和装运前预检检验程序。积极推进与海关的"三个一"合作试点,提高口岸工作效率。

支持试验区制定、发布一批与国际标准及国际通行规则相适应的区域性地方标准。支持区内企业参与国际标准化活动,积极采用国际标准;引导、鼓励区内企业开展联盟标准创新试点。支持对区内企业进行 WTO/TBT 相关标准、技术法规和合格评定程序的通报工作并为消除、减少技术性贸易壁垒提供咨询与服务。

六、建立实验区检验检疫预警和防控体系

加强试验区突发公共事件、动植物疫苗和进出口产品质量安全事件的预警和防控体系建设,完善医学媒介监测、核生化有害物质监测、外来生物监测和食品安全风险监管等制度,提高应对和处理效能,切实做好与地方政府和有关部门的配合和衔接,共同为试验区的建设和发展提供安全保障。

七、支持试验区公共信息平台建设

积极支持试验区依托地方电子口岸建设公共信息平台,实现区内企业、相关单位与检验检疫机构申报信息、物流信息和监管信息的共享。创新技术与方法,提高检验检疫物流监控系统与试验区各类新业态运行模式的兼容性。利用物联网及无线通信等技术,在区内试行检验检疫移动执法,为区内企业提供通报通放、网上预约、在线办理等无纸化信息服务。

八、推动试验区诚信体系的建设和完善

支持试验区率先按照企业申请、联合征信、社会公示、政策叠加、滚动淘汰等原则,制定诚信企业名单,落实鼓励和扶持措施。支持建立统一的征信平台和诚信管理体系,共享企业诚信信息。逐步推行在企业分类管理、诚信管理、"AA级"企业评定等方面采用第三方信用报告,促进信用服务业的发展。支持建立以组织机构代码实名制为基础的企业质量信用档案,依托企业质量信用档案探索建立市场退出机制,支持建立以物品编码管理为溯源手段的产品质量信用信息平台。

九、支持试验区跨境电子商务的发展

研究制定跨境电子商务检验检疫管理办法,建立跨境电子商务产品的质量安全溯源和监管机制,试点建立与跨境电子商务服务企业互联的检验检疫信息支持系统,提高跨境电子商务产品的监管效率,促进试验区内跨境电子商务及相关服务企业的健康发展。

十、服务实验区产业集聚

支持试验区内生物医药、旧机电维修、入境再利用和再制造等产业发展。根据产业特点和企业需求,制定相应的审批、申报、查验和检验检疫监管措施,提高管理效率,鼓励相关企业落户区内,促进试验区发挥对重点发展产业的集聚效应。

支持国家质检中心落户试验区,为金融服务业、专业服务业、软件与信息服务业等提供检测服务。支持强制性产品认证指定机构为自贸区提供便利服务,支持特种设备检验、检测社会化改革,支持推动试验区内检验机构的产品检验结果和检验标准与其他国家间的国际互认工作,逐步放开外资认证认可、检验检测机构在试验区设立分支机构并开展业务。

质检总局要求各有关质检机构,进一步增强促进地方经济发展的主动性,全面落实"抓质量,保安全,促发展,强质检"方针,在促进经济社会发展中作出新贡献。

中华人民共和国国家质量监督检验检疫总局

2013 年 9 月 27 日

2.8　关于金融支持中国(上海)自由贸易试验区建设的意见

为贯彻落实党中央、国务院关于建设中国(上海)自由贸易试验区(以下简称试验区)的重要战略部署,支持试验区建设,促进试验区实体经济发展,加大对跨境投资和贸易的金融支持,深化金融改革,扩大对外开放,现提出以下意见:

一、总体原则

(一)坚持金融服务实体经济,进一步促进贸易投资便利化,扩大金融对外开放,推动试验区在更高平台参与国际竞争。

(二)坚持改革创新、先行先试,着力推进人民币跨境使用、人民币资本项目可兑换、利率市场化和外汇管理等领域改革试点。

(三)坚持风险可控、稳步推进,"成熟一项、推动一项",适时有序组织试点。

二、创新有利于风险管理的账户体系

(四)试验区内的居民可通过设立本外币自由贸易账户(以下简称居民自由贸易账户)实现分账核算管理,开展本意见第三部分的投融资创新业务;非居民可在试验区内银行开立本外币非居民自由贸易账户(以下简称非居民自由贸易账户),按准入前国民待遇原则享受相关金融服务。

(五)居民自由贸易账户与境外账户、境内区外的非居民账户、非居民自由贸易账户以及其他居民自由贸易账户之间的资金可自由划转。同一非金融机构主体的居民自由贸易账户与其他银行结算账户之间因经常项下业务、偿还贷款、实业投资以及其他符合规定的跨境交易需要可办理资金划转。居民自由贸易账户与境内区外的银行结算账户之间产生的资金流动视同跨境业务管理。

(六)居民自由贸易账户及非居民自由贸易账户可办理跨境融资、担保等业

务。条件成熟时,账户内本外币资金可自由兑换。建立区内居民自由贸易账户和非居民自由贸易账户人民币汇兑的监测机制。

(七)上海地区金融机构可根据人民银行规定,通过设立试验区分账核算单元的方式,为符合条件的区内主体开立自由贸易账户,并提供相关金融服务。

三、探索投融资汇兑便利

(八)促进企业跨境直接投资便利化。试验区跨境直接投资,可按上海市有关规定与前置核准脱钩,直接向银行办理所涉及的跨境收付、兑换业务。

(九)便利个人跨境投资。在区内就业并符合条件的个人可按规定开展包括证券投资在内的各类境外投资、个人在区内获得的合法所得可在完税后向外支付。区内个体工商户可根据业务需要向其境外经营主体提供跨境贷款。在区内就业并符合条件的境外个人可按规定在区内金融机构开立非居民个人境内投资专户,按规定开展包括证券投资在内的各类境内投资。

(十)稳步开放资本市场。区内金融机构和企业可按规定进入上海地区的证券和期货交易场所进行投资和交易、区内企业的境外母公司可按国家有关法规在境内资本市场发行人民币债券。根据市场需求,探索在区内开展国际金融资产交易等。

(十一)促进对外融资便利化。根据经营需要,注册在试验区内的中外资企业、非银行金融机构以及其他经济组织(以下简称区内机构)可按规定从境外融入本外币资金,完善全口径外债的宏观审慎管理制度,采取有效措施切实防范外债风险。

(十二)提供多样化风险对冲手段。区内机构可按规定基于真实的币种匹配及期限匹配管理需要在区内或境外开展风险对冲管理,允许符合条件的区内企业按规定开展境外证券投资和境外衍生品投资业务。试验区分账核算单元因向区内或境外机构提供本外币自由汇兑产生的敞口头寸,应在区内或境外市场上进行平盘对冲。试验区分账核算单元基于自身风险管理需要,可按规定参与国际金融市场衍生工具交易。经批准,试验区分账核算单元可在一定额度内进入境内银行间市场开展拆借或回购交易。

四、扩大人民币跨境使用

(十三)上海地区银行业金融机构可在"了解你的客户""了解你的业务"和"尽职审查"三原则基础上,凭区内机构(出口货物贸易人民币结算企业重点监管名单内的企业除外)和个人提交的收付款指令,直接办理经常项下、直接投资的跨境人民币结算业务。

（十四）上海地区银行业金融机构可与区内持有《支付业务许可证》且许可业务范围包括互联网支付的支付机构合作，按照支付机构有关管理政策，为跨境电子商务（货物贸易或服务贸易）提供人民币结算服务。

（十五）区内金融机构和企业可从境外借用人民币资金，借用的人民币资金不得用于投资有价证券、衍生产品，不得用于委托贷款。

（十六）区内企业可根据自身经营需要，开展集团内双向人民币资金池业务，为其境内外关联企业提供经常项下集中收付业务。

五、稳步推进利率市场化

（十七）根据相关基础条件的成熟程度，推进试验区利率市场化体系建设。

（十八）完善区内居民自由贸易账户和非居民自由贸易账户本外币资金利率的市场化定价监测机制。

（十九）将区内符合条件的金融机构纳入优先发行大额可转让存单的机构范围，在区内实现大额可转让存单发行的先行先试。

（二十）条件成熟时，放开区内一般账户小额外币存款利率上限。

六、深化外汇管理改革

（二十一）支持试验区发展总部经济和新型贸易。扩大跨国公司总部外汇资金集中运营管理试点企业范围，进一步简化外币资金池管理，深化国际贸易结算中心外汇管理试点，促进贸易投资便利化。

（二十二）简化直接投资外汇登记手续。将直接投资项下外汇登记及变更登记下放银行办理，加强事后监管。在保证交易真实性和数据采集完整的条件下，允许区内外商直接投资项下的外汇资金意愿结汇。

（二十三）支持试验区开展境内外租赁服务。取消金融类租赁公司境外租赁等境外债权业务的逐笔审批，实行登记管理。经批准，允许金融租赁公司及中资融资租赁公司境内融资租赁收取外币租金，简化飞机、船舶等大型融资租赁项目预付货款手续。

（二十四）取消区内机构向境外支付担保费的核准，区内机构直接到银行办理担保费购付汇手续。

（二十五）完善结售汇管理，支持银行开展面向境内客户的大宗商品衍生品的柜台交易。

七、监测与管理

(二十六)区内金融机构和特定非金融机构应按照法律法规要求切实履行反洗钱、反恐融资、反逃税等义务,及时、准确、完整地向人民银行和其他金融监管部门报送资产负债表及相关业务信息,并根据相关规定办理国际收支统计申报;配合金融监管部门密切关注跨境异常资金流动。

(二十七)上海市人民政府可通过建立试验区综合信息监管平台,对区内非金融机构进行监督管理。可按年度对区内非金融机构进行评估,并根据评估结果对区内非金融机构实施分类管理。

(二十八)试验区分账核算单元业务计入其法人行的资本充足率核算,流动性管理以自求平衡为原则,必要时可由其上级行提供。

(二十九)区内实施金融宏观审慎管理。人民银行可根据形势判断,加强对试验区短期投机性资本流动的监管,直至采取临时性管制措施。加强与其他金融监管部门的沟通协调,保证信息的及时充分共享。

(三十)人民银行将根据风险可控、稳步推进的原则,制定相应细则后组织实施,并做好与其他金融监管部门审慎管理要求的衔接。

中国人民银行

2013 年 12 月 2 日

2.9　关于中国(上海)自由贸易试验区银行业监管有关问题的通知

银监发(2013)40 号

各银监局,各政策性银行、国有商业银行、股份制商业银行、金融资产管理公司、邮政储蓄银行、银监会直接监管的信托公司、企业集团财务公司、金融租赁公司:

根据党中央、国务院关于建设中国(上海)自由贸易试验区的决定,经国务院同意,现就自贸区内银行业监管有关问题通知如下:

一、支持中资银行入区发展。允许全国性中资商业银行、政策性银行、上海本地银行在区内新设分行或专营机构。允许将区内现有银行网点升格为分行或支行。在区内增设或升格的银行分支机构不受年度新增网点计划限制。

二、支持区内设立非银行金融公司。支持区内符合条件的大型企业集团设立企业集团财务公司;支持符合条件的发起人在区内申设汽车金融公司、消费金融公司;支持上海辖内信托公司迁址区内发展;支持全国性金融资产管理公司在区内设立分公司;支持金融租赁公司在区内设立专业子公司。

三、支持外资银行入区经营。允许符合条件的外资银行在区内设立子行、分行、专营机构和中外合资银行,允许区内外资银行支行升格为分行。研究推进适当缩短区内外资银行代表处升格为分行以及外资银行分行从事人民币业务的年限要求。

四、支持民间资本进入区内银行业。支持符合条件的民营资本在区内设立自担风险的民营银行、金融租赁公司和消费金融公司等金融机构,支持符合条件的民营资本参股与中、外资金融机构在区内设立中外合资银行。

五、鼓励开展跨境投融资服务。支持区内银行业金融机构发展跨境融资业务,包括但不限于大宗商品贸易融资、全供应链贸易融资、离岸船舶融资、现代服务业金融支持、外保内贷、商业票据等。支持区内银行业金融机构推进跨境投资金融服务,包括但不限于跨境并购贷款和项目贷款、内保外贷、跨境资产管理和财富管理业务、房地产信托投资基金等。

六、支持区内开展离岸业务。允许符合条件的中资银行在区内开展离岸银行业务。

七、简化准入方式。将区内银行分行级以下(不含分行)的机构、高管和部分业务准入事项由事前审批改为事后报告。设立区内银行业准入事项绿色快速通道,建立准入事项限时办理制度,提高准入效率。

八、完善监管服务体系。支持探索建立符合区内银行业实际的相对独立的银行业监管体制,贴近市场提供监管服务,有效防控风险。建立健全区内银行业特色监测报表体系,探索完善符合区内银行业风险特征的监控指标。优化调整存贷比、流动性等指标的计算口径和监管要求。

中国银监会

2013 年 9 月 28 日

2.10　资本市场支持促进中国(上海)自由贸易试验区若干政策措施

按照党中央、国务院关于建设中国(上海)自由贸易试验区(以下简称自贸区)的重要战略部署,证监会将深化资本市场改革,扩大对外开放,加大对自贸区建设

的金融支持力度。具体措施包括:

一、拟同意上海期货交易所在自贸区内筹建上海国际能源交易中心股份有限公司,具体承担推进国际原油期货平台筹建工作。依托这一平台,全面引入境外投资者参与境内期货交易。以此为契机,扩大中国期货市场对外开放程度。

二、我会支持自贸区内符合一定条件的单位和个人按照规定双向投资于境内外证券期货市场。区内金融机构和企业可按照规定进入上海地区的证券和期货交易所进行投资和交易;在区内就业并符合条件的境外个人可按规定在区内证券期货经营机构开立非居民个人境内投资专户,开展境内证券期货投资;允许符合条件的区内金融机构和企业按照规定开展境外证券期货投资;在区内就业并符合条件的个人可按规定开展境外证券期货投资。

三、区内企业的境外母公司可按规定在境内市场发行人民币债券。根据市场需要,探索在区内开展国际金融资产交易等。

四、我会支持证券期货经营机构在区内注册成立专业子公司。目前,海通期货、宏源期货、广发期货、申万期货和华安基金等机构正在设立或准备设立风险管理子公司和资产管理子公司。

五、我会支持区内证券期货经营机构开展面向境内客户的大宗商品和金融衍生品的柜台交易。

下一步,我会将进一步研究细化相关政策措施,抓紧制定实施细则,加强对相关试点工作的监测和管理,及时总结试点经验,稳步推进资本市场改革开放,发挥资本市场服务经济转型的积极作用,更好地服务于上海自贸区国家战略。

证监会

2013 年 9 月 28 日

2.11　保监会:八项措施支持自贸区建设

为充分发挥保险功能作用,支持中国(上海)自由贸易试验区建设,中国保监会对上海保监局提出的有关事项作出批复,主要内容包括:

一、支持在自贸区内试点设立外资专业健康保险机构。

二、支持保险公司在自贸区内设立分支机构,开展人民币跨境再保险业务,支持上海研究探索巨灾保险机制。

三、支持自贸区保险机构开展境外投资试点,积极研究在自贸区试点扩大保险机构境外投资范围和比例。

　　四、支持国际著名的专业性保险中介机构等服务机构以及从事再保险业务的社会组织和个人在自贸区依法开展相关业务。

　　五、支持上海开展航运保险,培育航运保险营运机构和航运保险经纪人队伍,发展上海航运保险协会。

　　六、支持保险公司创新保险产品,不断拓展责任保险服务领域。

　　七、支持上海完善保险市场体系,推动航运保险定价中心、再保险中心和保险资金运用中心等功能型保险机构建设。

　　八、支持建立自贸区金融改革创新与上海国际金融中心建设的联动机制,不断强化和拓展我会与上海市政府合作备忘录工作机制。

保监会

2013 年 9 月 29 日

2.12　关于中国(上海)自由贸易试验区有关进口税收政策的通知

(财关税〔2013〕75 号)

上海市财政局、上海海关、上海市国家税务局:

　　为贯彻落实《中国(上海)自由贸易试验区总体方案》中的相关政策,现就中国(上海)自由贸易试验区有关进口税收政策通知如下:

　　一、对试验区内注册的国内租赁公司或其设立的项目子公司,经国家有关部门批准从境外购买空载重量在 25 吨以上并租赁给国内航空公司使用的飞机,享受《财政部国家税务总局关于调整进口飞机有关增值税政策的通知》(财关税〔2013〕53 号)和《海关总署关于调整进口飞机进口环节增值税有关问题的通知》(署税发〔2013〕90 号)规定的增值税优惠政策。

　　二、对设在试验区内的企业生产、加工并经"二线"销往内地的货物照章征收进口环节增值税、消费税。根据企业申请,试行对该内销货物按其对应进口料件或按实际报验状态征收关税的政策。

　　三、在现行政策框架下,对试验区内生产企业和生产性服务业企业进口所需的机器、设备等货物予以免税,但生活性服务业等企业进口的货物以及法律、行政法规和相关规定明确不予免税的货物除外。

　　四、在严格执行货物进口税收政策的前提下,允许在特定区域设立保税展示交易平台。

　　除上述进口税收政策外,中国(上海)自由贸易试验区所属的上海外高桥保税区、上海外高桥保税物流园区、洋山保税港区和上海浦东机场综合保税区分别执行现行相应海关特殊监管区域的税收政策。

　　本通知自中国(上海)自由贸易试验区挂牌成立之日起执行。

财政部

海关总署

国家税务总局

2013 年 10 月 15 日

2.13　关于中国(上海)自由贸易试验区内企业以非货币性资产对外投资等资产重组行为有关企业所得税政策问题的通知

　　根据《国务院关于印发中国(上海)自由贸易试验区总体方案的通知》(国发〔2013〕38 号)有关规定,现就中国(上海)自由贸易试验区(简称试验区)非货币性资产投资资产评估增值企业所得税政策通知如下:

　　一、注册在试验区内的企业,因非货币性资产对外投资等资产重组行为产生资产评估增值,据此确认的非货币性资产转让所得,可在不超过 5 年期限内,分期均匀计入相应年度的应纳税所得额,按规定计算缴纳企业所得税。

　　二、企业以非货币性资产对外投资,应于投资协议生效且完成资产实际交割并办理股权登记手续时,确认非货币性资产转让收入的实现。

　　企业以非货币性资产对外投资,应对非货币性资产进行评估并按评估后的公允价值扣除计税基础后的余额,计算确认非货币性资产转让所得。

　　三、企业以非货币性资产对外投资,其取得股权的计税基础应以非货币性资产的原计税基础为基础,加上每年计入的非货币性资产转让所得,逐年进行调整。

　　被投资企业取得非货币性资产的计税基础,可以非货币性资产的公允价值确定。

　　四、企业在对外投资 5 年内转让上述股权或投资收回的,应停止执行递延纳税政策,并将递延期内尚未计入的非货币性资产转让所得,在转让股权或投资收回当年的企业所得税年度汇算清缴时,一次性计算缴纳企业所得税;企业在计算股权转让所得时,可按本通知第三条第一款规定将股权的计税基础一次调整到位。

企业在对外投资 5 年内注销的,应停止执行递延纳税政策,并将递延期内尚未计入的非货币性资产转让所得,在歇业当年的企业所得税年度汇算清缴时,一次性计算缴纳企业所得税。

五、企业应于投资协议生效且完成资产实际交割并办理股权登记手续 30 日内,持相关资料向主管税务机关办理递延纳税备案登记手续。

主管税务机关应对报送资料进行审核,在规定时间内将备案登记结果回复企业。

六、企业应在确认收入实现的当年,以项目为单位,做好相应台账,准确记录应予确认的非货币性资产转让所得,并在相应年度的企业所得税汇算清缴时对当年计入额及分年结转额的情况做出说明。

主管税务机关应在备案登记结果回复企业的同时,将相关信息纳入系统管理,并及时做好企业申报信息与备案信息的比对工作。

七、主管税务机关在组织开展企业所得税汇算清缴后续管理工作时,应将企业递延纳税的执行情况纳入后续管理体系,并视风险高低情况,适时纳入纳税服务提醒平台或风险监控平台进行管理。

八、本通知所称注册在试验区内的企业,是指在试验区注册并在区内经营,实行查账征收的居民企业。

本通知所称非货币性资产对外投资等资产重组行为,是指以非货币性资产出资设立或注入公司,限于以非货币性资产出资设立新公司和符合《财政部国家税务总局关于企业重组业务企业所得税处理若干问题的通知》(财税〔2009〕59 号)第一条规定的股权收购、资产收购。

九、本通知自印发之日起执行。

国家税务总局

2013 年 10 月 15 日

2.14　关于落实《中国(上海)自由贸易试验区总体方案》加快推进上海国际航运中心建设的实施意见

(交水发〔2013〕584 号)

各有关单位:

为深入贯彻落实国务院发布的《中国(上海)自由贸易试验区总体方案》,进一步加快推进上海国际航运中心建设,交通运输部和上海市人民政府联合制定本实施意见。

一、总体要求

推进中国(上海)自由贸易试验区和上海国际航运中心建设是我国战略需要和任务。要以中国(上海)自由贸易试验区建设为契机,加快推进上海国际航运中心建设,进一步深化改革,扩大开放,坚持先行先试,丰富拓展国际航运发展综合试验区内涵,经过2~3年的改革试验,探索创新具有国际竞争力的航运发展制度和模式,形成可复制、可推广的经验,更好地发挥创新驱动、示范带动作用,有力地推动上海国际航运中心升级发展。

二、重点任务

(一)扩大开放水平

1. 放宽外商投资国际船舶运输的股比限制。允许外商在中国(上海)自由贸易试验区以超过49%的投资比例设立中外合资经营企业或者中外合作经营企业经营国际船舶运输业务。允许船舶登记主体的外商出资比例突破50%的限制,按照有关法律法规以及其他有关规定办理船舶登记业务。港澳台商比照执行,相关管理试行办法另行制定。

2. 允许外商设立独资企业从事国际船舶管理业务。外商可在中国(上海)自由贸易试验区投资设立独资企业经营国际船舶管理业务。港澳台商比照执行,相关管理试行办法另行制定。

3. 与金融、贸易等领域扩大开放做好融合。充分利用好中国(上海)自由贸易试验区在金融、贸易等领域的开放政策与创新做法,做到相关产业融合发展、创新发展,着力发展航运金融、保险、交易、咨询、海事仲裁、港口物流等现代航运服务业。

4. 在中国(上海)自由贸易试验区范围内,探索建立航运领域外商投资准入负面清单管理模式,进一步扩大航运服务业对外开放。不断探索航运领域政策和制度创新措施,充分发挥上海国际航运中心"先行先试"作用,进一步提高上海国际航运中心综合竞争力。

(二)创新航运政策

5. 创新多港区联动机制。积极发挥外高桥港区、洋山深水港区、浦东机场国际枢纽港的联动作用,探索形成具有国际竞争力的航运发展制度和运作模式。

6. 实施沿海捎带试点政策。推动中转集拼业务发展,允许中资航运公司利用自有或控股拥有的非五星旗国际航行船舶,先行先试外贸进出口集装箱在国内开放港口与上海港之间(以上海港为中转港)的捎带业务。

7. 创新国际船舶登记制度。充分发挥上海的区域优势,利用中资"方便旗"船税收优惠政策,促进符合条件的船舶在上海落户登记。在"中国洋山港"船舶登记政策的基础上,研究推动建立并实施便捷高效的国际船舶登记制度,简化国际船舶运输经营许可程序,适当放宽登记主体、船龄范围等登记条件,完善船员配备、登记种类、登记收费、船舶航行区域等登记内容,优化船舶营运、检验与登记业务的相关流程,促进符合条件的船舶在上海登记。

8. 支持扩大启运港退税政策试点范围。在现有试点港口和运输企业的基础上,进一步增加积极性高、信誉好的港口和运输企业加入试点,扩大政策效应,充分发挥长江黄金水道作用,增强上海港辐射服务能力。

(三)拓展中心功能

9. 加快推进国际航运交易发展。加快发展航运运价指数衍生品交易业务,完善监管制度,防范航运金融风险,加强远期运价监管。支持上海开展中国进口干散货、原油等大宗散货运价指数的编制和发布工作。制定船舶交易信息的统计报送制度,支持在上海建立船舶交易信息平台,提供船舶交易信息服务。

10. 完善航运发展基金。支持建立市场导向和政府推动相结合的航运发展股权基金,允许发起人设立股权基金公司。支持航运发展股权基金与有关拆船资金、特许航运经营权等政策相结合使用,重点用于运力结构调整、所有权与经营权分离、航运企业规模化与专业化发展等领域。

11. 加快航运人才、教育、科研发展。支持上海高级国际航运学院发展,建设国际化、开放型、服务型的高端航运人才培养基地;支持上海国际航运研究中心、上海国际航运信息中心的建设和发展,打造具有国际影响力的航运咨询机构;支持上海组合港管委会办公室、上海国际航运中心发展促进会开展有关研究。

(四)提升服务水平

12. 加快建设现代航运服务功能平台。积极发展航运金融、国际船舶运输、国际船舶管理、国际航运经济、国际船舶租赁、国际船员管理等产业,研究相关促进政策,探索建立长效推进机制。吸引船舶要素集聚,带动航运信息、船舶融资、船舶保险、海事仲裁等航运服务业发展,增强上海航运市场综合服务功能。

13. 鼓励发展邮轮产业经济。支持筹建邮轮发展基金,促进我国邮轮船队发展,带动航运金融、保险业发展。支持中资方便旗邮轮经批准从事大陆沿海到港澳台的邮轮运输,允许包租外籍邮轮经批准后多航次经营两岸邮轮业务,鼓励中资方便旗邮轮从事以上海为母港的两岸四地邮轮运输业务。支持上海邮轮母港建设,鼓励在上海成立中外合资邮轮公司拓展邮轮业务。

14. 做实"软实力",提升国际影响力。探索体制机制创新,加强与相关政策的配合,做实抓手,着力提升上海国际航运中心在国际航运规则和标准制定、市场规制、信息咨询服务等领域的能力和水平,提高国际市场影响力。鼓励吸引国内外航运组织、相关协会、服务机构和平台落户上海。支持上海中国航海博物馆提升等级,开展文物征集及文化交流等工作。

(五)加强基础建设

15. 积极有序推进港口基础设施建设。加快推进洋山深水港四期工程建设,满足洋山港日益增长的运量需求。加快铁路(包括沪通铁路、沪乍铁路等)、内河集装箱运输基础设施前期工作和建设,提高上海港海铁联运、水水中转等集疏运能力。有序推进干支泊位建设,缓解上海港干支泊位的结构矛盾,优化码头功能配置。加强长江口深水航道疏浚土综合利用,更好地服务上海国际航运中心发展。

16. 引导港口集疏运结构和功能优化。发挥内河、长江水运优势,推进综合运输体系建设,加强外高桥、洋山两港区联动,提高水路运输规模和效率,提升港口水水中转比例,促进上海港可持续发展。支持研究江海直达运输船型标准、管理标准和收费标准,降低江海直达运输成本,鼓励江海直达船舶的推广作用。

17. 加快推进安全绿色航运发展。构建平安海区,着力提高上海港区及周边海域海上人命、财产、环境救助能力和船舶污染防控能力。加强通航水域重要桥梁防碰撞设施建设,保障重要通道安全、畅通。认真组织实施"阳光引航",逐步取消海进江内贸船舶强制引航。制定和完善相关技术规范和标准,共同促进内河 LNG 燃料动力船舶推广应用。

18. 加强和完善国际海运市场监管机制。授权上海航运交易所承担国际、境内和海峡两岸航运市场的集装箱班轮公司、无船承运人运价备案受理工作,并配置和协助相关部门对运价备案实施检查、监督。进一步发挥船东、港口等有关行业协会在行业自律方面的作用。

三、组织保障

交通运输部门和上海市人民政府各有关部门要按照各自职责,密切配合、相互支持、形成合力,切实做好中国(上海)自由贸易试验区总体方案在国家行业领域政策的落实。各相关部门要按照本实施意见确定的目标、任务,结合实际抓紧制定方案,确保完成各项任务。

　　交通运输部水运局、上海市城乡建设和交通委员会具体负责牵头联系相关工作任务,跟踪研究政策实施过程中出现的新情况、新问题,做好联系与任务推进工作。

　　　　　　　　　　　　　　　　　　　　中华人民共和国交通运输部
　　　　　　　　　　　　　　　　　　　　　　　上海市人民政府
　　　　　　　　　　　　　　　　　　　　　　2013 年 9 月 27 日

2.15　工信部、上海市人民政府:关于中国(上海)自由贸易试验区进一步对外开放增值电信业务的意见

　　为贯彻落实党中央、国务院关于建立中国(上海)自由贸易试验区(以下简称试验区)的重大决策,实施更加积极主动的开放战略,支持试验区实现以开放促发展、促改革、促创新,形成可复制、可推广的经验,根据《国务院关于同意中国(上海)自由贸易试验区总体方案的批复》,现就试验区内进一步对外开放增值电信业务,提出如下意见:

一、指导思想

　　积极推动试验区内增值电信业务进一步试点对外开放。加强管理,引导外商投资企业规范经营电信业务。完善服务,维护公平竞争的市场环境,促进电信市场持续健康发展。

二、开放领域

　　(一)已经对 WTO 承诺开放,但外资股比不超过 50% 的信息服务业务、存储转发类业务等两项业务外资股比可试点突破 50%。其中信息服务业务仅含应用商店。

　　(二)新增试点开放四项业务:呼叫中心业务、国内多方通信服务业务、因特网接入服务业务(为上网用户提供因特网接入服务)、国内因特网虚拟专用网业务。其中,呼叫中心业务、国内多方通信服务业务、因特网接入服务业务(为上网用户提供因特网接入服务)外资股比可突破 50%;国内因特网虚拟专用网业务外资股比不超过 50%。

（三）在线数据处理与交易处理业务(经营类电子商务)外资股比不超过55％。

（四）申请经营上述电信业务的企业注册地和服务设施须设在试验区内。因特网接入服务业务(为上网用户提供因特网接入服务)的服务范围限定在试验区内,其他业务的服务范围可以面向全国。

三、保障措施

（一）制定细则:根据国务院总体部署,在试验区内暂停实施《外商投资电信企业管理规定》(国务院534号令)相关规定内容。同时加快制定试点管理办法,调整相关管理制度,简化审批手续,缩短审批时限。

（二）营造环境:引导外资企业依法规范经营增值电信业务,鼓励外资企业研发中心进驻试验区。切实保护电信用户合法权益,培育和维护公平竞争的市场环境,促进电信市场持续健康发展。

（三）完善服务:加大政策宣传力度,搭建服务交流平台,加强与外资企业的沟通。为外资企业提供政策咨询和服务,积极为外资企业解决实际困难和问题。

（四）加强监管:完善相关信息收集和统计分析,明确对网络基础设施、数据资源、用户信息保护等方面的要求。加强对国际通信业务和网络运行安全的监管,维护网络和信息安全。

为推进试验区进一步开放增值电信业务的工作,由工业和信息化部联合上海市人民政府建立部市协调工作机制,推动相关工作的落实。上海市通信管理局应当加强对外资企业的引导和监督,对各项业务试点开放的落实和管理情况,要定期报工业和信息化部和上海市人民政府。

中华人民共和国工业与信息化部

上海市人民政府

二零一四年一月六日

2.16　工信部:中国(上海)自由贸易试验区外商投资经营增值电信业务试点管理办法

第一条　为了适应中国(上海)自由贸易试验区(以下简称试验区)外商投资经营增值电信业务的需要,根据《中华人民共和国电信条例》、《外商投资电信企业管理规定》、《国务院关于在中国(上海)自由贸易试验区内暂时调整有关行政法规和国务院文件规定的行政审批或者准入特别管理措施的决定》及《工业和信息化部、上海市人民政府关于中国(上海)自由贸易试验区进一步对外开放增值电信业务的意见》等有关规定,制定本办法。

第二条　试验区外商投资企业可以经营的增值电信业务及外方投资者的出资比例,由工业和信息化部根据有关规定确定。

第三条　试验区外商投资企业申请经营增值电信业务的,应当符合下列条件:

(一)经营者为在试验区依法设立的公司。

(二)有与开展经营活动相适应的资金和专业人员。

(三)有为用户提供长期服务的信誉或者能力。

(四)注册资本最低限额为 100 万元人民币。

(五)有必要的场地、设施、技术方案以及网络与信息安全保障制度和措施,其中服务设施须设在试验区内。

(六)公司及其主要投资者和主要经营管理人员三年内无违反电信监督管理制度的违法记录。

(七)国家规定的其他条件。

第四条　试验区内申请经营增值电信业务的外商投资企业,应向上海市通信管理局提出申请并报送下列文件:

(一)公司法定代表人签署的经营增值电信业务的书面申请。内容包括:申请经营电信业务的种类、业务覆盖范围、公司名称、公司通信地址、邮政编码、联系人、联系电话、电子信箱地址等。

(二)公司外方主要投资者的有关材料,包括公司登记证、基本情况介绍、经会计师事务所审计的最近财务会计报告、资信证明;公司其他投资者的有关材料,包括公司登记证或者营业执照、基本情况介绍。

(三)公司的《外商投资企业批准证书》或《中国(上海)自由贸易试验区外商/港澳台侨投资企业备案证明》《企业法人营业执照》副本及复印件。

(四)公司概况。包括:公司基本情况,拟从事增值电信业务的人员、场地和设施等情况。

(五)公司章程、公司股权结构的有关情况。

(六)申请经营电信业务的业务发展、实施计划和技术方案。

(七)为用户提供长期服务、质量保障及用户个人信息保护的措施。

(八)网络与信息安全保障制度和措施。

(九)证明公司信誉的有关材料。

（十）公司法定代表人签署的公司依法经营电信业务的承诺书。

第五条　上海市通信管理局应当对申请材料进行审查,申请材料齐全、符合法定形式的,应当向申请企业出具受理申请通知书。申请材料不齐全或者不符合法定形式的,应当当场或者在5个工作日内一次告知申请企业需要补正的全部内容。

第六条　上海市通信管理局应当自受理之日起60日内完成审查工作,作出予以批准或者不予批准的决定。予以批准的,颁发《中国(上海)自由贸易试验区外商投资经营增值电信业务试点批复》(有效期暂定为3年)。不予批准的,应当书面通知申请企业并说明理由。

第七条　上海市通信管理局向申请企业颁发试点批复后,应当在10日内向工业和信息化部备案。

第八条　试验区外商投资电信企业应当依法规范经营增值电信业务,保护用户合法权益,按时报送业务发展情况,不实施任何方式的不正当竞争,做好用户信息保护,维护网络与信息安全。

第九条　上海市通信管理局对试验区外商投资电信企业实行年检制度。外商投资电信企业应当在报告年的次年第一季度向上海市通信管理局报送下列年检材料:

（一）本年度的电信业务经营情况;业务发展、人员及机构变动情况;服务质量和用户个人信息保护情况;落实网络与信息安全管理要求情况;执行国家和电信管理机构有关规定的情况等。

（二）公司的企业法人营业执照复印件。

（三）上海市通信管理局要求报送的其他材料。

第十条　上海市通信管理局进行年检时,应当对外商投资电信企业报送的材料进行全面审核,并对其经营主体、经营行为、电信资费、服务质量和用户个人信息保护、落实网络与信息安全管理要求、执行国家和电信管理机构有关规定的情况等进行检查。

按时参加年检并且年检事项符合规定的,为年检合格。未按规定参加年检或者年检事项不符合规定的,上海市通信管理局应当责令改正,并依法给予相应的行政处罚;按时改正的,为经整改年检合格;拒不改正的,为年检不合格。

年检结果和处罚情况应当在《试点批复》附件《年检和违法记录》中记录,向社会公布并通报工商行政管理机关。

第十一条　试验区外商投资电信企业有《外商投资电信企业管理规定》第十八条至二十条规定情形的,上海市通信管理局依法予以处罚。

第十二条　工业和信息化部负责组织对试验区外商投资经营增值电信业务试点工作进行评估。上海市通信管理局应当依据年检及日常监管情况按季度出具外商投资经营增值电信业务评估报告,报送工业和信息化部。

第十三条　本办法自印发之日起施行,有关内容将根据国务院有关决定适时进行调整。

中华人民共和国工业和信息化部

二零一四年四月十五日

2.17　文化部:关于实施中国(上海)自由贸易试验区文化市场管理政策的通知

(文市发〔2013〕47 号)

上海市文化广播影视管理局:

为贯彻落实《国务院关于印发中国(上海)自由贸易试验区总体方案的通知》(国发〔2013〕38 号)有关规定,现将中国(上海)自由贸易试验区(以下简称"试验区")内文化市场管理有关政策调整如下:

一、允许在试验区内设立外资经营的演出经纪机构、演出场所经营单位,为上海市提供服务。

(一)在试验区内设立合资、合作、独资经营演出经纪机构的,应当向上海市文化主管部门提出申请。上海市文化主管部门自收到申请之日起 20 日内作出决定。

(二)在试验区内设立合资、合作、独资经营演出场所经营单位的,应当自领取工商营业执照之日起 20 日内,持上述证照以及消防、卫生部门的批准文件,到上海市文化主管部门备案,领取演出场所经营单位备案证明。

(三)合资、合作、独资经营的演出经纪机构,在上海市内举办营业性演出活动,应当向上海市文化主管部门提出申请。举办国内文艺表演团体或者演员参加的营业性演出,自受理申请之日起 3 日内作出决定;举办涉外或者涉港澳台营业性演出,自受理申请之日起 20 日内作出决定。

(四)合资、合作、独资经营的演出场所经营单位,在本场所内举办营业性演出活动,应当向上海市文化主管部门提出申请。举办国内文艺表演团体或者演员参加的营业性演出,自受理申请之日起 3 日内作出决定;举办涉外或者涉港澳台营业性演出,自受理申请之日起 20 日内作出决定。

二、允许在试验区内设立外资经营的娱乐场所

在试验区内设立合资、合作、独资经营娱乐场所的,应当符合《娱乐场所管理条例》《娱乐场所管理办法》等法规规章规定的设立条件,向上海市文化主管部门提出申请。上海市文化主管部门自受理申请之日起 20 日内作出决定。

三、允许外资企业在试验区内从事游戏游艺设备的生产和销售,通过文化主管部门内容审查的游戏游艺设备可面向国内市场销售。

(一)在试验区内注册的外资企业,在国内销售其生产的游戏游艺设备,应当向上海市文化主管部门提出内容审查申请。上海市文化主管部门自受理申请之日起 20 日内作出决定,通过内容审查的报文化部备案并公示。

(二)面向国内销售的游戏游艺设备,不得含有《娱乐场所管理条例》第十三条禁止的内容,游戏游艺设备外观、内容、游戏方法说明应当使用我国通用文字。

(三)报文化部备案公布的内容应当包括:游戏游艺设备内容审查批准文件、生产企业名称、设备名称、基本功能和游戏规则、能反映设备外观的图片等基本信息。

四、本通知调整的行政审批事项,适用于在试验区内投资、设立企业的香港特别行政区、澳门特别行政区、台湾地区投资者和在国外居住的中国公民。

特此通知。

文化部

2013 年 9 月 29 日

2.18　中国(上海)自由贸易试验区中外合作经营性培训机构管理暂行办法

各区、县人民政府,市政府各委、办、局:

市教委、市商务委、市人力资源社会保障局、市工商局制定的《中国(上海)自由贸易试验区中外合作经营性培训机构管理暂行办法》已经市政府同意,现转发给你们,请认真按照执行。

上海市人民政府办公厅

2013 年 11 月 13 日

中国(上海)自由贸易试验区中外合作经营性培训机构管理暂行办法

第一章　总　则

第一条　为落实《中国(上海)自由贸易试验区总体方案》中关于"允许设立中外合作经营性培训机构"的规定,进一步扩大培训服务业对外开放,加强培训服务业对外交流与合作,根据《中华人民共和国中外合作经营企业法》《中华人民共和国公司法》《中华人民共和国中外合作办学条例》《上海市终身教育促进条例》和《中国(上海)自由贸易试验区管理办法》等法律、法规、规章,制定本暂行办法。

第二条　本暂行办法所称的中外合作经营性培训机构(以下简称"合作培训机构"),是指由符合条件的外国企业或者其他经济组织与中国企业或者其他经济组织合作举办,面向社会提供非公益性文化教育类或职业技能类培训服务的公司制企业。

第三条　中国(上海)自由贸易试验区(以下简称"自贸试验区")内合作培训机构的设立和管理,适用本暂行办法。

第四条　本暂行办法所称的文化教育类培训,是指根据《中华人民共和国学科分类与代码国家标准》中规定的学科所开展的相关经营性培训活动。本暂行办法所称的职业技能类培训,是指根据《中华人民共和国职业分类大典》规定的技能类职业所开展的相关经营性培训活动。法律、行政法规、国务院决定另有规定的,从其规定。

合作培训机构不得实施学历教育和学前教育,不得从事宗教、军事、警察、政治和党校等特殊领域的培训项目。

第五条　市教育行政管理部门、市人力资源社会保障部门、市工商行政管理局自由贸易试验区分局(以下简称"自贸试验区工商分局")和中国(上海)自由贸易试验区管理委员会(以下简称"自贸试验区管委会")按照各自职能行使相关管理职责。

教育行政管理部门和人力资源社会保障部门分别是文化教育类、职业技能类合作培训机构的行业主管部门,主要履行以下职责:

(一)审核合作培训机构申请经营性培训项目的基本条件和准入要求,负责培训项目和培训活动的监管和专项检查;

(二)对合作培训机构挪用办学经费和恶意终止办学行为进行查处;

(三)协同自贸试验区工商分局对未经登记,擅自从事经营性培训活动进行查处。

自贸试验区工商分局是合作培训机构的登记机关,主要履行以下职责:

(一)办理合作培训机构的企业注册登记,并对企业登记事项进行监管;

(二)对招生培训广告宣传进行监管;

(三)会同教育行政管理部门或者人力资源社会保障部门对未经登记,擅自从事的经营性培训活动进行查处。

自贸试验区管委会是合作培训机构合同、章程的审查批准机关,负责合作培训机构设立和变更事项的审查批准,并履行审查批准机关的职能。

公安等其他相关职能部门按照各自职责,行使相关管理职能。

第二章　设　立

第六条　合作培训机构的中外合作方应当具有从事教育培训投资与管理的经验,并符合下列条件之一:

(一)能够提供国际先进的教育培训管理经验、管理模式和服务模式;

(二)能够提供具有国际领先水平的培训课程、师资和教学设施、设备。

第七条　设立合作培训机构,除应当符合《中华人民共和国中外合作经营企业法》、《中华人民共和国公司法》等相关规定外,还应当符合以下要求:

(一)有熟悉教学业务和办学管理的公司法定代表人。公司法定代表人应当是公司的专职负责人,依照公司章程规定,负责合作培训机构的培训经营活动,并依法登记;

(二)有与培训类别、层次与规模相适应的专兼职教师和管理人员;

(三)有相应的办学资金和保证日常教学正常开展的经费来源,办学资金不少于人民币100万元;

(四)有与培训项目相适应的公司住所(即教学场所,下同)和教学设备;

(五)有办学和教学的管理制度。

第八条　设立合作培训机构,分为筹建和正式开业两个步骤。其他企业变更为合作培训机构及合作培训机构设立分公司,无须筹建。

第九条　合作培训机构的名称,应当符合《企业名称登记管理规定》和有关法律法规的规定,行业表述中应当含有"培训"字样,不得出现"学校""学院""大学"等字样。

第十条　申请设立合作培训机构的,应当向自贸试验区工商分局申请办理名称预先核准手续后,登陆自贸试验区网站"投资办事直通车",按照教育行政管理部门或者人力资源社会保障部门要求准备相关申请材料,并向自贸试验区工商分局"一口受理"窗口递交材料,提出设立申请。自贸试验区工商分局即时将材料转送自贸试验区管委会。

第十一条 自贸试验区管委会在收到上述材料之日起在 10 个工作日内征询教育行政管理部门或者人力资源社会保障部门的意见并将征询结果告知投资者,同时在自贸试验区网站公示征询结果。

第十二条 申请人根据同意筹建的意见,按照自贸试验区外资企业设立"一口受理"流程办理相关手续。材料齐全正确的,在 10 个工作日内至"一口受理"窗口领取相关证照。

第十三条 合作培训机构取得批准证书、企业营业执照等相关证照后,应当按照核定的经营范围,开展培训项目的筹建活动,筹建期间不得招生。

合作培训机构经批准筹建的,应当自批准筹建之日起 6 个月内,向自贸试验区工商分局提出变更经营范围暨正式开业申请,并提供相应的办学资金验资报告等相关材料。

第十四条 合作培训机构在自贸试验区内设立分公司的,应当参照本暂行办法第七条的规定,依法向自贸试验区工商分局提出申请。自贸试验区工商分局在获得自贸试验区管委会征询教育行政管理部门或者人力资源社会保障部门的意见后,作出是否准予登记的决定。

第三章 变更与终止

第十五条 合作培训机构申请变更住所、法定代表人、中外合作方、注册资本、经营范围(包括申请正式开业或者新增/变更培训项目)的,自贸试验区管委会应当征求教育行政管理部门或人力资源社会保障部门意见后,作出是否批准的决定,自贸试验区工商分局依法作出是否准予变更登记决定。

第十六条 合作培训机构分公司变更营业场所、负责人、经营范围(新增/变更培训项目)的,应当向自贸试验区工商分局提出申请。在获得经自贸试验区管委会征询的市教育行政管理部门或者市人力资源社会保障部门意见后,作出是否准予变更登记的决定。

第十七条 合作培训机构有下列情形之一的,应当依法办理终止办学手续:

(一)根据公司合同、章程的规定要求终止的;

(二)董事会或联合管理委员会决议要求终止的;

(三)因资不抵债无法继续办学的;

（四）公司被依法宣告破产，或被依法予以解散，或被依法吊销营业执照、责令关闭或者被撤销的；

（五）法律、法规规定的其他情形。

第十八条　合作培训机构终止办学的，应当向自贸试验区工商分局提出变更或注销登记申请。

自贸试验区工商分局办理注销登记时，应当获得经自贸试验区管委会征询的市教育行政管理部门或者市人力资源社会保障部门意见，并收取自贸试验区管委会出具的缴销批准证书的回执。其中，因提前终止合作申请注销的，还应当收取自贸试验区管委会的批准文件。

第四章　管　理

第十九条　合作培训机构应当根据《上海市终身教育促进条例》及有关规定，开设学杂费专用存款账户，建立学杂费专用存款账户管理制度。

申请变更为合作培训机构的公司在申请变更时，应当开设本单位学杂费专用存款账户。

第二十条　合作培训机构收取学杂费，应当开具由市地税局监制的本单位收费票据。学杂费应当及时全额缴存本单位学杂费专用存款账户，保障学杂费主要用于教育教学活动，维护受教育者和教师的合法权益。

第二十一条　合作培训机构面向社会开展招生培训活动时，应当与培训对象或其法定监护人签订规范的《培训服务合同（或协议）》（以下简称《培训合同》），明确双方的权利和义务。

第二十二条　合作培训机构应当在自贸试验区工商分局核准登记的住所（即教学场所）内，开展培训活动。

合作培训机构的住所应当与其培训规模和项目要求相一致，并符合教学场所安全和消防安全的相关规定。

第二十三条　合作培训机构应当依法与专职教师和专职管理人员签订《劳动用工合同》，保障教职员工合法权益。

合作培训机构聘用外籍教师或外籍管理人员，应当按照国家和本市的相关规定办理。

第二十四条　合作机构应当按照国家和本市有关规定，颁发培训证书或结业证书。

第二十五条　市教育行政管理、市人力资源社会保障、市商务和市工商行政管理等相关职能部门应当建立对合作培训机构的联合监管和沟通协调机制。

第二十六条　对在自贸试验区内违反有关法律、法规、规章及本暂行办法从事经营性培训活动的,依法予以查处。

第五章　附　则

第二十七条　香港特别行政区、澳门特别行政区、台湾地区的企业或者其他经济组织与内地企业或者其他经济组织在自贸试验区内设立合作培训机构的,参照本暂行办法执行。

第二十八条　本暂行办法自印发之日起实施。

> 上海市教育委员会
> 上海市商务委员会
> 上海市人力资源和社会保障局
> 上海市工商行政管理局
> 2013 年 10 月 30 日

2.19　中国(上海)自由贸易试验区外商独资医疗机构管理暂行办法

第一章　总　则

第一条　为进一步落实国务院印发的《中国(上海)自由贸易试验区总体方案》,根据《中华人民共和国外资企业法》《全国人大常委会关于授权国务院在中国(上海)自由贸易试验区暂时调整有关法律规定的行政审批的决定》和《医疗机构管理条例》《上海市医疗机构管理办法》《中国(上海)自由贸易试验区管理办法》等有关法律、法规、规章,制定本暂行办法。

第二条　本暂行办法所称外商独资医疗机构,是指外国医疗机构为其实际控股人的医疗机构、公司、企业和其他经济组织(以下统称"外国投资者"),经中国政府主管部门批准,在中国(上海)自由贸易试验区(以下简称"自贸试验区")以独资形式设置的营利性医疗机构。

第三条　自贸试验区内外商独资医疗机构的设置和管理,适用本暂行办法。

第四条　外商独资医疗机构必须遵守有关法律、法规和规章。外商独资医疗机构的正当经营活动及合法权益,受中国法律保证。

第五条　自贸试验区管委会、上海市卫生计生部门、上海市工商部门在各自职责范围内,负责自贸试验区内外商独资医疗机构管理工作。

自贸试验区工商部门为外商独资医疗机构的登记机关。

第二章　设置条件

第六条　外商独资医疗机构的设置与发展,必须符合上海市区域卫生规划和医疗机构设置规划中有关促进社会办医的精神和要求,并执行国家卫生计生部门制定的《医疗机构基本标准》。

第七条　申请设置外商独资医疗机构的外国投资者应当是能够独立承担民事责任的法人,具有直接从事医疗机构投资与管理5年以上的经验,并符合下列要求之一:

(一)能够提供国际先进的医疗机构管理经验、管理模式和服务模式;

(二)能够提供具有国际领先水平的医学技术和设备;

(三)可以补充或改善所在地在医疗服务能力、医疗质量、技术、资金和医疗设施方面的不足。

第八条　设置的外商独资医疗机构应当符合以下条件:

(一)独立的法人;

(二)最低投资总额2 000万元人民币;

(三)经营期限20年。

第三章　设置审批与登记

第九条　设置外商独资医疗机构,应当按照"一口受理"工作机制,向自贸试验区工商部门提交以下材料:

(一)机构设置申请材料;

(二)项目建议书、可行性研究报告;

(三)外国投资者的注册登记证明(复印件)、法定代表人身份证明(复印件)和银行资信证明;

(四)项目选址报告、土地使用租赁证明、建筑平面图;

(五)外国投资者具有直接从事医疗机构投资与管理5年以上经验的证明材料;

(六)外商独资医疗机构的章程;

（七）外商独资医疗机构董事会成员名单；

（八）机构名称预先核准通知书；

（九）企业设立登记申请材料；

（十）法律、法规规定的其他材料。

第十条　申请材料齐全的，自贸试验区工商部门应当向申请人出具相关收件凭证，并自出具受理凭证之日起 40 个工作日内，由市卫生计生部门、自贸试验区管委会、自贸试验区工商部门出具批准或者不批准的书面文件。予以批准的，自贸试验区工商部门统一向申请人送达《医疗机构设置批准书》《外商投资企业批准证书》《企业营业执照》等有关文书。

第十一条　获准设置的外商独资医疗机构，应当按照《医疗机构管理条例》及其实施细则中关于医疗机构执业登记的程序和要求，向市卫生计生部门申请执业登记，领取《医疗机构执业许可证》。

第十二条　外商独资医疗机构的名称设置，应当符合《医疗机构管理条例实施细则》《企业名称登记管理规定》《企业名称登记管理规定实施办法》及其他相关规定。

第四章　变更、延期和终止

第十三条　已设置的外商独资医疗机构，应当在规定的期限内，完成执业登记手续的办理；逾期未能完成的，经原审批机关核准后，撤销该项目。

第十四条　已设置的外商独资医疗机构变更机构地址、床位规模、诊疗科目、经营期限、投资总额、投资人等，应当向原审批机关提出申请。

第十五条　已设置的外商独资医疗机构终止运营，应当在终止运营 90 日前，向原审批机关提出申请。

第十六条　外商独资医疗机构经营期限届满需要延长的，应当在期满 180 日前，向原审批机关提出申请。

第五章　执　业

第十七条　外商独资医疗机构作为独立法人实体，自负盈亏，独立核算，独立承担民事责任。

第十八条　外商独资医疗机构应当执行《医疗机构管理条例》和《医疗机构管理条例实施细则》等中有关医疗机构执业的规定。

第十九条　外商独资医疗机构必须执行医疗技术准入规范和临床诊疗技术规

范,遵守新技术、新设备及大型医用设备临床应用的有关规定。

第二十条　外商独资医疗机构发生医疗事故,依照有关法律、法规处理。

第二十一条　外商独资医疗机构聘请医务人员,按照有关法律、法规和相关规定办理。

第二十二条　外商独资医疗机构应当严格执行无菌消毒、隔离制度,采取科学有效的措施,处理污水和废弃物,预防和减少医院感染,严格遵守开展放射诊疗的规定。

第二十三条　发生重大灾害、事故、疾病流行或者其他意外情况时,外商独资医疗机构及其卫生技术人员应当服从卫生计生部门的调遣。

第二十四条　外商独资医疗机构发布本机构医疗广告,按照《中华人民共和国广告法》、《医疗广告管理办法》等有关法律、法规的规定办理。

第二十五条　外商独资医疗机构的医疗收费价格,按照国家有关规定执行。

第二十六条　外商独资医疗机构的税收,按照国家和自贸试验区的有关规定执行。

第六章　监　督

第二十七条　自贸试验区所在区卫生计生部门负责自贸试验区内外商独资医疗机构的日常监督管理工作。

市卫生计生部门负责自贸试验区内外商独资医疗机构的监督管理及医疗机构校验工作,对外商独资医疗机构每年校验一次。

第二十八条　外商独资医疗机构应当按照国家对外商投资企业的有关规定,接受国家有关部门的监督。

第二十九条　外商独资医疗机构违反有关法律、法规和规章,由有关主管部门依法查处。对违反本暂行办法的外商独资医疗机构,由自贸试验区管委会、上海市及自贸试验区所在区卫生计生部门、工商部门依据相关法律、法规和规章予以处罚。

第三十条　自贸试验区管委会、上海市及自贸试验区所在区卫生计生部门、工商部门违反本暂行办法规定,擅自批准外商独资医疗机构的设置和变更的,依法追究有关负责人的责任。

外国投资者未经自贸试验区管委会、上海市及自贸试验区所在区卫生计生行政部门、工商部门批准,成立外商独资医疗机构并开展医疗活动或以合同方式经营诊疗项目的,视同非法行医,按照《医疗机构管理条例》和《医疗机构管理条例实施细则》及有关规定进行处罚。

第七章 附 则

第三十一条 香港特别行政区、澳门特别行政区、台湾地区的投资者在自贸试验区投资举办独资医疗机构的,参照本暂行办法执行。

第三十二条 本市原有规定与本暂行办法不符的,以本暂行办法为准。

第三十三条 本暂行办法自印发之日起实施。

上海市卫生和计划生育委员会

上海市商务委员会

上海市工商行政管理局

2013 年 10 月 24 日

2.20 国家外汇管理局上海分局的外汇管理支持试验区建设实施细则

第一章 总 则

第一条 为支持中国(上海)自由贸易试验区(以下简称试验区)建设,落实《中国(上海)自由贸易试验区总体方案》(国发〔2013〕第 38 号)和《中国人民银行关于金融支持中国(上海)自由贸易试验区建设的意见》(银发〔2013〕244 号,以下简称《意见》),制定本实施细则。

第二条 试验区内银行(含注册在区内的银行以及办理区内业务的上海地区其他银行,下同)、境内企业、非银行金融机构、个人(以下简称区内主体)适用本实施细则。

第三条 国家外汇管理局与上海市分局(以下简称外汇局)具体负责监督管理试验区外币账户开立、资金划转、结售汇、本外币数据统计等。

第四条 区内主体应按照现行外汇管理规定,认真履行国际收支、结售汇、境内资金划转、账户等数据报送义务,保证数据的准确性、及时向、完整性。

第五条 区内银行应当遵循"了解你的客户""了解你的业务""尽职审查"等原则,切实按照本实施细则规定履行试验区外汇业务真实性、合规性审查,制定完善的内控管理制度并报外汇局备案。

第六条　区内企业、非银行金融机构、个人等办理本实施细则规定的外汇业务创新,应当具有真实合法交易基础,并通过账户办理,不得使用虚假合同或者构造交易办理业务。

第二章　经常项目业务

第七条　区内主体与境外之间经常项目交易,按本细则第五条规定办理购付汇、收结汇手续。对于资金性质不明的,区内银行应要求企业、非银行金融机构、个人等提供相关单证。

区内 A 类企业货物贸易外汇收入无需进入待核查账户。服务贸易、收益和经常转移等对外支付单笔等值 5 万美元以上的,按规定提交税务备案表。

第八条　符合条件的区内企业可通过国内外汇资金主账户办理经常项目外汇资金集中收付汇和轧差净额结算。

第九条　允许区内金融租赁公司、外商投资租赁公司及中资租赁公司(以下简称融资租赁类公司)在向境内承租人办理融资租赁时收取外币租金。对区内大型融资租赁企业实行货物贸易特殊监测管理。

第三章　资本项目业务

第十条　直接投资项下外汇登记及变更登记下放银行管理。

第十一条　区内外商投资企业的外汇资本金实行意愿结汇。外商投资企业应在外汇资本金账户开户银行开立一一对应的人民币专用存款账户,用于存放资本金结汇时所得人民币资金,按照真实交易原则通过该账户办理各类支付手续。

银行应参照《国家外汇管理局关于资本项目信息系统试点及相关数据报送工作的通知》(汇发〔2012〕60 号)附件 4《外汇账户数据采集规范(1.1 版)》的要求报送人民币专用存款账户的开关户及收支余信息。人民币专用存款账户性质代码为2113,账户性质名称为"资本项目-结汇待支付账户"。银行应参照《国家外汇管理局关于做好调整境内银行涉外收付凭证及相关信息报送准备工作的通知》(汇发〔2011〕49 号)的要求,通过境内收付款凭证,报送人民币专用存款账户与其他境内人民币账户之间的收付款信息。

第十二条　外商投资企业资本金及其结汇所得人民币资金不得用于以下用途:

(一) 不得直接或间接用于企业经营范围之外或国家法律规定禁止的支出;

(二) 除另有规定外,不得直接或间接用于证券投资;

（三）不得直接或间接用于发放人民币委托贷款（经营范围许可的除外）、偿还企业间借贷（含第三方垫款）以及偿还已转贷第三方的银行人民币贷款；

（四）除外商投资房地产企业外，不得用于支付购买非自用房地产的相关费用。

第十三条　放开区内企业境外外汇放款管理，将区内企业境外外汇放款金额上限调整至所有者权益的 50%；确有需要超过该比例的，由外汇局按个案集体审议方式处理。

第十四条　区内企业提供对外担保，可自行办理担保合同签约，无需到外汇局申请办理事前行政审批手续。

区内企业提供对外担保时，不受担保人和被担保人净资产比例、被担保人盈利状况及担保人和被担保人之间股权关联条件的限制。

区内企业签订对外担保合同，应担按规定办理对外担保登记和履约核准手续，并符合关于担保项下资金用途的限制性规定。

第十五条　区内企业、非银行金融机构向境外支付担保费无需核准，可持担保费支付通知书直接到银行办理购付汇手续。

银行在办理担保费购付汇手续时，应确认相关担保业务符合外汇局相关规定。

第十六条　取消区内融资租赁类公司办理融资租赁对外债权业务的逐笔审批，实行登记管理。

第十七条　整合跨国公司总部外汇资金集中运营管理、境内外币资金池和国际贸易结算中心外汇管理试点。区内企业已开立的境内外币资金池账户，功能并入国内外汇资金主账户。

国内外汇资金主账户除可以办理第八条的业务和国际贸易结算中心业务外，还可以集中管理境内成员单位资本金、外债、资产变现资金等。

符合条件的区内企业可根据经营需要，开立国际外汇资金主账户。国际外汇资金主账户与境外资金往来自由，与国内外汇资金主要账户在规定额度内自由划转。

符合条件的区内企业通过国内外汇资金主账户、国际外汇资金主账户开展的各类试点业务所涉及行政审批改为备案。

第四章　外汇市场业务

第十八条　银行为区内企业办理大宗商品衍生品交易，应遵守如下规定办理所涉结售汇：

（一）符合相关金融监督管理部门规定，包括事先获得必要的业务资格、履行必要的产品报备程序等；银行分支机构开办此项业务应符合银行内部管理规定，包括获得必要的事先授权等。

（二）银行或其总行应具备银行间外汇市场做市商资格；或者该银行在上海地区近3年执行外汇管理规定情况考核中曾经获得一次以上A级，且没有得过B以下评级。

（三）银行开展大宗商品衍生品交易项下的结售汇业务应向上海市分局实现备案。

（四）银行为企业提供的大宗商品衍生品交易，应审核企业具有真实的大宗商品交易背景，符合湿度套期保值原则，并向客户如实披露信息、揭示风险，由企业自主承担有关风险。

（五）银行为企业提供大宗商品衍生品交易项下因境外平盘产生的汇率敞口或外汇盈亏，可在本行办理相应的结售汇业务，并纳入银行结售汇综合头寸平盘；外汇局对银行该结售汇业务实行年累计发生额度规模管理。

（六）银行应将上述结售汇交易纳入银行结售汇统计，交易项目属于"240/440其他投资"项下；交易主体按照"银行自身"统计。

（七）银行应向外汇局定期报送大宗商品衍生品的有关交易和结售汇信息。

第五章　附　则

第十九条　外汇局对区内企业货物贸易等外汇收支进行非现场监测，对异常或可疑情况进行现场核查，并根据现场核查结果进行分类管理。

第二十条　当国际收支出现或可能出现严重失衡时，外汇局可采取相应的临时性管制措施。

第二十一条　外汇局可根据国家宏观调控政策，外汇收支形势及创新业务开展情况，逐步完善和改进创新业务内容。

第二十二条　外汇局依法对区内主体进行监督检查和调查。违反《外汇管理条例》和本规定的，暂停办理创新业务，并按照《外汇管理条例》及相关规定进行处罚。

第二十三条　本实施细则自发布之日起施行，未尽事宜按照海关特殊监管区域外汇管理办法等现行外汇管理规定办理。

附：1. 试验区跨国公司总部外汇资金集中运营管理试点操作规程
　　　2. 试验区直接投资外汇登记操作规程

3. 试验区外商直接投资企业资本金意愿结汇操作规程
4. 试验区境内外租赁服务外汇管理操作规程

外汇管理局上海分局
2014 年 2 月

第 3 章

上海自贸区开放领域及其市场影响

根据《中国(上海)自由贸易试验区总体方案》(以下简称《总体方案》),上海自贸区有六大开放领域:金融服务、航运服务、商贸服务、专业服务、文化服务和社会服务。本章分别就这六大开放领域以及对应的市场影响作详细阐述与分析。

3.1 金融服务领域

3.1.1 《总体方案》给定的开放领域

金融服务领域的开放是自贸区开放的核心,其具体政策直接影响到其他五大领域。《总体方案》给定的金融服务开放领域如表 3-1 所示。

表 3-1　金融开放领域一览表

1. 银行服务(国民经济行业分类:J 金融业——6620 货币银行服务)	
开放措施	(1) 允许符合条件的外资金融机构设立外资银行,符合条件的民营资本与外资金融机构共同设立中外合资银行。在条件具备时,适时在试验区内试点设立有限牌照银行 (2) 在完善相关管理办法,加强有效监管的前提下,允许试验区内符合条件的中资银行开办离岸业务
2. 专业健康医疗保险(国民经济行业分类:J 金融业——6812 健康和意外保险)	
开放措施	试点设立外资专业健康医疗保险机构
3. 融资租赁(国民经济行业分类:J 金融业——6631 金融租赁服务)	
开放措施	(1) 融资租赁公司在试验区内设立的单机、单船子公司不设最低注册资本限制 (2) 允许融资租赁公司兼营与主营业务有关的商业保理业务

1. 银行服务

银行服务具体是指除中央银行以外的各类银行所从事存款、贷款和信用卡等货币媒介活动,且还包括在中国开展货币业务的外资银行及分支机构的活动。《总体方案》明确指出,在风险可控前提下,可在试验区内对人民币资本项目可兑换、金融市场利率市场化、人民币跨境使用等方面创造条件进行先行先试。探索面向国际的外汇管理改革试点,建立与自贸区相适应的外汇管理体制,全面实现贸易投资便利化。推动金融服务业对符合条件的民营资本和外资金融机构全面开放,逐步实现金融机构资产方价格的市场化定价,支持在试验区内设立外资银行和中外合资银行,"允许符合条件的外资金融机构设立外资银行;允许符合条件的民营资本与外资金融机构,共同设立中外合资银行;在条件具备时,适时在试验区内试点设立有限牌照银行"。建立面向国际的交易平台,"允许金融市场在试验区内建立面向国际的交易平台,逐步允许境外企业参与商品期货交易,鼓励金融市场产品创新,支持股权托管交易机构在试验区内建立综合金融服务平台"。此外,在完善相关管理办法、加强有效监管的前提下,允许试验区内符合条件的中资银行开办离岸业务。

2. 专业健康医疗保险

专业健康医疗保险是金融业中保险业下人身保险的一个险种,具体包括疾病保险、医疗保险、失能收入损失保险、护理保险以及意外伤害保险等活动。方案提到,要在自贸区试点内设立外资专业健康医疗保险机构,支持开展人民币跨境再保险业务,培育发展再保险市场。目前国内部分保险公司成立了专业的健康医疗保险服务公司,但是一直处于亏损状态。试点设立外资专业的健康医疗保险服务机构,将会成为国内专业健康医疗保险发展的催化剂,对于客户来说,将面临更多的产品选择机会。与此同时由于低水平的保险产品供应大,针对高端人士的产品供应不足,放开外资健康险进入,将有利于增强竞争,降低健康险产品费率。

3. 融资租赁

融资租赁是金融行业中非货币银行服务门下的子类,具体指经中国人民银行批准以经营融资租赁业务为主的非银行金融机构的活动。《总体方案》指出,融资租赁公司在试验区内设立的单机、单船子公司不设最低注册资本限制,允许和支持各类融资租赁公司在试验区内设立项目子公司并开展境内外租赁服务,允许融资租赁公司兼营与主营业务有关的商业保理业务,鼓励企业充分利用境内外两种资源、两个市场,实现跨境融资自由化。

具体来讲,所谓"单机单船融资租赁"是指金融租赁公司可在我国境内保税区,利用"特殊目的公司"(SPV,又称特殊目的公司),就一架飞机或一艘轮船注册一家独立的项目公司开展融资租赁业务,每一个项目公司对应一笔租赁合同,实行单独管理、单独核算,从而有效隔离风险。

3.1.2　部委政策

为贯彻落实《中国(上海)自由贸易试验区总体方案》中金融服务领域的相关政策,中国人民银行、银监会、证监会、保监会、国家财政局和外汇管理局上海分局等部委也相继颁布一系列政策举措。

3.1.2.1　人民银行的支持意见

中国人民银行于2013年12月发布了《关于金融支持中国(上海)自由贸易试验区建设的意见》,以加大对跨境投资和贸易的金融支持,深化金融改革,扩大对外开放,创新有利于风险管理的账户体系,探索投融资汇兑便利,扩大人民币跨境使用,推进利率市场化,深化外汇管理改革。人民银行还对区内金融机构和特定非金融机构的监管提出了具体的意见。

3.1.2.2　银监会八项支持措施

中国银监会9月29日发布的名为《关于中国(上海)自由贸易试验区银行业监管有关问题的通知》,明确了八项支持措施:支持中资银行入区发展、支持区内设立非银行金融公司、支持外资银行入区经营、支持民间资本进入区内银行业、鼓励开展跨境投融资服务、支持区内开展离岸业务、简化准入方式和完善监管服务体系。

知识拓展

银监会

银监会,全称"中国银行业监督管理委员会"(China Banking Regulatory Commission,CBRC),成立于2003年4月25日,国务院直属正部级事业单位,内设15个职能机构,于全国范围内设立36家银监局。由国务院授权,统一监督管理银行、金融资产管理公司、信托投资公司及其他存款类金融机构。主要职责包括:制定有关银行业金融机构监管的规章制度和办法;起草有关法律和行政法规,提出制定和修改的建议;审批银行业金融机构及其分支机构的设立、变更、中止及其业务范围;对银行业金融机构实行现场和非现场监管,依法查处违法违规行为;审查银行业金融机构高级管理人员任职资格;负责统一编制、发布全国银行业金融机构数据、报表;会同财政部、中国人民银行等部门提出存款类金融机构紧急风险处置的意见和建议;负责国有重点银行业金融机构监事会的日常管理工作等。

3.1.2.3　证监会五项支持措施

根据《总体方案》"逐步允许境外企业参与商品期货交易"的要求,证监会发布《资本市场促进中国(上海)自由贸易试验区若干政策措施》,该文件提出了五项措施,以促进我国期货市场的开放。基本五项措施包括:

①同意上海期货交易所在自贸区内筹建上海国际能源交易股份有限公司;②自贸区内符合一定条件的单位和个人可按照规定双向投资于境内外证券市场;③自贸区内的企业的境外母公司可以按规定在境内外市场发行人民币债券。若市场需要,可进一步在区内开展国际金融资产交易等;④支持证券期货经营机构在区内注册成立专业子公司;⑤支持区内证券期货经营机构开展面向境内客户的大宗商品和金融衍生品的柜台交易。

虽然针对以上五项措施的具体实施细则暂未出台,但是这些纲领性措施将对深化资本市场改革、扩大证券期货市场对外开放起到很大的促进作用,同时对推进资本市场服务经济转型,加大对自贸区建设的金融支持起到了良好的促进作用。

知识拓展

证监会

证监会,全称"中国证券监督管理委员会",成立于 1992 年 10 月,国务院正部级事业单位。由国务院授权统一监督管理全国证券期货市场,维护证券期货市场秩序,保障其合法运行。主要职责包括:研究拟定证券期货市场方针政策、发展规划;起草证券期货市场相关法律法规,制定证券期货市场的有关规章;统一管理证券期货市场,按规定对证券期货监督机构实行垂直领导等。

3.1.2.4　保监会八项支持措施

为充分发挥保险功能作用,支持中国(上海)自由贸易试验区建设,中国保监会批复了八项支持措施,主要内容包括:支持在自贸区内试点设立外资专业健康保险机构;支持保险公司在自贸区内设立分支机构,开展人民币跨境再保险业务,支持上海研究探索巨灾保险机制;支持自贸区保险机构开展境外投资试点,积极研究在自贸区试点扩大保险机构境外投资范围和比例;支持国际著名的专业性保险中介机构等服务机构以及从事再保险业务的社会组织和个人在自贸区依法开展相关业务;支持上海开展航运保险,培育航运保险营运机构和航运保险经纪人队伍,发展上海航运保险协会;支持保险公司创新保险产品,不断拓展责任保险服务领域;支持上海完善保险市场体系,推动航运保险定价中心、再保险中心和保险资金运用中心等功能型保险机构建设;支持建立自贸区金融改革创新与上海国际金融中心建设的联动机制。

知识拓展

保监会

保监会,全称"中华人民共和国保险监督管理委员会"(China Insurance Regulatory Commission, CIRC),成立于 1998 年 11 月 18 日,国务院正部级事业单位。由国务院授权履行行政管理职能,依照法律、法规统一监督管理全国保险市场,维护保险业的合法、稳健运行。主要职责包括:拟订保险业发展的方针政策法规;审批保险相关机构的设立;参与组织保险公司的破产清算;审查认定各类保险机构人员的任职资格;审批关系社会公众利益和强制保险的保险条款费率等;监管保险公司的偿付能力和市场行为;对境内保险及非保险机构在境外设立的保险机构进行监管等。

3.1.2.5　国家财政局的进口税支持政策

为贯彻落实《中国(上海)自由贸易试验区总体方案》中的相关政策,国家财政局颁布《关于中国(上海)自由贸易试验区有关进口税收政策的通知》来支持金融服务领域,将试验区内注册的融资租赁企业或金融租赁公司在试验区内设立的项目子公司纳入融资租赁出口退税试点范围。具体政策如下:

对试验区内注册的国内租赁公司或其设立的项目子公司,经国家有关部门批准从境外购买空载重量在 25 吨以上并租赁给国内航空公司使用的飞机,享受《财政部国家税务总局关于调整进口飞机有关增值税政策的通知》(财关税〔2013〕53号)和《海关总署关于调整进口飞机进口环节增值税有关问题的通知》(署税发〔2013〕90 号)规定的进口环节增值税优惠政策。两文件的主要规定为,自 2013 年8 月 30 日起,对按此前规定所有减按 4%征收进口环节增值税的空载重量在 25 吨以上的进口飞机,调整为所有减按 5%征收进口环节增值税。

3.1.2.6　外汇管理局上海分局的外汇管理细则

2014 年 2 月 28 日,国家外汇管理局上海市分局为落实《总体方案》和《中国人民银行关于金融支持中国(上海)自由贸易试验区建设的意见》颁发了《外汇管理支持试验区建设实施细则》,对自贸区的外汇管理从经常项目业务、资本项目业务、外汇市场业务等方面进行了全面规定,同时也对自贸区跨国公司总部外汇资金集中运营管理试点、直接投资外汇登记、外商直接投资企业资本金意愿结汇、境内外租赁服务外汇管理制定了具体操作规程。

3.1.3　市场影响

3.1.3.1　对银行服务领域的市场影响

自贸区对银行服务领域的市场影响无疑最为明显。截至 2014 年 5 月 15 日,除已获批银行开立的自贸区分行外,金融服务业机构也迅速聚集,新增持牌金融机构 54 家,股权投资和融资租赁类金融机构 264 家,金融信息服务企业 207 家,投资于资产相关管理企业 1 512 家。目前,除了资本市场双向开放和利率市场化的部分内容以外,大部分的金融创新举措已经进入了实质性操作阶段。截至 2014 年 6 月底,与金融密切相关的企业共 2 546 家,占自贸区新引进企业 10 445 家的 24%。自贸区对银行业的影响概括起来包括如下几方面。

1. 人民币资本项目的自由兑换

人民币资本项目主要是指直接、间接投资造成的外汇流动。人民币资本项目可兑换就意味着人民币流入流出均实现无限制兑换,国内金融市场与国际金融市场融为一体,这是货币国际化的前提条件,也是实行浮动汇率制的基础。根据我国政策,以往若想在无实际用途(旅游、留学等)的情况下银行不会办理人民币兑换业务。自贸区内先行先试人民币资本项目可兑换,这是其金融改革的一个重要突破口。资本账户的开放程度是衡量一国金融开放程度的重要指标之一,资本账户由封闭转为开放,实现人民币项目的自由兑换,对各利益相关方有着深刻的影响。

1) 实现人民币自由兑换,加速我国尽快融入世界经济贸易体系的步伐

浮动汇率制就是汇率完全由市场的供求决定,政府不加任何干预的汇率制度。实现人民币资本项目自由兑换之后,才能形成市场均衡汇率,把国内外市场的价格信号更直接、准确、及时地反映出来。因此,只有实现人民币的自由兑换才能真正使中国经济与实行自由竞争和自由贸易原则的世界经济融合在一起,使国内价格体系逐步同国际市场价格体系"一价化",令我国的价格体系能真正反映我国的实际比较成本和利益,让我国的企业能准确了解国外产品的相对价格与成本差异,从而能正确地进行成本和盈利的国际比较,并最终使我国的对外贸易真正建立在比较利益的基础之上;同时,实现人民币的自由兑换有利于引导企业按照"比较优势原则"在国外进行积极有效的投资,使国内的投资和生产真正符合比较利益,使资

源在更大的范围内得以优化配置,从而使我国经济真正获得自由贸易和自由竞争带来的好处。

2) 实现人民币自由兑换,极大地拓宽了融资渠道

鉴于重复投资和低效投资过剩等原因,我国社会储蓄转化为投资的渠道并不通畅。真正高效率的投资仍存在巨大的缺口,需要通过大量引进国际资本来填补。在市场更加透明化的情形下,在普遍贸易原则的约束下,政府很难再利用以往的各种明显的行政性优惠来吸引外资,而外资也有了更广泛的选择机会。另外,直接投资的资金规模也与间接投资不能相比。如果继续维持引资的老路数,必然继续使外来资本的引进受到极大的限制。人民币资本项目可兑换政策满足了企业的利用外资需要,使得资本得到优化配置,提高了资本利用率。在这种情况下,要想大规模地引进外资,必须实现资本账户的开放,实现货币的自由兑换,这两个条件是最基本的,是保证资产流动性所必需的。

3) 实现人民币自由兑换,加速了人民币国际化进程,有利于维护人民币的货币主权

人民币国际化是指人民币能够跨越国界,在境外流通,成为国际上普遍认可的计价、结算及储备货币的过程。作为一个主要的世界经济实体,其货币如果不能在国际上自由流通,即意味着其货币不被世界各国普遍认可,不能作为一般等价物在世界市场上进行购买支付,不能享受铸币权的好处,也意味着一国主权在货币领域不被世界其他国家承认。这一点对中国这样一个经济政治大国而言是不可接受的。在欧元问世并投入流通之后,亚洲部分国家也有了倡导"亚元"的构想,虽然短期内这一点还不会实现,但中国政府必须及早做好准备,让人民币树立起可自由兑换和坚挺的形象,以便在日后起到主导货币的作用。

4) 实现人民币自由兑换,能创新地解决灰色交易的问题

中国在事实上长期存在着两个外汇交易市场:一个是官方的,另一个则是民间的,即外汇黑市。在有的城市,民间的外汇黑市几乎在事实上支撑了贸易的基本往来需要。外汇黑市是实行外汇管制、货币不能自由兑换的产物,反映了本国货币不能够得到满足而必须用外币才能得到满足的各种需求。长期以来人民币资本项目不能自由兑换,汇率并非完全符合实际水平,这就在一定程度上刺激了外汇黑市的发展。外汇黑市的存在使得大量资金绕过国家金融监管部门的监控而滞留境外,更为各种带有黑社会性质的走私、贩毒、洗黑钱等违法行为提供了作案条件和手段,严重危害我国金融体系的稳定和国家安全。外汇黑市风险较高,一旦人民币资本项目可以自由兑换,额度之外的外汇需求都将被纳入合法交易场所,将促进外汇

供给和需求会回流至正常的兑换渠道,有效解决外汇管制下的"灰色交易"问题,这也是打击我国外汇黑市的一条根本途径。

5) 实现人民币自由兑换是贯彻落实"十二五"发展规划的必由之路

"逐步实现资本项目可兑换"目标被列入"十二五"发展规划。但总体看,目前我国资本管制程度仍较高,资本账户开放度还不够。按照国际货币基金组织 2011年《汇兑安排与汇兑限制年报》(见表 3-2),目前我国完全可兑换项目暂无,不可兑换项目有 4 项,占比 10%,主要是非居民参与国内货币市场、基金信托市场以及买卖衍生工具;部分可兑换项目有 22 项,占比 55%,主要集中在债券市场交易、股票市场交易、房地产交易和个人资本交易四大类;基本可兑换项目 14 项,主要集中在信贷工具交易、直接投资、直接投资清盘等方面。上海自贸区为金融领域创新提供了一个有利时机,将积极推进资本账户进一步开放,以此促进经济发展方式的转变和经济运行效率的提高。不过,监管当局应该同时通过综合运用各种宏观审慎工具和货币政策工具,在资本账户开放的过程中,加强金融监管水平,提高金融机构管理能力以积极防范系统性金融风险,实现金融体系的总体稳定。

表 3-2　2011 年我国资本账户可兑换限制明细表

项　　目	完全兑换	基本可兑换	部分可兑换	不可兑换	合计
资本和货币市场工具交易		4	10	2	16
信贷工具交易		5	1		6
衍生品及其他工具交易			2	2	4
直接投资清盘		1			1
直接投资		1	1		2
房地产交易		1	2		3
个人资本交易		2	6		8
小计	0	14	22	4	40

数据来源:根据《IMF 汇兑安排与汇兑限制 China 2011》相关内容整理划分。

2. 离岸金融业务的开展

离岸金融业务,指的是设在某国境内,但以非本国居民为服务对象,经营境外各种可自由兑换货币的金融活动。离岸金融业务虽设在某国境内,但与该国金融制度无甚联系,且不受该国金融法规管制。

目前,上海市已吸引了大量跨国公司进驻,部分公司甚至还将公司总部、财务中心等也设在上海,例如摩克列金属、盈利物流等总部企业,斯凯孚东北亚分拨中心等。在日常经营中,这些跨国公司产生了对离岸金融服务的强烈需求。因为跨国公司需要在上海开立离岸账户,把它们的一些境外资金转移到离岸市场上,以进行资金结算和便于统一管理,发挥资金的集聚效应。由于离岸金融业务的开展不受其所在国金融法规政策的约束,因此在自贸区允许中资银行开办离岸金融业务将对金融市场产生重大影响。

1) 离岸金融的开展,减少了我国当前巨额的外汇储备的压力

我国已成为世界上外汇储备最多的国家,但目前消化外汇储备资产的有效渠道仍显不足,这给人民币造成很大的升值压力,同时面临巨大的汇率风险。建立我国离岸金融市场,让中资银行开展离岸业务可以释放离岸业务在维持国际收支平衡方面的潜力,为外汇储备"消肿"。如外资机构在境内离岸金融市场发行外币债券会吸纳许多外汇持有者成为外币债券的投资主体;一些意欲投资中国企业的外资可以通过境内离岸金融市场投资于中国企业的海外子公司。

2) 离岸金融的开展,提高了我国金融业的经营水平

离岸金融要求开办地拥有较好的基础设施以及较高水平的从业人员,这有利于改善当地金融生态环境及提升金融专业人员的素质和技术水平;离岸业务的开展将使我国与国际市场接轨,中资金融机构可以在家门口学习和借鉴外资金融机构的先进管理经验,培养熟悉国际金融业务的专门人才;通过与外资银行的竞争,促进中资银行学到新的国际金融业务的操作方法,锻炼队伍,转变机制,提高整体管理水平,提高金融业的综合竞争力,促进本地银行业的发展。

3) 离岸金融的开展,带动了我国贸易、生产和就业的增长

有了离岸金融市场,外商在华投资利润就没必要直接汇回母国,也便于跨国公司在全球范围内自由调度资金,还可望为出口加工业解决外汇瓶颈。通过为市场提供配套的设施和服务可以刺激当地经济的增长,增加当地的收入和就业,带动当地经济发展。

4) 离岸金融的开展,促进了我国金融体制的改革

发展离岸金融市场有利于缩小国内金融市场与国际金融市场之间的距离,是一条较好的实现我国金融业国际化的过渡性发展途径。作为一个高度自由灵活、快捷便利、高效新型的市场,离岸金融市场对世界经济和市场所在国经济具有重大而深远的意义。构建适合我国国情的离岸金融市场,有利于我国的金融体制改革,有利于外向型经济的发展,有助于推动人民币国际化,也为我国巨额的外汇储备资金提供了出路。

然而,若监管不当,人民币资本项目的开放和离岸金融业务的开展也会造成金

融市场的波动:

(1) 离岸金融也可能会对金融市场造成冲击,威胁到我国的金融体系。

如果时机尚不成熟或者条件尚不具备时就进行人民币自由化、开展离岸金融业务,会对金融市场带来潜在的冲击,增加整个金融体系的风险。特别是目前我国仍处于金融产品开发滞后、金融体系较为脆弱的背景下,一旦以上项目全盘放开,当国际游资蜂拥而入或迅速退潮时,将对我国金融体系正常运行带来严重冲击。

(2) 离岸金融也可能会对央行的信贷体系提出挑战,甚至影响宏观体系的安全。

由于开办离岸金融业务的银行可以免缴各种准备金,不受法定存款准备金比率的约束,因此开设离岸业务的银行的准备金略有增加就能创造大量的贷款,其货币筹集渠道也显然比区外以及未开设离岸业务的银行广,再加上其不受所在国金融法规的约束,因而可为客户提供利率更加便宜的贷款,这将可能产生大量国际性人民币流动资产,造成央行信贷管理的困难和引发一些难以预料的后果。同时,离岸业务的扩展可以使得独立的国民货币通过离岸金融活动逃避国内货币紧缩,造成货币流动的无管制,货币政策控制的效应因而降低,从而影响整个宏观经济。

因此,在离岸金融业务及人民币资本账户开放过程中,需要建立有效的监管监控和风险防范系统。在离岸业务发展初期可以采用严格的离岸在岸业务账户分设的金融发展模式,这样在满足企业境外融资、结算便利、降低兑换成本、规避风险以及便于统一管理的同时抵御国际金融市场通过离岸金融市场对国内金融市场的冲击,便于金融监管和抵御离岸金融业务对国内货币金融政策的贯彻实施。

3. 金融市场利率市场化的逐步推进

利率市场化,指的是将利率的决策权交给金融机构,由金融机构自己根据货币市场供求状况和对金融市场动向的判断来自主调节利率水平。利率市场化经历一个发展过程。世界各国和地区都曾对利率实施管制,虽实施管制在一定程度上保护了中小融资机构,降低企业融资成本,但也引发许多问题。因此,许多国家都先后进行了利率市场化改革。不同国家在利率市场化改革过程中政策有所不同,但大部分都采用渐进式的利率市场化改革,按照先大额定期存款、小额定期存款、后储蓄存款的顺序,逐步解除了对存款利率的管制,实现存款利率的自由化,如美国、日本、韩国等。

按照"先外币、后本币;先贷款、后存款;先长期、大额,后短期、小额"原则,我国逐步对利率进行市场化改革。存贷款利率的市场化始于 1987 年 1 月,商业银行可以按照国家规定的流动资金贷款利率为基准上浮其利率,浮动的幅度最高不能超过规定利率的 20％。2000 年 9 月 21 日,开始进行外币利率的市场化。主要包括两方面:一是放开外币贷款利率;二是放开大额外币存款利率。2003 年 11 月,小额外币存款利率下限开始放开。至 2004 年为止已经实现了存款利率"放开下限,管住上限"的既定目标。2013 年 7 月 20 日,我国全面放开金融机构贷款利率管制,但存款利率上限仍然没有放开。

从国际上的成功经验看,放开存款利率管制是利率市场化改革进程中最为关键、风险最大的改革。自贸区的金融市场利率市场化则放开了存款利率上限要求,自 2014 年 3 月起,上海自贸区小额外币存款利率上限已经取消。据市场反应,并未出现大规模资金流动,目前已经在上海市推广执行。

对普通市民、企业而言,金融市场利率市场化将会产生一系列积极影响:

1) 利率市场化的推进,提供给居民更丰富的金融产品和服务

利率市场化会带来各类金融机构的改革和发展,特别是带来金融工具创新、繁荣,种类繁多的金融工具将给居民进行个人投资提供多种选择。金融工具创新本质上是借助先进的科技手段,对原有金融工具优良特性进行重新组合。利率市场化对商业银行提出了更高的要求,如要求采用更多的科技手段和金融创新,要求更进一步提高服务质量。随着金融工具创新不断增加,更多的金融产品和服务的推出,居民个人可以有更大的选择余地。利率市场化后,居民个人存款或贷款也会像到商场买东西那样,挑选适合自己的"产品",甚至可以讨价还价,更有利于居民个人投资和借贷"主权"的实现。

(2) 利率市场化的推进,极大地便利了企业的融资,规范了企业的财务行为。

利率市场化改革对不同的企业产生的影响是不同的。对效益好的企业来说,由于各家银行对优良客户的争夺,所以效益好的企业在利率市场化之后,贷款利率不会有多大幅度的上升,甚至还有下降的可能。因此,优良企业不会因为利率市场化而减少贷款。效益差的企业,有可能要承担高一些的利率,但这些企业由于资金需求强烈,也不会因此而减少贷款。过去由于实行统一的利率,银行不能通过利率差别来区别客户,不少效益较差的企业获得贷款十分困难,利率市场化后,这些企业获得贷款的可能性会相应增加。那些经营业绩较好的民营企业,可以逐渐告别所有制歧视,通过正规渠道获得银行贷款,摆脱高利率的民间借贷市场。此外,现在的一些企业实际上支付的贷款利息远高于挂牌利息,利率市场化后将资金成本摆在明处,有利于规范企业的财务行为。

当然,利率市场化是一把双刃剑,在带来便利的同时也会对相关者带来一定的冲击。

1) 利率市场化的推进，影响了商业银行的盈利模式

首先，压缩了银行的利润空间。由于国家取消了商业银行的贷款利率下限，而在另一方面国家却提高了存款利率的上限，这在无形中就直接压缩了商业银行的利润空间。存贷款的利率差是一般商业银行的主营业务收入。但由于银行市场的存贷都有时期性，为此，短期内并不会真正改变商业银行的盈利情况，最快也等到一年之后才能够体现出来。根据一些相关调查机构的研究分析，这次国家取消贷款利率的举动将可能使银行业的高速利润增长节奏放缓，可能影响增速放缓约 1 至 1.5 个百分点。

其次，将对银行的业务能力提出挑战。伴随着利率市场化进程，各银行将会在争夺客户资源上展开激烈的竞争。市场利率化意味着国家对银行管制的松绑，为了提高自身竞争力，各个银行之间在市场上的表现将不再仅仅是服务特色等一些并不显著的差异，而是需要通过诸如服务战略等深层次的调整来体现自身特色及优势。由于我国的银行在贷款方面，主要是大公司客户，而这些重要的客户资源是有限的。在利率限制的情况下，各个银行之间虽有竞争但并不激烈，甚至还存在一些合作的可能。但在利率市场化的情况下，之前的那种相安无事将打破。各个银行之间，为了在新的形势下率先取得一定的资源与自身优势，将可能主动降低利率，从而挑起银行业间的"利率战"，为此银行将会不得不付出比以往更大的成本，而其所能取得的盈利收入也将必然减少，这将冲击银行的盈利能力。

最后，贷款利率的市场化，将冲击银行之前的负债结构。贷款利率的市场化，使银行在贷款的选择和组合上出现更多的选择，这将导致信贷业务的工作增加。同时，这些贷出去的钱，由于利率的市场化，将会冲击现行的银行负债结构。一般来说，利率的市场化会让银行优化其信贷产品组合。在不同区段上的利率都会对应着相应的客户人群，也就是说银行的负债将出现进一步的分化。负债结构在这种情况下将出现复杂化，导致银行的债务管理难度加大，债务管理成本增加。银行的债务结构的变化，将给银行带来更多的是管理上的变革。

2) 利率市场化的推进，改变了中央银行的监管模式

利率市场化后，中央银行将通过间接手段影响或调控银行利率和市场利率，实现货币政策意图。要达到这个目的，就要求中央银行具备较高的市场调控能力和金融监管能力。我国中央银行近年在间接调控手段的运用上有了很大进展。从可预见的将来看，中央银行在资产运用中所确定的再贷款、再贴现利率将成为基准利率。基准利率作为一种导向利率，在利率体系中居于支配地位，它不仅将影响商业银行的资金成本，而且对资金市场具有指导作用。中央银行通过调节再贴现率和

再贷款利率,影响货币市场利率,进而影响到商业银行的存贷款利率,这对促进中央银行调控手段的转变和调控体系的进一步完善,起到重要作用。利率市场化意味着中央银行将向商业银行让渡利率决定权,但这并不等于中央银行放弃对利率的管理,对利率的管理仍将是中央银行实施货币政策和进行金融监管的内容之一。当然,利率市场化后,中央银行对利率的管理方式将会发生重大变化,银行业协会也将在利率市场化后的利率管理中发挥其应有的作用。中央银行与银行业协会将密切协作,共同承担起调控和平稳市场利率的职能。

通过分析一些国家利率市场化后金融运行出现的变化情况,并根据我国当前的宏观经济环境及采取渐进式利率市场化改革取得的阶段性成果,在自贸区如果实施以取消存贷款基准利率限制为内容的利率市场化改革,对金融运行不会产生非常剧烈的影响,但利率总体水平、存贷利差、中小金融机构经营和中央银行货币政策调控等方面的问题应加强关注。

4. 金融机构设立开放,允许设立外资银行

在金融机构设立开放中,"允许符合条件的外资金融机构设立外资银行,符合条件的民营资本与外资金融机构共同设立中外合资银行,同时在条件允许时,适时在试验区内试点设立有限牌照银行",这一举措更好地履行了我国加入WTO所作的承诺:在加入世界贸易组织5年保护期结束后,取消外资银行在我国开展人民币业务的全部地域限制以及其他不平等待遇,并允许外资银行对中国居民提供人民币等与国内银行相同的业务。

上海因其国际金融中心的地位而吸引着外资银行的入境。根据中国银监会上海监管局的数据显示,截至2012年11月末,已有来自27个国家和地区的银行在上海设立机构,其中包括外资法人银行22家,各类外资银行分行77家(含在华法人的分行和外国银行分行),同城支行101家,外资银行代表处84家。截至2012年末,上海外资法人银行资产、存款和贷款余额分别为1.62万亿元、1.11万亿元和7341亿元,同比增长6.03%、6.65%和6.92%;不良贷款率0.34%。同时,上海辖内外资银行资产、存款和贷款分别为1.08万亿元、5729亿元和4243亿元,资产和存款同比增长4.64%和5.51%,不良贷款率0.37%。这些数据表明外资银行在上海发展势头良好,也充分显示了上海国际金融中心的聚集效应。外资银行发展势头良好主要在于其业务优势突出,具体表现在以下三个方面。

1) 外资银行的设立,推动中国的利率市场化进程

国外的银行业发展相对成熟,利率的市场化程度远远超过中国,有着丰富的产品开发及定价经验,因而外资银行有能力在中国市场快速开发出符合中国国情的

金融产品。如汇丰银行(中国)在 2012 年 11 月推出内地外资银行中首个理财产品在线交易平台,成为内地最早开始通过网上银行为个人客户提供财富管理服务的外资银行。汇丰(中国)首推的为"双币投资"网上申购平台。"双币投资"是结构性投资理财产品,挂钩外币汇价变动。投资者可以在一个星期至一个月范围内灵活选择设定投资期限,根据即时汇率市场情况和对汇率市场短期走势的看法,从多达 10 种货币中自行选择投资货币与挂钩货币的协定汇率。汇丰银行推出这种根据外币汇价变动灵活投资的理财产品,其创新能力确实值得国内同类银行借鉴。外资银行对人民币利率的定价创新能在一定程度上推进我国利率市场化的进程。各商业银行只有在已有的政策条件下推出具有特色的金融产品,才能在银行业的竞争中占据优势地位。在这一过程中,国内银行能坐享外资银行对利率市场化进程推动的有利作用。

2) 外资银行的设立,推动中国银行业兼并重组的过程,实现资源有效配置

国内银行业的放开会加剧银行业的竞争,可能会导致国内银行走向兼并重组的道路。就目前情况而言,外资银行在规模、资产质量、技术及管理水平等多方面有着明显的优势。一旦国内银行业全面放开,势必会对国内银行造成巨大的冲击,加剧行业竞争。在这样的竞争中,一些效益差、效率低的银行可能会被淘汰。其次,在银行业的竞争中,外资银行也会选择通过参股国内银行以达到合作、控制和收购国内银行的目的。从我国银行业的现状来看,国内商业银行在一系列的改革后,竞争力已得到显著提升,并且国家仍然牢牢掌握着国有大型银行的控制权。在这一背景下,外资银行对国内一些效率低下的股份制银行的兼并和重组,在一定程度上,能提升中国银行业的整体质量,而不会对我国的金融安全造成不利影响。

3) 外资银行的设立,有利于国内银行创新服务内容,提升服务质量

一直以来,中国国有四大银行由于其在银行业的垄断地位,依靠法律规定的存贷款利率管制的方式就能坐地收钱,而且由垄断所导致的效率低下和服务质量差等问题较明显。而随着存贷款利率市场化的逐渐放开,加上外资银行所提供金融产品丰富、服务的多样性,以及上海自贸区成立将银行设立条件大幅放宽,国有银行面临着巨大挑战。

外资银行有着丰富的经营经验,有能力提供更好的存贷款产品,在中间业务上,外资银行也有着更具吸引力的服务。一旦外资银行在中国市场上开始经营人民币业务,他们就可以为国内的部分高端客户提供更具针对性的金融产品和服务,如个性化理财业务。另外,外资银行在中小企业融资、农业信贷、船舶融资、能源金融等金融服务方面都颇具特色,比如专门成立一些专业部门,为中小企业提供个性

化融资服务。不仅解决了中小企业融资需求多样化的难题,也更有效率。外资银行在提供金融服务中也比较注重以客户为中心,比如花旗银行设有许多业务分中心,专门处理理财、信贷、投资等方面的一站式业务,客户无论办理什么业务都能在花旗银行下任何分行完成全部手续。这可能会对国内银行业的部分相关业务产生较大冲击,可能会导致国内银行丢失一部分高端客户。

虽说外资银行的入境虽会给国内银行带来冲击,但同样也为中国银行业带来了很大的机遇。外资银行将激发国内银行的竞争活力,促使其着手改善银行的服务水平、提高经营效率,并促使银行产品向多元化发展。而同时,外资银行在其擅长的外汇贷款、跨境人民币结算、贸易融资、离岸金融以及企业信贷等方面为自贸区引入了成熟的产品和先进的风险管理理念,中资银行可以充分学习和借鉴外资银行先进的管理和营销方式、高效的产品服务以及严格的风险管理体制等来转变中资银行经营服务理念,并积极引进外资银行先进的设备和技术来提高经营的绩效,进而实现金融行业整体服务能力水平提升的目的。

3.1.3.2　对期货市场的影响

《总体方案》提出要"逐步允许境外企业参与商品期货交易""扩大完善期货保税交割试点",证监会贯彻《总体方案》文件精神提出五项支持措施,这都将扩大我国期货市场的开放。这些政策意味着区内期货市场更加国际化,对我国期货市场的发展将产生深远影响。

1. 境外投资者涌入增强期货市场的流动性

流动性的好坏将直接影响期货市场价格发现的效率。对于价值型交易者而言,他们主要依据资产的真实价值变动得出预期价格,依据预期价格以及市场未来的短期价格分布下达指令。如果市场的流动性很差,价值型交易者就需要考虑自己所面临的风险:下达指令后很长时间内交易都无法成交,或者由于市场在某一价位上能够容纳的交易量较小等到真正成交时价格已经发生了过大的波动等,这个时候入市交易,即使能够获得预期的收益但是交易者所承当的风险却要大得多。因此,流动性的高低极大地改变了交易者面临的风险收益比,在收益不是很大或者投资者不愿意承担过大风险的情况下,就会有很多价值型投资者不愿意进入市场,进而影响了期货市场的价格发现。对于趋势型交易者,他们主要根据市场价格的变化方向、波动程度以及市场的历史数据进行交易。当预测市场价格上升就买入,预测市场价格下降就卖出。因此交易的即时性尤为重要,成交的快慢、成交量对于价格的影响等因素即市场的流动性的高低对于趋势型交易者是否参与交易起了决定性作用。因此,期货市场的流动性直接影响着期货市场的市场活力。

　　国内期货市场的开放将吸收境外企业参与商品期货交易,将丰富国内期货市场的参与主体,有效扩大国内商品期货市场的投资者队伍。统计数据显示,美国芝加哥期货交易所(CBOT)和纽约期货交易所(NYBOT)的外国会员占比超过 40%;伦敦金属交易所(LME)的外国会员占比达 70% 以上,95% 以上的交易量来自海外市场。美国利率期货创始人理查德·桑德尔在接受《国际金融报》记者采访时表示:"境外投资者能帮助中国期货市场更好地发展,在美国非常有实力的期货公司如 Citadel 公司、Getco 公司和 DRW 公司等,可以通过自贸区参与进中国期货市场。举个例子,德国国债期货成交额的 40% 是由芝加哥创造的,可见境外投资者对市场的意义。"

　　一直以来,境外投资者如果参与我国期货市场,需要在我国境内成立一个外商独资企业,通过贸易项下或资本项下允许兑换额度来完成资金进出,这为外商进入我国期货市场带来了诸多不便和限制。自贸区开放了人民币资本项目兑换,并于2013 年 11 月于自贸区内设立了国际能源交易中心,境外投资者无需再设外商独资企业就可以直接参与原油期货市场,便于现货企业在自贸区内的现货交割。随着国内原油现货市场的垄断性打破,将提高境内外投资者参与国内原油期货市场的积极性。国际能源交易中心将成为我国期货市场开放的重要窗口,以能源类期货为突破,适时全面引入境外投资者参与境内期货交易,丰富对外期货市场期货品种,提高期货交易量,进而增强期货市场的流动性。

　　另外,证监会还"支持区内证券期货经营机构开展面向境内客户的大宗商品和金融衍生品的柜台交易",放宽了对境内期货交易者的交易限制,这对我国期货市场的流动性同样具有一定促进作用。

　　2. 提高我国大宗商品尤其是能源类的定价地位

　　期货市场的主要职能是进行价格发现、风险对冲管理和投资,因其具有集中交易、信息容量大的特点,能够及时反映大宗商品价格。目前,国际上多数大宗商品基本是期货定价,期货价格俨然成为相应大宗商品国际现货贸易定价的基准。

　　中国已经成为了大宗商品的第一消费大国。例如,中国铁矿石进口约占国际贸易量 50%,大豆进口超过国际贸易总量的 50%,氧化铝进口约占国际贸易量 30%。但与第一消费大国身份不相符的是,中国在大宗商品定价上没有与之相当的话语权。以大宗商品中最具代表性的原油为例,表 3-4 为近十年我国原油进出口及消费数量统计,可以看出,近年来我国的原油对外依存度越来越高,距离60%～65%的警戒线越来越近。中国是世界第一大石油消费国,2013年凭借28 195万吨的原油进口量超过美国,成为世界第一大原油进口国和消费国。但我国基本上没有原油定价权,目前,我国大庆生产的原油挂靠印尼米纳斯原油(Minas)定价,胜利大港原油挂靠印尼辛塔中质原油(Cinta)定价,渤海原油挂靠印尼杜里原油(Duri)定价。按照现在的进口量,如果每桶原油上涨1美元,中国每年就必须多支付130亿元。可见,争取提高我国原油的议价能力何其重要。

表 3-3　　2004—2013 年我国原油进出口及年消费数量

时　　间	原油进口量 (万吨)	原油出口量 (万吨)	原油消费量 (万吨)	对外依存度
2004 年	12 272	549	28 749	42.69%
2005 年	12 682	807	30 086	42.15%
2006 年	14 517	634	32 245	45.02%
2007 年	16 316	389	34 032	47.94%
2008 年	17 888	424	35 498	50.39%
2009 年	20 365	507	38 129	53.41%
2010 年	23 768	303	42 875	55.44%
2011 年	25 378	252	43 966	57.72%
2012 年	27 109	244	47 613	56.93%
2013 年	28 195	162	48 846	57.72%

数据来源:国家统计局(http://www.stats.gov.cn/)。

　　根据目前大宗商品定价机制,为了提高我国大宗商品的定价地位,必须对外开放我国大宗商品期货市场。通过吸收境外企业投资者参与商品期货交易,扩大国内商品期货市场的投资者队伍。随着在区内期货市场参与者的多元化、国际化,各类商品交易规模势必会增长,这将有利于提高上海在全球大宗商品市场上的定价地位,逐步掌握国际商品期货市场定价的主动权。为了方便境外投资者参与期货市场交易,通常需要建立满足境外投资者参与的国际交易平台,提供信息服务和交易服务。2013年11月,上海国际能源交易中心在自贸区揭牌成立,这是中国证监会批准的第五家全国性期货交易所,业务上主要负责安排原油、天然气、石化产品等能源类衍生品上市交易、结算和交割等,目标是客观反映亚太地区能源供需状况,提高亚太区能源市场在国际市场体系中的作用,为全球能源生产、流通、消费企业及投资者提供价格发现和风险管理的工具以及投资管理的功能。上海国际能源交易中心是扩大中国期货市场对外开放的重要窗口,将借助自贸区平台,适时全面引入境外投资者参与境内期货交易。

上海能源交易中心注册成立后,将率先推出原油期货,此后还将继续探索推出天然气等能源类衍生品。2014 年 3 月,据上海市金融办反映,我国首个"国际化"期货品种,原油期货相关产品已经基本开发完成,预计会于年内在自贸区内借助上海国际能源交易中心这个平台率先推出。一旦中国原油期货运作成功,那么就可以和卖家磋商,推动其在现货原油买卖合约中采用以上海原油期货价格作为现货的定价基准,提高中国对原油的议价能力。当然,上海原油期货价格还有望成为中东原油输往亚洲的定价基准。我国原油期货市场如果能够有效控制市场投机因素的影响,就有可能与日本、新加坡市场形成区域集团效应,从而集中真实地反映亚太地区新兴经济体的能源需求,倒逼欧美市场挤去原油价格中的投机泡沫,使价格更趋于回归理性推进原油期货市场。通过国内市场与国际市场的套利机制影响国际油价,将我国的需求因素正确反映到国际市场价格波动的趋势中去。短期内,原油期货品种并不会立即改变国际油价定价权的大格局,但会增加反映中国原油市场供需情况的声音,即增加了原油定价的中国声音,长远看,这对于我国争取国际原油定价权具有至关重要的作用。

3. 资本市场双向开放促进境内外期货市场接轨

目前,我国期货市场对外几乎紧闭。一些有意愿参与境外交易的投资者已经通过各种形式实现境外投资,而境外资金的流入则受到更多限制。证监会的五项支持措施中,支持自贸区内证券期货市场的双向开放,这意味着从制度上推动国内期货行业的突破性发展。制度的放开将引起境外资金的积极响应,资本市场双向开放后,流入国内的资金将多于流出的资金。

证监会不仅支持资本市场双向开放,同时还支持证券期货在区内设立专业子公司。目前,已有许多证券期货公司在自贸区内提前布局设点。华安基金、浦银安盛、申万菱信设立了 3 家基金公司子公司,申银万国、海通、广发、宏源、万达设立了 5 家期货公司风险管理服务子公司,国泰君安证券、海通证券设立了 2 家证券公司分公司,国金证券设立了 1 家另类投资子公司。将以上两项政策结合起来看,就可以发现监管层鼓励中介机构同时服务境内外客户的用意,这为未来资本市场双向开放后,证券期货市场的运作奠定了基础。

投资的双向开放将会促进国内期货市场与海外期货衍生品市场进一步接轨。首先,这将有助于国内实体企业更好地利用国内外两个市场、两种资源;其次,中国企业增加对海外市场的参与,必然也会令海外交易所及经纪机构更加重视中国市场的需求,从而更好地服务中国客户,未来在上海自贸区内设立交割仓库和分支机构都将成为可能;最后,区内金融机构和企业可按规定进入上海地区的证券和期货交易场所进行投资和交易,让境内外直接投资成为现实,将来资金进入可能会更加便利。

目前,资本市场双向开放在自贸区内如何落实还有待于相关监管机构进一步出台实施细则。不过未来的政策对于相关现行的全国性制度(例如合格境外机构投资者制度"QFII"、合格境内机构投资者制度"QDII"),以及上海的地方性试点政策(例如合格境内有限合伙人制度"QDLP")将带来什么样的影响尚不明确。

4. 保税交割为期货市场国际化保驾护航

目前我国期货品种交易集中在国内,交易量虽大,但国际影响力不足。保税交割作为期货市场重要改革措施之一,其重要性和必要性已经得到多数人的认可。期货保税交割是指以海关特殊监管区域或保税监管场所内处于保税监管状态的期货合约所载商品作为交割标的物进行期货交割的过程,这一业务将期货交割的区域由现在关内延伸到了海关特殊监管的保税区,从而将保税区内的商品转化为国内期货合约可供交割的商品。保税交割的开展有利于吸引更多产业客户以及国际投资者参与交易、交割,能够有效地提高市场辐射影响力,加快推动我国期货市场的国际化进程。图 3-1 为期货保税交割的运作流程。

中国以往采用完税交割的方式,即进口的货物需先进口报关,方能进入期货交割环节。实施保税交割后,保税货物利用保税仓库,在完成进口报关前就可以进入交割环节,不必先行办理报关手续、缴纳进口关税和相关税费,更好地实现了与国际市场接轨。由于可以不用进入中国关税体系,对于海外贸易商来说,此举有效降低了他们参与期货交易的成本。这将吸引更多的海外贸易商参与我国的期货市场,增加期货市场的交割量。另外,我国商品期货现行的交易价格都是含税价格,以完税状态下的货物作为期货交易和交割的标的物。而国际主要商品期货市场的交易价格都是不含税价格。实施保税交割后,我国期货市场的价格与国际市场价格的差异将被缩小,联动将更加紧密。表 3-4 列出了完税交割和保税交割的细节区别。

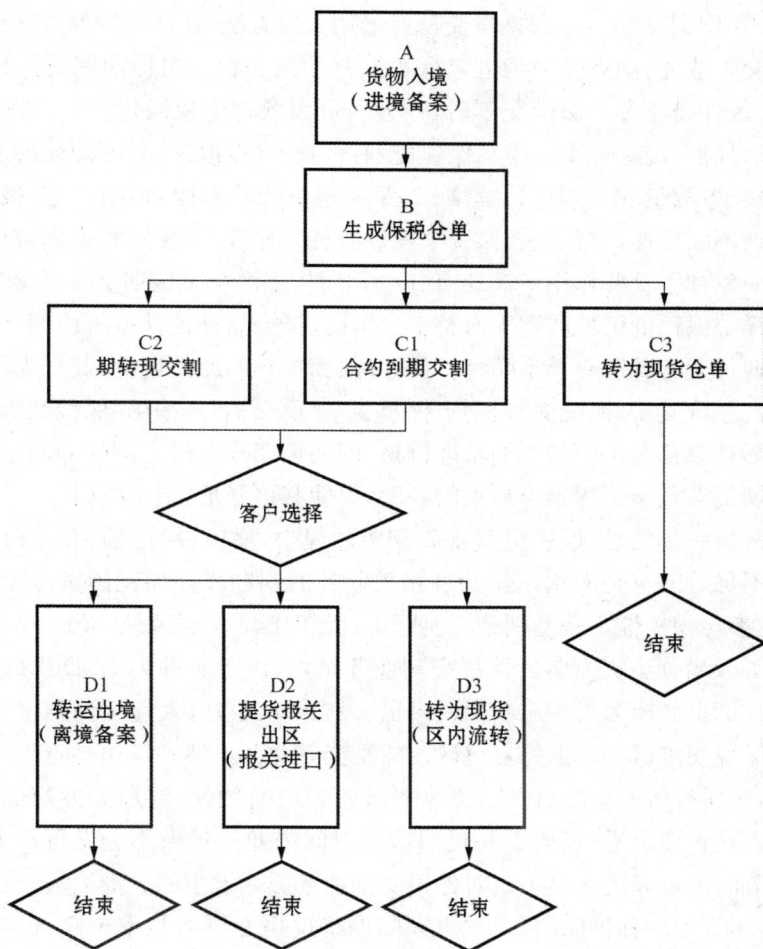

图 3-1 期货保税交割流程

表 3-4 完税交割与保税交割的区别

操作流程	期货完税交割	期货保税交割
交割库	指定完税交割仓库	指定完税交割仓库和指定保税交割仓库
仓单类别	完税标准仓单	完税标准仓单和保税标准仓单
交割结算价	各合约最后交易日根据规则产生含税交割结算价	保税交割结算价由含税交割结算价扣除相关税费倒推得到
仓单质押	质押物价值根据市场含税价格制定	完税仓单质押物价值根据市场含税价格确定；保税仓单质押物价值根据市场保税价格确定

2010年12月24日,上海期货交易所采用试点方法,在洋山港保税区正式启动期货保税交割业务,试点品种为进口保税储存的铜和铝。根据铜期货保税交割的运行情况,区外企业参与保税交割时,一方面可以获得保税溢价,另一方面能够更方便地获取外汇,规避汇率风险。保税交割自启动试点以来,各项功能的发挥逐步实现,保税仓单数量和交割量持续增长,保税仓单涉外质押业务取得突破,保税仓单衍生功能不断发挥,有色金属保税集聚效应持续显现,在探索我国期货市场对外开放工作中发挥了重要作用。2013年11月8日,上海自贸区期货保税交割业务试点范围由洋山保税港区扩展到上海整个自贸区,试点品种预计也将由铜、铝期货扩大至上海期货交易所所有上市品种。例如,前面提到的原油期货,其三大设计原则(国际平台、净价交易、保税交割)中也提及了"保税交割"。采用"保税交割"将有利于形成国际社会普遍认可的原油基准价格,前期铜期货保税交割的顺利进行,也为未来原油期货保税交割积累了相关的经验,促使其更好地"走出国门"。

但是值得一提的是,保税交割业务开展过程中,增值税、运输、仓单流转、交割仓单数量不足等一直是困扰企业开展相关业务的问题。外加我国试点少、相关经验少,企业参与积极性不是特别高。实际上,除了上海自贸区外,2014年4月证监会已批准了天津分步实施期货保税交割业务试点,试点品种为LLDPE(线性低密度聚乙烯),试点区域为天津东疆保税港区。2014年7月,大连金浦新区也被准许开展期货保税交割试点。上海自贸区的保税交割业务虽然有洋山港近四年的运作经验,但由于保税区的金融、税收、汇率等政策并没有细化,注册企业都非常谨慎,多数相关入驻企业也是"摸着石头过河",短时间内业务规模不会做得很大。自贸区政策细节的出台和落实是决定对保税交割业务影响大小的关键因素。

不过,尽管因为种种原因,在试点期间期货保税交割参与率不高,但关注程度却不断升温。随着我国期货市场和外汇管理制度的进一步开放,最终国内交易所的交割模式应该和国际惯例接轨,境外投资者的比例必然越来越高,实行完全保税交割。国内保税交割市场现在面临的各种问题也将随着国际化进程逐步得到解决,保税交割业务将凭借其自身独特的优势,成为激活国内期货市场的一剂良药,届时国内期货市场的价格才会更多地反映交易品种的全球供求状况,真正实现期货市场国际化。

5. 柜台交易为实体企业量体裁衣,互补场内交易

柜台交易又称场外交易,是指交易双方不经过交易所,直接成为交易对手的交易方式。证监会支持自贸区内证券期货经营机构开展面向境内客户的大宗商品和金融衍生品的柜台市场交易,只是目前尚无实施细则。

　　柜台交易的推出将推动场外期权市场的发展。当前许多实体企业不参与期货交易的原因是期货标准化合约并不能很好地满足企业个性化需求,而柜台交易推出的产品可以针对企业实际情况,量身打造符合其要求的产品。这需要中介机构加强对产品设计的研究。

　　柜台交易将与场内期货业务相互补充,从而进一步推动期货行业的发展。由于柜台交易不受交易时间的限制,它还可以为企业提供场内交易时间段之外的套保服务。随着贸易项下的制度创新与改革,国内外市场间的联系将会进一步加强。届时国内外两个市场间贸易流、资金流变得更加通畅,市场资源配置效率也会更高,柜台交易市场和场外交易市场之间的对冲交易机也会增加。

3.1.3.3　对融资租赁业的影响

　　融资租赁是指出租人根据承租人对租赁物件的特定要求和对供货人的选择,出资向供货人购买租赁物件,并租给承租人使用,承租人则分期向出租人支付租金,在租赁期内租赁物件的所有权属于出租人所有,承租人拥有租赁物件的使用权。

　　融资租赁服务是金融业、制造业完善服务功能、延伸经营链条、转变发展方式的必然趋势。各类金融机构介入融资租赁,可以利用融资租赁平台满足客户的租赁需求,完善服务功能,开辟资金配置渠道,由信贷金融服务介入资产金融服务,由传统的股权投资和债权投资介入租赁资产投资,实现投资方式及投资组合的创新,是提高银行业、证券业、信托业、保险业、产业基金竞争力,优化资产结构,转变发展方式的创新。制造业构建融资租赁平台是延伸经营链条,完善服务功能,满足客户多种需求,合理配置资源,增加新的利润增长点的有效途径,是由传统的简单销售的商品经营模式向全面服务的商品和资产经营转型的必然趋势,是绿色制造的切入点之一。发展融资租赁业还有利于抵御经济周期的冲击,保持经济可持续发展。服务业开展融资租赁是介入资本要素投入结构的创新,是传统服务业延伸服务链条,完善服务功能和服务体系,实现规模化连锁化经营的必然措施,融资租赁业自身是一个新兴的第三方资产投资和资产管理的现代服务业。政府或政府授权的国有企业运用融资租赁机制,以未来经营现金流为支持,以财政预算为支付保证,拉动银行和社会资金,跨领域跨行业配置应税资源和扣税资源,扩大政府采购和投资能力,增加增值税和所得税收入,加快公共基础设施或公共资源的建设,促进社会协调、可持续发展。

　　从国际经验来看,工业发达的国家融资租赁业也较发达,并且在各个行业细分得比较专一。医疗设备、电力设备、通信设备、办公设备、建筑机械、交通运输行业在美国渗透率达到 38.2%,在英国达到 42%,而在日本全部的租赁渗透率达到 44%。我国融资租赁渗透率只有 2%、3%左右。可见我国融资租赁业有着巨大的发展空间。

表 3-5 列出了自贸区关于融资租赁的一系列政策。自贸区融资租赁中最具特色的当属"允许融资租赁公司兼营与主营业务有关的商业保理业务",另外自贸区内资本市场的双向开放、结算上的便利、审批权限的下放等为自贸区内融资租赁业务发展提供了特有的便利。

表 3-5　上海自贸区支持融资租赁业发展的政策汇总

上海自贸区独有政策	上海自贸区具有但非独有政策
(1) 允许融资租赁公司兼营与主营业务有关的商业保理业务	(1) 允许和支持各类融资租赁公司在试验区内设立项目子公司,并开展境内外租赁服务;融资租赁公司在试验区内设立的单机、单船子公司不设最低注册资本限制
(2) 自贸试验区内融资租赁公司可开立跨境人民币专户,向境外借取跨境人民币贷款,跨境人民币借款额度采取余额制管理	(2) 实施促进贸易的税收政策:将试验区内注册的融资租赁企业或金融租赁公司在试验区内设立的项目子公司,纳入融资租赁出口退税试点范围
(3) 支持开展跨境人民币双向资金池、国内、国际外汇主账户等本、外币资金池业务	(3) 对试验区内注册的国内租赁公司或租赁公司设立的项目子公司,经国家有关部门批准从境外购买空载重量在 25 吨以上并租赁给国内航空公司使用的飞机,享受相关进口环节增值税优惠政策
(4) 自贸试验区内融资租赁企业对外提供担保的便利政策。"央行 30 条"规定:取消区内机构向境外支付担保费的核准,区内机构直接到银行办理担保费购付汇手续。《外汇管理支持试验区建设实施细则》规定:区内企业提供对外担保,可自行办理担保合同签约,无需到外汇局申请办理事前行政审批手续。区内企业提供对外担保时,不受担保人和被担保人净资产比例、被担保人盈利状况及担保人和被担保人之间股权关联条件的限制	(4) "央行 30 条"规定:简化飞机、船舶等大型融资租赁项目预付货款手续。《外汇管理支持试验区建设实施细则》规定:取消区内融资租赁类公司办理融资租赁对外债权业务的逐笔审批,实行登记管理;允许区内金融租赁公司、外商投资租赁公司及中资融资租赁公司,在向境内承租人办理融资租赁时收取外币租金

（续表）

上海自贸区独有政策	上海自贸区具有但非独有政策
（5）自贸试验区内的外商融资租赁企业的外汇资本金实行意愿结汇。《外汇管理支持试验区建设实施细则》规定：区内外商投资企业的外汇资本金实行意愿结汇	（5）自贸试验区内注册的融资租赁公司，可享受浦东新区针对金融业的专项财政扶持政策
（6）自贸试验区内融资租赁项目货款支付的便利政策。《试验区境内外租赁服务外汇管理操作规程》规定：允许试验区内融资租赁项目公司从境外购入飞机、船舶和大型设备并租赁给承租人时，凭合同、商业单证等材料办理付汇手续。租赁给境外承租人的，外汇局可按照无关单外汇支付方式进行核查	（6）适用上海海关对自贸试验区融资租赁公司的监管服务制度改革措施
（7）《试验区境内外租赁服务外汇管理操作规程》规定：融资租赁类公司开展对外融资租赁业务时，不受现行境内企业境外放款额度限制。融资租赁类公司可直接到所在地银行开立境外放款专用账户，用于保留对外融资租赁租金收入。该账户内的外汇收入需结汇时，融资租赁类公司可直接向银行申请办理	
（8）自贸区内融资租赁公司审批权限下放。自贸试验区管委会经济发展局负责审批3亿美金以下注册资本的外资融资租赁公司	

　　融资租赁是自贸区金融改革的重要内容。《总体方案》六千多字中就有四次提到"融资租赁"行业，凸显了自贸区在这个领域的改革力度。融资租赁业，特别是跨境融资租赁业的发展，将推动我国融资租赁市场的国际化。

　　1. 跨境租赁推动我国融资租赁市场国际化进程

　　《总体方案》"允许和支持各类融资租赁公司在试验区内设立项目子公司并开展境内外租赁服务"，这里所说的"境内外租赁服务"指的是跨境租赁。所谓跨境租赁，包括出租人在国外、承租人在国内的进口租赁，出租人在国内、承租人在国外的出口租赁，以及两头均在外的境外租赁。目前，跨境租赁在我国的认知度大幅提升，国家又在飞机租赁等领域给予政策支持，且跨境租赁业务契合自贸区内金融改革方向，未来必定会有广阔发展空间。但是需予以说明的是，跨境租赁并非上海自贸区的特色业务,天津东疆保税区、深圳前海等地也开展了此业务。

1) 跨境租赁有利于我国企业"走出去"

为了鼓励融资租赁业的发展,设立在自贸区内的单机、单船子公司不设最低注册资本限制。特别鼓励在自贸区开展跨境投融资服务,支持各类融资租赁公司设立项目子公司开展境内外租赁服务,以推动我国融资租赁业的国际化进程。这意味着融资租赁实际上已成为我国加快实施"走出去"战略的重要推动力,成为促进我国装备制造业产品等出口销售的重要手段。

"走出去"是内资公司利用自贸区机会加速发展的重点战略。对融资租赁公司来说,在自贸区设立子公司的一大优势是,利于出口租赁业务的开展,即承租人为国外企业。这有利于增加国内租赁公司国际竞争力,促进融资租赁国际化。

融资租赁国际化对中国装备制造企业,尤其是机械设备和船舶制造企业的海外扩张有深刻的作用,最直接的作用是绕开贸易壁垒和打开新的市场。一方面,融资租赁属于服务贸易,可以突破对直接购买的限制;另一方面,通过国际化,可以把中国设备引入更广阔的市场。随着我国装备制造业国际竞争力增强,对融资租赁的需求也会增强。届时,二者相辅相成,将携手"走出去"。

2) 跨境融资有利于降低融资成本

海外的资金很多公司都在期望。因为国内人民币基础利率为 6.67%,融资成本非常高,而境外资金的综合成本仅有 3% 到 4%,伦敦同业拆借利率仅 1% 左右。

注册在区内的融资租赁公司可以分别在境内和境外分别设立人民币账户,这样可以便于境内融资租赁公司引进境外资金存入其区内银行账户,充分利用境外资金用于区内及境外项目。外汇方面的人民币资本项下可自由兑换政策,将有助于进一步促进航空租赁行业资金的跨境融通,改变国内航空租赁公司等无法直接从境外融资,外汇资金来源渠道较为单一以及融资成本高的局面,从而提升了国内航空租赁企业的竞争力,为将来航空租赁公司在境外发行债券等融资工具提供了便利。2014 年 6 月,上海市首批 7 家银行正式启动自由贸易账户(FT 账户)业务。FT 账户有望成为租赁资产跨境融资交易"绿色通道",并拓宽租赁公司外债额度审批限制。

自贸区虽为融资租赁企业提供了政策上的便利,但具体怎么做,仍是企业需要认真探索的问题。2014 年 2 月,交银金融租赁有限责任公司通过自贸区子公司与交通银行新加坡分行签署了总计 7 亿元的跨境人民币境外借款融资合作协议,完成了自贸区首单金融租赁跨境人民币借款业务。资金主要用于支持交银租赁航空、航运等专项租赁业务。像交银租赁这样的企业境外有银行或者有分支机构,可以很快地拿到资金,但是一般的租赁公司就比较难办。首先是如何与国外的银行对接的问题。其次,中国的租赁行业资产规模普遍较小,专业产品特色不明显,吸引国外银行发贷有一定难度。

2014 年 5 月,上海联交所联合上海自贸区联合发展有限公司推出了国际融资租赁产权交易平台。这是国内第一个在自贸区内建立的国际融资租赁产权交易平台,旨在为境内外融资租赁企业和金融租赁企业在上海自贸区内探索融资租赁资产跨境流动、经营和投融资提供渠道和载体。这就为国内外融资租赁需求的企业提供了信息对接和运作对接。但是,国内融资租赁企业内部运作问题、与市场紧密衔接问题、产品开发问题等仍需进一步探索。

3）融资租赁企业的抗风险能力有待加强

客观来看,融资租赁在我国仍属于高风险行业。其风险主要集中在市场风险、政策风险、信用风险、流动性风险、技术风险、合规风险、操作风险和道德风险等方面。首先,随着某些行业周期波动的增加以及利率市场化的改革,国内外利率市场波动的不确定性增强,行业违约概率有所上升,信用风险、市场风险、信誉风险和道德风险日渐增加。其次,在银行系租赁公司对船机行业战略分化严重的同时,非银行系租赁公司和外资租赁公司一面倒地增加对船机行业的投入,导致融资租赁行业个体、产品、行业、群体相关的各种风险因素日益显现。最后,普遍讲国内租赁公司融资渠道只有一个——长期依赖银行贷款,多数租赁公司对于资本市场、债券市场、保险市场基本没有对接。

因此,融资租赁企业在关注自贸区的发展契机和优惠政策的同时,还应该加强自身的风险管控和国际资本市场运作能力,不断开发体现行业特色和针对客户需求的个性化产品。

2. 融资租赁企业兼营商业保理业务解决融资难问题

除了融资租赁公司在自贸区内设立的单机、单船子公司不设最低注册资本限制外,自贸区还允许融资租赁公司兼营与主营业务有关的商业保理业务。

商业保理业务是指非银行机构从事的保理业务,具体是指供应商与保理商通过签订保理协议,供应商将现货将来的应收账款转让给保理商,从而获取融资,或获得保理商提供的分户账管理、账款催收、坏账担保等服务。我国商业保理兴起较晚,始于 2004 年,之后在全国范围掀起热潮。目前中国的保理业分为三种:第一种为商业银行开展的保理业务,在当前仍是中国保理业的主体;第二种是融资租赁企业开展的专业保理业务,目前只有远东租赁、渤海租赁等少数公司开展;第三种是由商业保理公司开办的租赁业务,如卡得万利商业保理(上海)有限公司。其中,后两种就是商业保理业务。

　　租赁企业兼营与主营业务相关的保理业务,从本质上讲,这实际上是融资租赁公司一种融资手段,以供应链金融的方式提高整个链条的竞争力。

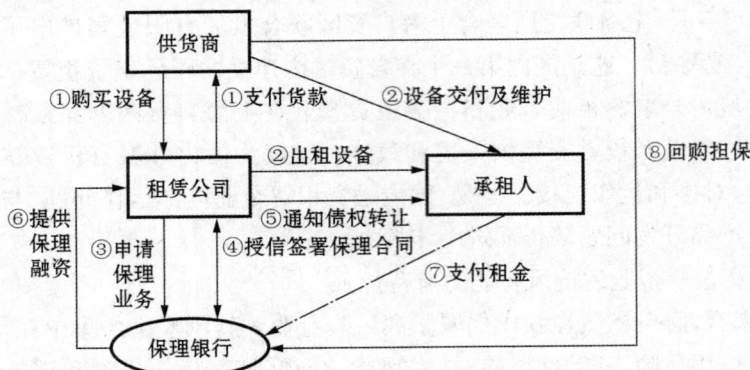

图 3-2　租赁企业兼营保理业务的业务流程图

　　和中小微企业融资难一样,融资租赁业同样经历着融资难的煎熬。随着融资租赁业务的飞速发展,融资也逐渐成为了融资租赁公司首先要解决的问题。商业保理为租赁公司提供了一条可供选择的途径。融资租赁保理业务是指租赁公司向承租人提供融资租赁服务,并将未到期的应收租金转让给银行,银行以为基础,为租赁公司提供应收账款账户管理、应收账款融资、应收账款催收和风险等一项或多项综合金融服务,承担承租人的信用。通过这一途径,融资租赁公司可以获得融资支持;盘活存量应收账款,加速现金回笼,扩大融资租赁规模;获得专业的应收账款管理及催收服务,降低运营成本和业务风险;可将应收账款卖断给银行,规避承租人的信用风险,优化财务报表。因此,目前进入融资租赁领域的资本或企业往往同时申请商业保理牌照。融资租赁和保理业务的结合是完全打通贸易实体行业上下游通道的有效途径之一。

　　租赁业和保理业本来就有很强的互补性。现中国融资租赁合同余额已近2万亿人民币。融资租赁资产保理业务不仅是盘活租赁企业自身资产的一个重要途径,也为保理业的发展提供了商机。对这一点,甚至一些保理机构都没有引起应有重视。根据国内外已有经验和融资租赁企业的需要与可能,融资租赁企业兼营保理业务,预计将会成为中国保理业的一个重要组成部分。虽说目前商业保理所占市场份额尚小,但随着我国市场经济的快速发展及买方市场的逐步形成,商业保理发展形势将会非常乐观。商业保理提供调查、催收、管理、结算、融资等一系列综合服务业务,同时也将对融资租赁行业的发展起一定的促进作用。特别是无追索权的保理具有将应收租金剥离报表的功能,从而能加强租赁公司资产的流动性。同时,在无追索权保理中,承租人的呆坏账风险由保理银行承担,因此租赁公司无需承担由承租人不能偿付租金而造成的风险。对承租人来说,由于保理能促进租赁公司的再融资,这间接地降低了承租人向租赁公司申请融资租赁的难度。同时由于承租人中不乏中小企业,这也间接地有利于解决中小企业融资难等问题。当然在开展融资租赁保理业务中,租赁公司需要防范租赁债权反转让风险以及保理银行的追索风险。融资租赁保理不应仅局限在制造型企业,其他行业的中小企业也可以借此实现融资目的。融资租赁对保理业务的不断创新、延伸并拓宽自己的服务范围,是上海融资租赁市场最具灵活、最有力的助推器。

　　"允许租赁公司兼营与主营业务有关的商业保理业务"。这是目前成立在自贸区去内和区外的融资租赁公司在经营范围方面最大的不同之处。商业保理业务主要提供贸易融资、销售分户账管理、应收账款催收及信用风险控制和坏账担保等服务。允许融资租赁公司兼营与主营业务有关的商业保理业务,而对于承租方来说,不过是融资租赁合同项下的出租方权利义务由其他融资租赁公司受让,并不会影响其正常使用租赁设备;对于受让合同的融资租赁公司来说,可以以低于原出租人的租赁本金及费用受让后,赚取租金利差。因此,与融资租赁相关的商业保理业务的开放不仅将有利于融资租赁公司拓展业务收入,而且还将长期的融资租赁关系变得更加灵活,从而适应当事人的需求变化。然而既能从事融资租赁业务又能从事商业保理的公司,这对企业自身的要求也是非常高的,只有具备了相当的资金实力的同时又具备相应的专业管理团队和技术团队的公司才有能力兼营这两种业务。这在一定程度也表明政府希望和鼓励更多有实力的企业进入融资租赁行业,并逐渐淘汰那些实力较弱管理混乱的公司。

　　3. 单机、单船子公司不设最低注册资本限制

　　单机子公司,也称特殊目的公司(special purpose vehicl, SPV),其设立主要为了达到"风险隔离"的目的。目前我国对于SPV的法律界定比较模糊,至今只在《关于外国投资者并购境内企业的规定》中首次明确"特殊目的公司"的概念,但仅将SPV定义为"中国境内公司或自然人为实现以其实际拥有的境内公司权益,在境外上市而直接或间接控制的境外公司",而非普遍意义上的SPV。

　　通常,融资租赁公司对单架飞机、单艘船舶等大资产设立不同的SPV。在SPV租赁模式下,租赁公司和SPV是两个独立法人实体,这就实现了租赁物与租赁公司、不同租赁物之间的资产隔离。如果某一租赁项目出现问题,租赁公司只对从事该项目的SPV以出资额为限承担有限责任,这样能够避免特定租赁项目风险

向租赁公司本身和租赁公司其他 SPV 蔓延。融资租赁公司通过设立 SPV,将单机
(单船)等作为租赁标的物,出租给承租人营运,由于可以提高融资租赁公司的生存
及竞争能力,现已经成为国际融资租赁行业通行的惯例。

SPV 租赁方式起源于爱尔兰和开曼群岛。在爱尔兰这个小国家,租赁飞机只
需缴纳 12.5% 的税收。在开曼群岛,租赁飞机完全不需要缴纳税收。这两个地
区,正是通过采取一架飞机注册一个公司,承租人与出租人一对一地开展业务的
"单机 SPV 租赁"方式,并利用其自由港的税收政策和地理优势使得开展航空租赁
业务取得了极大的成功。

1) 无最低注册资本限制,有利于 SPV 的设立

《公司法》中对于发起人人数、最低资本限额要求以及提取法定公积金的规定
较为严格,阻碍了 SPV 这种"空壳公司"的设立。而《总体方案》规定"融资租赁公
司在试验区内设立的单机、单船子公司不设最低注册资本限制",明显降低了融资
租赁公司设立 SPV 的门槛,这有助于推动更多单机、单船项目公司的成立。据统
计,截至 2014 年 5 月底,自贸区内设立的 SPV 已达 308 家,开展业务涵盖飞机、直
升机、船舶及海洋钻井等大型设备。

不过值得说明的是,原保税区(上海、天津等)设立项目子公司的最低注册资本
金要求为 10 万人民币,本次放开资本金要求对于资本密集型的融资租赁行业来说
意义不大。对设立单机、单船子公司的企业来讲,更具吸引力的恐怕是自贸区内针
对融资租赁行业的税收优惠政策。

2) SPV 的设立,有助于打破国外租赁公司对我国租赁市场的垄断

提起租赁,很自然想到租赁自行车、租赁汽车、租赁机械设备等。然而,相对于
动辄数千万美元的船舶、飞机来讲,这些只能说是小打小闹了。目前,中国民航有
近 2 200 架客机,其中近 1 500 架来自租赁市场,接近 2/3,与发达国家民航客机租
赁比率相当。租赁方式已经成为取得飞机的主要方式。而我国绝大多数的飞机租
赁业务都被国外租赁公司所垄断,中国租赁公司经营的仅占不到 10%。对一个国
家来讲,航空业下的飞机类资产属于战略资源,是决定一个国家综合经济实力的重
要指标。因此,中国亟须发展国内飞机租赁市场,打破国外租赁公司的垄断,保证
中国战略资源安全。

目前,国内从事飞机租赁业务的租赁公司基本可分为两类:一类是拥有航空产
业背景的融资租赁公司,如长江租赁、渤海租赁、奇龙航空租赁和中航租赁;另一类
是由国内银行组建的具有雄厚金融产业背景的银行系金融租赁公司,如国银租赁、
工银租赁、交银租赁、民生租赁等。

众所周知,飞机租赁属于国际化行业,包括飞机供应商、航空公司运营、飞机的制造维护、后续服务处置等都具有国际化和全球性。而我国融资租赁行业政策性障碍,阻碍了我国飞机租赁行业的发展。例如,我国法律规定金融租赁公司不允许在境外设立分支机构,甚至是 SPV 公司。但若不能以金融租赁公司作为主体在境外设立分支机构,将使得国内租赁公司在与国际租赁机构竞争上,处于不平等地位,境外飞机租赁业务通常需要通过其他国家、地区绕道开展。

自贸区具有离岸性质,在自贸区设立 SPV,将等同于境外设立分支机构。自贸区单机子公司,可以把境内外业务整合起来,促进我国航空租赁公司的专业化发展,利于飞机租赁业务回流。据中国商飞公司预测,未来 20 年,国内市场共需 5 300 多架干线和支线客机。平均每年要增加 150 多架,未来将有相当一部分将通过国内租赁公司来完成。这有利于逐步改变国外租赁公司垄断国内市场的局面,提高我国航空租赁市场占有率。

目前,交银租赁已通过上海自贸试验区项目公司操作 1 架波音 737 飞机,以融资租赁方式出租给扬子江快运航空有限公司运营,拉开自贸试验区飞机租赁业务发展的序幕。招银金融租赁公司也在上海自贸区独资注册设立 4 家单机项目公司,与国际知名飞机租赁公司开展合作,为国内航空公司开展后续的租赁业务。

然而,不得不指出的是,在打破国外租赁公司对我国租赁市场的垄断上,天津东疆保税区会发挥更大作用。东疆保税港区租赁业务有出口租赁、进口租赁、离岸租赁、人民币跨境结算租赁等 26 种租赁方式。截至 2014 年 4 月底,东疆保税港区累计注册各类租赁公司达到 638 家,累计注册资本达 227 亿元人民币,聚集了全国95% 以上的飞机租赁资产,已经累计完成租赁飞机 331 架、飞机发动机 9 台。不仅仅飞机租赁市场,东疆保税区还累计完成租赁船舶 53 艘、海上平台 4 座,飞机、飞机发动机、船舶、海工设备、轨道交通、水电设施、公路厂房等各类租赁资产累计约269.7 亿美元,基本打破了国外公司长期垄断我国租赁市场的局面。

4. 融资租赁出口退税

之前国内经营飞机租赁业务的租赁公司需缴纳 25% 的所得税、5% 的营业税、17% 的进口增值税、5% 的关税、0.1% 的印花税等。面对这些税负,租赁公司只能将其作为购置成本均摊进租金里,这使得国内租赁公司的报价显然高出国外租赁公司,因此在与国外租赁公司竞争中处于劣势。而且对于空载重量 25 吨以上的飞机,根据国家税收政策的有关规定,若由航空公司进口,需要缴纳 1% 和 5% 关税和进口环节增值税;若由其他诸如租赁公司等一般企业进口的,其关税和进口环节增值税税率则分别高达 5% 和 17%。增值税改革后,增值税一般纳税人购进固定资产发生的进项税额,可根据《增值税暂行条例》和有关规定,凭增值税专用发票、海关进口增值税专用缴款书和运输费用结算单据从销项税额中抵扣。

由于增值税改革中未将融资租赁行为纳入增值税抵扣范围,因此,增值税改革对融资租赁企业来说影响不大,融资租赁企业从供货商处购买固定资产取得的增值税专用发票仍无法得到抵扣。然而,对作为承租方的航空公司来说,增值税改革后融资方式的不同将会影响航空公司的成本。具体地说,增值税改革后,如果融资租赁企业将17%增值税成本计算在作为承租人航空公司租金中时,承租人通过融资租赁方式取得租赁物的成本显然要比可以抵扣进项税额的其他融资方式成本来得大,承租人就有可能放弃融资租赁改用其他融资方式,显然这将会影响融资租赁的消费市场。反之,如果17%的增值税成本由融资租赁企业承担时,虽可以确保融资租赁消费市场的稳定,但却会极大地影响融资租赁企业的盈利。

相比之下,在此次整体方案中,明确将自贸区内注册的融资租赁企业或金融租赁公司在区内设立的项目子公司纳入融资租赁出口退税试点范围。特别是对区内注册的国内租赁公司或租赁公司设立的项目子公司,经国家有关部门批准从境外购买空载重量在25吨以上并租赁给国内航空公司使用的飞机,可以享受相关进口环节增值税优惠的这一政策则可以实现航空公司及融资租赁公司盈利双丰收。

一方面,享受相关进口环节增值税优惠政策,可以进一步优化航空租赁行业税务负担,降低国内租赁公司和航空公司引进飞机的成本,吸引并培养出一部分更加专业的飞机租赁公司,同时给航空业提供发展契机,以走出因金融危机而带来发展的低谷期。

另一方面,由于国内飞机租赁公司普遍起步较晚,飞机租赁市场基本被国外飞机租赁公司所垄断(2012年比例已达66%),使得国内租赁公司的飞机出租成本平均高于国外租赁公司。因此,在得到税收等方面的政策支持及系统的法律规定和政策指引下,国内飞机租赁公司将能获得金融资本和相关产业资本支持,扭转外国租赁公司垄断租赁市场的局面,提高我国融资租赁的竞争力,从而有利于形成统一规范的租赁市场秩序。

不过,从税收政策上看,尽管区内注册的融资租赁企业或金融租赁企业在区内设立的子公司在被纳入了融资租赁出口退税试点范围,但是从目前试点来看,天津东疆保税区已获批复的融资租赁相关政策比自贸区的更优更落地。这表明了国家鼓励和扶持天津重点发展融资租赁行业的态度和立场。而且天津也在向国务院提交了建立自贸区的申请,从这点来看,上海自贸区较之于天津东疆保税区,无明显优势。

截至2014年5月底,上海自贸区融资租赁企业增至400余家,注册资本已逾

300 亿元人民币。统计显示,上海自贸区这 400 多家融资租赁企业中,母公司 111 家,特殊目的公司(SPV)308 家。交通银行、上海银行等已宣布在区内涉足金融租赁业务。自贸区之所以受到融资租赁企业的青睐,企业工商注册登记门槛放低(即注册资本认缴制,不设最低限额)是首要原因。融资租赁出口退税也起了一定的作用。另一个重要原因就是自贸区允许融资租赁公司兼营与主营业务有关的商业保理业务。这对提高融资租赁企业的服务能级,拓展其业务范围有很好的促进作用。

3.2　航运服务领域

3.2.1　《总体方案》给定的开放领域

《总体方案》给定的开放领域如表 3-6 所示。

表 3-6　《总体方案》给定的开放领域

1. 远洋货物运输(国民经济行业分类:G 交通运输、仓储和邮政业——5521 远洋货物运输)	
开放措施	(1) 放宽中外合资、中外合作国际船舶运输企业的外资股比限制,由国务院交通运输主管部门制定相关管理试行办法 (2) 允许中资公司拥有或控股拥有的非五星旗船,先行先试外贸进出口集装箱在国内沿海港口和上海港之间的沿海捎带业务
2. 国际船舶管理(国民经济行业分类:G 交通运输、仓储和邮政业——5539 其他水上运输辅助服务)	
开放措施	允许设立外商独资国际船舶管理企业

3.2.2　部委政策

3.2.2.1　交通运输部、上海市人民政府加快推进上海国际航运中心建设的实施意见

2013 年 9 月 27 日,交通运输部协同上海市人民政府颁布了《关于落实〈中国(上海)自由贸易试验区总体方案〉加快推进上海国际航运中心建设的实施意见》(以下简称《实施意见》)。该文件与《中国(上海)自由贸易试验区总体方案》给定的开放领域相呼应,紧密结合金融、贸易服务领域,从扩大航运领域开放水平、创新航运政策、拓展国际航运中心功能、提升国际航运中心服务水平、加强基础设施建设等方面做出了明确的规定,如表 3-7 所示。以上旨在探索创新具有国际竞争力的

航运发展制度和模式,旨在形成可复制、可推广的经验,更好地发挥创新驱动、示范带动作用,有力地推动上海国际航运中心升级发展。

表 3-7　交通运输部、上海市人民政府加快推进上海国际航运中心建设的实施意见

1. 扩大开放水平	(1) 放宽外商投资国际船舶运输的股比限制
	(2) 允许外商设立独资企业从事国际船舶管理业务
	(3) 与金融、贸易等领域扩大开放做好融合
	(4) 在自贸区范围内,探索建立航运领域外商投资准入负面清单管理模式
2. 创新航运政策	(5) 创新多港区(外高桥港区、洋山深水港区和浦东机场国际枢纽港)联动机制
	(6) 中资航运公司利用自有或控股拥有的非五星旗船实施外贸进出口集装箱沿海捎带试点政策
	(7) 创新国际船舶登记制度
	(8) 支持扩大启运港退税政策试点范围(范围界定仍在路上)
3. 拓展中心功能	(9) 加快推进国际航运交易发展
	(10) 完善航运发展基金
	(11) 加快航运人才、教育、科研发展
4. 提升服务水平	(12) 加快建设现代航运服务功能平台
	(13) 鼓励发展邮轮产业经济,支持筹建邮轮发展基金,促进我国邮轮船队发展,带动航运金融、保险业发展
	(14) 做实"软实力",提升国际影响力
5. 加强基础建设	(15) 积较有序推进港口基础设施建设
	(16) 引导港口集疏运结构和功能优化
	(17) 加快推进安全绿色航运发展
	(18) 加强和完善国际海运市场监管机制

3.2.2.2　交通运输部关于在上海试行中资非五星旗国际航行船舶沿海捎带的公告

《中国(上海)自由贸易试验区总体方案》给定的开放区域以及交通运输部和上海市人民政府发布的《关于落实〈总体方案〉加快推进上海国际航运中心建设的实施意见》中均明确指出,允许中资航运公司利用自有或控股拥有的非五星旗船,对以上海港为国际中转港的外贸进出口集装箱,在国内对外开放的港口与上海港之

间开展沿海捎带业务。具体规定如下：

（1）拟开展试点捎带业务的中资航运公司经向交通运输部办理备案手续，可利用其全资或控股拥有的非五星旗国际航行船舶，开展相关业务。

（2）"中资航运公司"，指注册在境内，依据《中华人民共和国国际海运条例》取得《国际班轮运输经营资格登记证》、从事国际海上运输业务的企业法人。

（3）中资航运公司申请试点捎带业务，应向交通运输部提交备案申请。备案申请的材料和程序如下：

a. 提交《中资非五星旗国际航行船舶试点沿海捎带业务备案申请表》。

b. 提交中资航运公司的《工商营业执照》《国际船舶运输经营许可证》《国际班轮运输经营资格登记证》复印件。

c. 提交中资航运公司拟开展试点捎带业务船舶的《国籍证书》(Certificate of Registry)《入级证》(Certificate of Classification)，以及船舶所有权关系证明材料。

如船舶为中资航运公司通过境外独资投资企业间接拥有的，还需提供中资航运公司投资该境外独资企业的证明文件、该境外独资投资企业全资或控股拥有船舶的证明，以及中资航运公司租赁船舶的证明文件。

（4）交通运输部自收到上述齐备、有效的备案材料后，出具《中资非五星旗国际航行船舶试点沿海捎带业务备案证明书》。

（5）中资航运公司不得擅自将经备案批准开展试点业务船舶转租他人。一旦转租，自船舶租赁合同生效之日起，船舶自动丧失开展试点业务的资格。

（6）除依照本公告备案的船舶外，其他任何非五星旗船舶，不得承运中国港口间的集装箱货物，包括不得承运在国内一港装船、经国内另一港中转出境，或者经国内一港中转入境、在国内另一港卸船的外贸集装箱货物。如违反本条规定，将依据《中华人民共和国国际海运条例》第四十五条等规定予以处罚。

3.2.2.3　交通运输部的自贸区国际船舶登记制度试点方案

2014 年 1 月，《中国（上海）自由贸易试验区国际船舶登记制度试点方案》（以下简称《试点方案》）正式获得交通运输部批复同意，标志着中国（上海）自由贸易试验区将正式开展国际船舶登记。根据《试点方案》，中国（上海）自由贸易试验区国际船舶登记制度主要有五方面新变化：

（1）在登记主体方面，放宽了登记船舶所属法人注册资本中的外资比例限制，外商投资比例可以高于 50%。

（2）在船龄方面，可以在现行船龄标准基础上放宽两年。

（3）在外籍船员雇佣方面,原来雇佣外籍船员需要由交通运输部审批,现在只需向上海海事局报备即可。

（4）专门设置两个船籍港,如果船舶处于保税状态,则登记为"中国洋山港";如船舶处于完税状态,则登记为"中国上海",二者均享受国际船舶登记制度的政策便利。

（5）在现有登记种类的基础上增加了船舶融资租赁登记,并可适当增设必要的登记种类。

3.2.2.4　保监会的八项支持措施及实施细则

2013 年 9 月 30 日保监会提出了八项措施支持自贸区建设,其中明确规定:支持上海开展航运保险,培育航运保险营运机构和航运保险经纪人队伍,发展上海航运保险协会;支持上海完善保险市场体系,推动航运保险定价中心、再保险中心和保险资金运用中心等功能型保险机构建设。2014 年 5 月 19 日保监会发布《中国保监会办公厅关于进一步简化行政审批支持中国(上海)自由贸易试验区发展的通知》(以下简称《通知》),《通知》围绕简政放权、简化审批提出了支持自贸区发展的实施细则,其中三点与航运业直接相关:一是允许上海航运保险协会试点开发航运保险协会条款,备案后会员公司可以自主使用;二是取消在沪航运保险营运中心、再保险公司在自贸区内设立分支机构的事前审批,由上海保监局实施备案管理;三是取消自贸试验区内保险支公司高管人员任职资格的事前审批,由上海保监局实施备案管理。

知识拓展

上海航运保险协会

上海航运保险协会(Shanghai Institute of Marine Insurance)成立于 2013 年10 月,是经中国保监会上海保监局、上海市社团管理局批准,由全国各大保险公司牵头成立的非营利性专业社会团体法人,是国内第一家专业性的保险行业协会。其中人保、太保、中再、平安、大地等 12 家保险公司、经纪公司为主发起人,现有会员 31 家,其中 25 个会员是保险公司。2013 年,上海地区航运保险保费收入占全国的 25%。其中,船舶保险保费收入占全国的 44%。

《通知》赋予上海航运保险协会产品开发、报备的权限,这也是保险业首次允许行业协会作为条款报备主体。《通知》颁布前,新的同样的航运保险产品需由各家保险公司分别向监管部门报备,《通知》颁布后,则可以由航运保险协会向监管部门报备,会员公司自主选择使用,不需要再自行向监管部门报备。也就是说,同一个产品过去需要报备 25 次。

3.2.3 市场影响

在全球航运服务中,上海的优势并不明显,主要体现在:航运企业集聚和船队规模发展缓慢;航运高端服务业仍然处于起步阶段;航运业发展的综合环境欠佳。而上海自贸区的设立以及一系列政策的出台,对上海国际航运中心的建设与发展将产生比较大的影响,主要体现在以下方面:航运企业的集聚效应、船队规模的扩张、国际中转集拼业务的发展、航运高端服务的发展、航运顶层设计的完善、航运业转型等。

3.2.3.1 航运要素的集聚效应

航运要素组成了一个完成的航运产业链,主要包括航运企业、船舶、造船厂、货物等实体要素,和航运信息、航运咨询、航运金融、航运保险、航运商务、海事法律等服务要素。

自贸区在制度创新方面的探索,将加快推进政府职能转变,推动政府在经贸、投资、税收、金融、监管等方面的模式创新,为航运中心建设营造具有国际水准的投资便利、监管高效、法制规范的发展环境。自贸区内允许外资控股国际船舶运输业务和外商独资船舶管理业务、放宽外商投资国际船舶运输的股比限制等扩大开放政策将加快国际航运企业、船舶管理公司及现代航运服务业相关企业落户自贸区,进而有利于提高上海国际航运中心的资源配置能力。《总体方案》所提出的发展航运金融等方面的政策将有助于整个上海国际航运中心软环境的改变,可以集聚更多的航运要素,使上海国际航运中心建设的内涵更加丰富。

自贸区挂牌首月已迅速吸引上海运力集装箱有限公司、中国太保和大众保险分支机构、多家银行自贸区分行、自贸区仲裁院及其他服务业等 208 家企业机构入驻,从而使上海船舶登记、航运交易、航运金融、航运保险、离岸业务的市场总量相应提升。可以预期,随着投资和贸易自由化、便利化,外加各项支持政策的推进与落实,将会有更多的航运要素将落户自贸区并产生溢出效应。

3.2.3.2 吸引中资船舶回归,壮大五星红旗船队规模

根据国务院颁布的《总体方案》,航运服务是扩大开放的重点领域之一,而其中明确的"利用中资方便旗船税收优惠政策,促进符合条件的船舶在上海落户登记",以及"先行先试外贸进出口集装箱在国内沿海港口和上海港之间的沿海捎带业务"等原则,对国内航运企业都将有不小的实质影响。

目前我们国家的船队,挂"方便旗"的占 56%,挂五星红旗的只占 44%,五星红旗

船队的总吨位不及挂香港旗的船舶总吨位。所谓"方便旗船",是指在开放登记国登记船舶,比如巴拿马、百慕大、马耳他等地注册,但在全球进行航线运营。近年来,中国的船队规模在不断扩大,但中资船舶在境外注册、悬挂"方便旗"的比例也在不断上升。这主要是由于,在国内登记船舶,不仅需要缴纳进口关税、进口环节增值税、印花税等多种税项,登记的相关流程也较为繁冗,登记后对船舶的管理规定也更加严格。比如在中国香港登记一艘船两小时就可以完成,而在洋山港登记却需要一百多天,海关、检验检疫程序都要重新做一遍。现在从国外进口一条船,各种进口税费加起来,相当于船价的27%。船公司如果在洋山港注册,虽然可以免交营业税,但还是需要交纳25%的所得税(这一税率在香港是16%),而如果船舶在巴拿马等地注册,进口税基本相当于减免。巴拿马有着优惠的税收政策。在巴拿马注册的船舶,每年按船舶的总吨位上缴年费即可,不需要上缴经营所得税、营业税等。这样企业出于成本的考虑,就造成了中资船舶大量移籍海外,悬挂"方便旗"营运。"方便旗船"的大量增加,导致国家国有资产失控、税源流失。而"方便旗船"在国外买卖和建造又严重影响了中国造船业的发展,使相关企业失去了造船、造船零配件供应的市场。此外,船东雇佣外国船员,也使国内广大船员失去了就业机会。

《总体方案》提出,利用中资"方便旗"船税收优惠政策,促进符合条件的船舶在上海落户登记,实行已在天津试点的国际船舶登记政策,同时简化国际船舶登记流程。交通运输部已于2014年1月颁发了《中国(上海)自由贸易试验区国际船舶登记制度试点方案》,适当放宽登记主体、船龄范围等登记条件,从外籍船员配备、登记种类等方面辅以完善,同时,在登记程序和相关配套程序上也授权上海海事局进行优化、完善,切实提高国际船舶登记效率。但是目前尚没有看到具体税收优惠、监管等方面的具体措施出台。

要想真正吸引中资船舶的回归,不仅要解决税收、监管等一个个点的问题,还有一个个面上的差距。从总体上看,自贸区迈出了吸引中资船舶回归的步伐,但是整体运营环境还有待完善,吸引船公司"回国",还有很长的路要走。目前制约中资船舶顺利回归的因素较多,吸引中资外籍船舶回归绝非是某几个单项的优惠政策所能奏效,需要的是一整套能与其他注册国家和地区竞争的制度和服务体系。在船舶抵押、船舶保险、船舶交易、公司税收等诸方面突破现有制度,给中资船东创造一个基本形同境外的经商环境。比如在巴拿马,主管机构对船舶管理介入很少,对配备船员的国籍要求也很低。船舶要在方便国登记,有专门的代理办理注册,一个电话就能解决。此外,目前内地在出境报关检验等流程方面还比较复杂,报关效率与新加坡、中国香港仍有不少差距,因此,上海要想吸引中资船回归,就要与国际接轨,至少要有相较其他自贸区的独特优势。因此,新船舶登记制度,市场仍期待其有新的突破。

3.2.3.3　国际中转集拼业务的发展

据统计,上海港 2012 年集装箱吞吐量为 3 252.9 万 TEU,同比增长率 2.5%,2013 年集装箱吞吐量 3 361.7 万 TEU,同比增长率 3.3%。上海港的集装箱吞吐量虽然总量庞大,但是增速放缓,也就是说上海港急需寻找业务创新点或突破点,而国际中转集拼业务就是这样的突破点。

国际中转集拼业务,是指境外货物经过近洋、远洋国际航线运至上海港,与内地通过沿海、沿江内支线船舶转关至上海港的出口货物,在海关特殊监管区域内拆箱进行分拣和包装,并根据不同目的港或不同客户,与上海本地货源一起重新装箱后再运送出境的一种港口物流业务。国际中转集拼业务是衡量一个国际枢纽港的重要指标。由于受航线航班、监管模式、运输政策等种种因素的限制,我国的港口只能整箱出口或进口国际货物,而不能作为集散点或中转站,进行二次运输分配。这也使得亚洲地区国际中转集拼业务基本集中在新加坡、釜山和中国香港等传统集装箱枢纽港,我国很多中转箱也到韩国釜山港转口。过去外高桥保税物流园区的试点主要是"水水中转"业务,洋山保税港区虽已于 2012 年 12 月开展国际中转集拼业务,但业务范围很有限,且由于操作上的限制,还没法规模化运作。目前国际中转集拼业务所占比率在新加坡高达 85%,中国香港和釜山也均在 50% 以上,而上海港集团却不足 10%。可见,国际中转集拼业务在自贸区具有较大开拓与发展空间,这也将是上海打造国际航运中心迈出的关键一步。

2014 年 7 月,自贸区中转集拼创新业务启动,海关分别在外高桥保税物流园区和洋山保税港区选定一家企业做试点。国际中转集拼监管方案也将同时开始试运作。上海自贸区这次启动的国际中转集拼业务创新分为两个阶段。第一阶段主要是在简化一线进境备案规范要素的基础上开展,拓展洋山保税港区试点由陆域到岛域,以提高效率、节约国际中转集拼业务的成本。第二阶段则会考虑采取仓单申报的模式,进一步与国际接轨。

如果上海港能在国际中转集拼业务上有所突破,对港口企业来说,也有利于吸引更多的船公司将中转中心迁移到上海,从而增加上海港的吞吐箱量,同时中转业务的增加,也有利于货主将加工、物流等延伸业务向上海聚集。对上海港来说也就开辟了更对延伸服务空间;对船公司和货主来说,可以将来自世界各地的货物在上海港重新拆分拼装。再根据上海港的航线,按照不同的目的地和时间统筹规划,从而降低航线重复率和运输成本。将来或许有相当比例的釜山港中转箱将回流至上海港,也不能排除其他国际、国内港口中转箱转移至上海港的可能性。

另外,《总体方案》中关于"推动中转集拼业务发展,允许中资公司拥有或控股拥有的非五星红旗船,先行先试外贸进出口集装箱在国内沿海港口和上海港之间的沿海捎带业务",将进一步给上海港带来政策红利。上海过去采用的起运港退税政策更多着眼的是国际集装箱运输,利用中资方便旗船捎带着眼的是更高层的中转业务,也有利于打造内外一体化的运输政策,为打造东北亚航运中心提供更好的发展空间。就目前市场反映来看,这项政策反映积极,但是尚无具体报告,也无具体细则。事实上,中资方便旗捎带业务也是所有航运业开放领域中外资唯一感兴趣的话题。

3.2.3.4　高端航运服务业的发展

如果说发展国际中转集拼业务是上海构建国际航运中心的集疏运硬件体系上的一大突破,那么发展高端航运服务业就是对国际航运中心的短板——软实力的补救,进而促进航运业转型升级。尽管海运方面直接放开的内容并不多,但试验区对航运最大的利好就是金融放开。历史证明金融中心和航运中心是相伴而生的。航运中心的金融业发展将解决港航企业的资金困境,充分发挥它在航运投资、融资、结算和海上保险中的作用。综合来看自贸区对高端航运服务业的一系列政策,其市场影响主要体现在船舶融资、航运保险、航运运价指数衍生品交易、海事仲裁机构以及相关人才培养等方面。

知识拓展

什么叫航运高端服务业

随着国际航运服务业从低端向高端发展,高端航运服务业成为全球各大港口努力的方向。高端航运服务业一般是指航运服务的上游高附加值产业,主要包括航运金融、融资保险、海事规范、政策咨询、技术标准、信息服务等,属于航运高附加值产业。

通常来讲,高端航运服务业提供知识、经验和高附加值,而中低端航运服务业属于资本密集型、劳动密集型、规模经济型或低附加值型。也就是说,邮轮运输、货物运输、船舶租赁、船舶管理等属于中端航运服务产业;而码头服务、集装箱堆场、仓储服务、船舶代理、货运代理、报关服务、理货服务、内陆运输服务、船舶供应服务、船员劳务等属于低端航运服务产业。

---

1. 船舶融资租赁

航运企业属于资金密集行业,无论造船、买船还是租赁船舶都需巨额资金投入。目前我国船舶融资业尚处于初期阶段,并且发展存在一系列制约因素,主要包括以下几点:第一,中资船舶大量境外注册,这种中国船舶在境外注册的情况必然会导致与之相关的融资业务外移。第二,法律税收政策不完善,船舶融资租赁业务缺少相应优惠政策的支持,而发达国家对出租人所出租的设备或投资产品采取很多税收激励政策,从而降低了承租人的租金费用,如英国等。第三,船舶融资租赁企业缺乏长期稳定的资金来源,由于船舶融资租赁业务项目的资金需要量大且占用时间长,而国内船舶融资租赁机构自身实力普遍不强,中长期资金来源渠道有限,缺乏符合船舶业务特点的长期稳定资金来源。第四,船舶融资具有很高的专业性,涉及的环节较多,如船舶检验、船舶登记、船价评估,以及法律、会计等多个环节,而我国的航运服务产业链目前主要集中在货运代理、船舶代理等附加值较低的环节,航运服务产业链的不完善直接导致了船舶融资发展的滞后。

《总体方案》提到,融资租赁公司在试验区内设立的单船子公司不设最低注册资本限制,允许融资租赁公司兼营与主营业务有关的商业保理业务。特别是鼓励开展跨境投融资服务,支持各类融资租赁公司设立项目子公司开展境内外租赁服务,以推动我国融资租赁业的国际化进程。这一政策可以一定程度上缓和船舶租赁企业资金压力和使用灵活性,有利于实现单船租赁业务的标准化、规范化起步。同时采用 SPV 的方式进行境内外融资租赁服务,可以把境内外业务整合起来,逐步吸引境外注册船舶资源的回归,改变国外租赁公司垄断国内市场的局面,提升我国金融租赁对航运企业发展的吸引力。

但由于目前银监会还未出台允许在境外设立特殊目的公司的政策,这就意味着国内金融租赁公司将无法享受到境外特殊目的公司所能够带来的多元化融资渠道、全球化资产运作、税收优惠、行业集聚效应等方面的竞争优势,也无法开展航运的方便旗租赁业务,这将影响我国金融租赁公司在航空、航运租赁领域的国际竞争力。因此,监管当局应尽早出台对于境外 SPV 的设立的政策,同时在允许境外 SPV 设立政策出台之前,建议国家相关部门能给予租赁公司开设快速审批通道及一定数额的外债额度,以缓解我国金融租赁公司与国外租赁公司由于资金成本不对等的被动局面,从而提高我国在船舶租赁领域国际化竞争水平。

在《总体方案》的纲领性条款指导下,中国人民银行发布《关于金融支持中国(上海)自由贸易试验区建设的意见》,其中规定简化飞机、船舶等大型融资租赁项目预付货款手续。银监会的《关于中国(上海)自由贸易试验区银行业监管有关问题的通知》也明确指出鼓励开展离岸船舶融资业务。同时,试验区内注册的融资租赁企业或金融租赁公司在试验区内设立的项目子公司也被纳入融资租赁出口退税试点范围。以上措施从融资租赁手段、办理手续、税收等方面入手促进我国船舶融资租赁业务的发展,但是在船价评估、法律以及会计等高端环节非常薄弱,航运服务产业链的构建依然需要投入大量精力。

上海自贸区的政策打开了中国船舶融资租赁市场。据中商智业船舶融资租赁行业分析预测,2014—2020 年,船舶领域融资租赁市场规模相对占比上升幅度最大,达到了 4.32 个百分点,相对占比从 11.27％增长到 15.59％;预计 2016 年船舶租赁行业市场规模将达 1 568 亿元,到 2020 年将达到 4 695 亿元。

2. 航运运价指数衍生品

为了加快航运运价衍生品交易,有关方面已提议在上海自由贸易试验区内设立国际航运金融衍生品交易所。上海国际航运中心建设推进办公室副主任袁嘉蓉表示,就加快发展航运运价指数衍生品交易业务方面,有关方面已经提出设立国际航运金融衍生品交易所,吸引境内外航运、贸易企业参与,为其规避运价风险提供新的工具。

自 1996 年 1 月正式启动以来,上海国际航运中心在提升基础设施能力和健全航运服务体系方面已经实现了较多突破,但要实现更高层次、更高水平的具有全球航运资源配置能力的国际航运中心,必须实现航运中心与金融中心、贸易中心的联动发展。如果仍然借助于国际航运发展综合试验区的平台,将无法在最大层面上吸引和带动与航运中心建设有关的方方面面,如航运金融、融资租赁等。2013 年9 月,BDI 指数发布者波罗的海航运交易所宣布在上海设立实体办公室。波交所正是看中了上海国际航运中心的地位,借上海来发展自己的信息业务与会员业务。目前在国际航运界具有影响力的除了 BDI 指数之外,上海航运交易所所属的上海航运运价交易有限公司(以下简称 SSEFC)推出的上海出口集装箱运价指数(SCFI)也已成为首个全球国际集装箱运价衍生品交易的结算标的。2011 年 6 月28 日,SSEFC 根据 SCFI 推出了国内首个集装箱运价衍生品交易合同。2011 年 12月 7 日,上海航运交易所在中国沿海运价指数(CBFI)的基础上,又发布了中国沿海煤炭运价每日指数(CBCFI)。当日,上海航运运价交易有限公司以此指数为基础的沿海煤炭运价衍生品交易合同也同步推出,这也是航运界首个沿海煤炭运价衍生品交易。在自贸区强调发展航运运价指数衍生品交易业务之际,SSEFC 公司于 2013 年 10 月 10 日发布新的中国沿海煤炭运价衍生品——中国沿海煤炭(南北线)运力交易合同。该产品是全球首个采用实际运力交割的航运金融衍生品。因而亟须推出比原有试验区内涵更广、辐射面更大、突破性更强的一个载体,为上海航运制度创新探索工作提供更广阔的实验平台。此次国务院赋予上海探索建设中国(上海)自由贸易区的机会,就为上海在更高层面探索航运制度及其相关领域制度创新提供了特殊空间。

　　3. 航运保险

　　航运保险是完善整个航运物流体系风险保障中最为基础、最为必要且必不可少的环节。作为航运中心的重要组成部分,航运保险无疑在高端航运服务业中占据重要地位,对提升国际航运服务能级起到积极作用。目前我国的航运保险发展存在不少问题。一是产品同质化严重,创新性产品缺乏。由于我国大型船舶融资逐步移向外资机构,现在运输险费率仅仅是国际市场一半左右。二是航运保险险种发展不平衡。我国货运险业务市场准入相对较低,承运人责任险等技术要求相对较高的保险,保险公司很少参与,而航运险种的设计也缺乏创新导致部分新兴风险不能涵盖,现在的保险产品不能涵盖业界的需要。三是航运保险的软环境发展不完善,严重制约了航运发展。与费率和险种等技术性问题相比,专业人才缺乏,法律环境不完善更是急需解决的问题。由于缺乏集技术及管理于一身的管理人才,影响高质量、高技术的风险评估服务。四是航运保险的法律环境仍不完善。以航运险为例,现在只有海商法和保险法,不能覆盖实际的需要。现在大部分的航运企业都用英国法,约定在伦敦管辖。我国虽然也成立了海事法院,但案件数量相对比较少,大力发展航运险必须建立配套的法律体系。

　　上海自贸区成立以后,《总体方案》及保监会所给予的相应的政策都有提到大力发展航运保险业务,为航运保险的发展创造了有利条件。随着自贸区内关于贸易创新的明确,航运保险未来发展环境更加优越。中国保监会对上海保监局提出的有关事项作出批复的主要内容就包括以下几点:①支持国际著名的专业性保险中介机构等服务机构以及从事再保险业务的社会组织和个人在自贸区依法开展相关业务,为保险业发展提供专业技术配套服务。②支持上海开展航运保险,培育航运保险营运机构和航运保险经纪人队伍,发展上海航运保险协会。③支持保险公司创新保险产品,不断拓展责任保险服务领域。④支持上海完善保险市场体系,推动航运保险定价中心、再保险中心和保险资金运用中心等功能型保险机构建设。

　　在船舶登记制度上,区内企业可以将"洋山港"作为其拥有船舶的船籍港进行国际船舶登记,从事国际航运业务,增加船舶保险资源;此外,外贸进出口集装箱"沿海捎带"、海关"一线放开、二线管住"、发展总部经济、"启运港退税"等一系列政策都将有利于航运保险的发展。

2013年12月,酝酿多年的上海航运保险协会成立。上海航运保险协会的成立有助于促进中国航运保险的专业化和国际化,全国航运保险向上海集聚的态势愈发明显。目前,太平洋保险与大众保险都已入驻上海自贸区。随着各项支持政策的推进与落实,更多的外资船舶管理和制造企业将落户上海自贸区,从而使上海船舶险市场的总量得以提升。国内其他财险公司也必然十分重视自贸区对航运险带来的影响,会考虑在自贸区布局。

2014年6月,中国保监会正式批复了华泰财产保险有限公司在上海外包桥保税区设立航运保险运营中心(以下简称"航保中心"),并准予开业。华泰财险成为自贸区内第一家航运保险中心,经营货物运输保险、船舶保险、船舶建造保险、保赔保险、集装箱保险、海上能源保险、码头财产保险、海事责任保险等各类航运保险业务,以及海事咨询、理赔检验代理及海事担保业务和保监会批准的其他业务。这有助于区内企业获得直接的保险及金融服务,对于自贸区的建设有着积极的意义,有助于提升自贸区国际航运服务能级、增强金融服务功能。

4. 海事仲裁机构

作为航运法律服务的高端产业,国际海事仲裁历来是海运贸易的软实力标志。上海港为全球第一大港,其货物和集装箱吞吐量连续领先国内外港口,同时上海也是国内海事仲裁的最大集散地。

目前,国内的海事纠纷案件主要包括企业经营亏损、资金周转困难、船舶抵押融资、租船合同欠付租金、造(修)船违约,以及任意压低海员基本工资、拖欠工资、克扣加班工资、拒付社会保险金等。在自贸区的"虹吸效应"下,一大批重量级的跨国航运企业与航商服务机构纷纷云集上海,航运、物流服务的广度和深度加快拓展。航运领域先行先试的新模式、新业态在进一步提升上海国际航运中心地位的同时,必然会催生一系列在试验区28.78平方公里内的涉外民商事案件。自贸区最重要的是国际新规则的试验区,自由贸易最重要的含义是,放松管制,充分尊重投资人、合资方的意思自治,这种背景下发生争议也要以最能体现意思自治的方式来解决,这就是仲裁解决,而非法院审判。这就需要更专业化的仲裁员和更国际化的仲裁机构来解决。

不过需要说明的是,上海自贸区需要的不仅仅是海事仲裁。上海自贸区90多项先行先试的事项中包含了一系列对外资开放的新领域、新模式、新业态,涉及投资、贸易、金融、航运等领域。上海自贸区运营后,贸易和投资的便利化、扩大开放的各类政策措施将大幅提升国际投资、贸易的交易量,同时也必将会催生一系列国际民商事仲裁案件。在获得上海司法局的同意并转报司法部备案后，上海自贸区仲裁院已经成立，专门解决自贸区内包括航运在内的各种涉外商事案件。

中国海事仲裁委员会上海分会也必须主动融入，探索建立与国际接轨的高效海事仲裁程序及管理模式，发挥海事仲裁专家队伍的优势，依托各方面力量，拓展海事仲裁的增长空间，配合上海国际航运中心建设步伐，力争将上海建设成中国的海事仲裁中心，进一步成为亚太地区的海事仲裁中心。

5. 人才培养

自贸区的发展离不开人才。《实施意见》明确指出要加快航运人才、教育、科研发展。支持上海高级国际航运学院发展，建设国际化、开放型、服务型的高级航运人才培养基地。支持上海国际航运研究中心、上海国际航运信息中心的建设和发展，打造具有国际影响力的航运咨询机构。支持上海组合港管委会办公室、上海国际航运中心发展促进会开展有关研究。

作为受自贸区辐射最大的临港新城，为了导入更多人口，新出台的《上海市居住证管理办法》规定，持证人在本市重点发展的远郊区域工作并居住，每满 1 年积 2 分，满 5 年后开始计入总积分，最高分值 20 分。临港地区重点机构引进的紧缺急需人才可直接落户。临港地区企业、重点机构引进的紧缺急需专业人才和高技能人才，可以申办人才居住证，享受上海市民同等待遇。从这些方面来看，自贸区正在为上海吸引和培养更多更高级的人才提供机遇。

根据"十二五"规划，2015 年上海整个金融市场交易总额将达 1 000 亿元人民币。尽管上海已是少数金融市场比较完备的城市之一，人才配备仍显稀缺。比如，拥有 1 000 万左右人口的纽约、东京等金融贸易中心，至少拥有 10％的金融类人才，即约 100 万人。而在常住人口约 2 400 万的上海，金融专业人才数年前刚迈过 1％关口。伴随着自贸区的设立，人才需求将保持信息化、多元化态势。专家认为，自贸区建设凸显金融服务、高端航运及文化贸易等人才缺口。人才的供不应求一方面有助于推动转型就业，缓解就业压力；另一方面有助于上海从国内外吸引优质人才。

上海自贸区带来的人才新机遇不仅在于为上海招募更多优质人才，更在于其对人才的培养。由于上海自贸区是我国的首个自贸区，这里没有完全照搬的经验，只有不断地摸索、大胆地创新。这对上到政府管理人员，下到普通企业的管理人员都是一次挑战。人才的培育离不开实践的土壤，上海自贸区在发展进程中将遇到各种问题，对这些实际问题的解决就是对涉身其中的相关人员的最好培养与锻炼方式,为实现《总体方案》中提出的"可复制、可推广"目标做好人才储备工作。

3.2.3.5　航运顶层设计的完善

顶层设计是自上而下的制度改革,属于系统谋划,需要政府发挥主导作用,但是改革动力和需求来源于市场。

从2008年下半年开始,全球航运市场迅速下行,运输需求增速受压,市场运价跌至谷底,而运价的暴跌又通过价值链条传递给修造船、船舶融资、港口码头等相关行业。本次下行蔓延速度之快,造成损失程度之烈,波及范围之广,萧条时间之长,为历史罕见。时至今日,全球航运业目前依然复苏困难,航运企业出现大面积的亏损,这足以说明航运业不是偶然堕入深渊,而是出现了比较系统性的危机。

不谋万世者,不足谋一时;不谋全局者,不足谋一域。航运业亟须顶层设计。国务院、交通运输部、上海市政府相继出台了一系列鼓励航运发展的政策和制度,已经体现了政府"顶层设计"的高度。例如,2013年9月初,交通运输部颁布的《关于促进航运业转型升级健康发展的若干意见》。未来,交通运输部还要从八个方面加强航运业的顶层设计:

第一,明确航运的发展动力在市场,但政府的作用不可或缺。未来的重点是国内运力调控、国际国内市场监管、减少审批、减轻企业负担等。

第二,发展航运顶层设计处于关键时期,发展目标是兴内河、优港口、强海运。

第三,改善供求关系,优化运力结构。淘汰老旧运输船舶,调节运力存量,优化船队结构。提高新建船舶技术水平,加强国内部分领域新增运力管控。

第四,加强市场监管,维护市场秩序是政府的根本任务。鼓励航运企业的抱团取暖,建立价格监管制度,对越范围经营、未经批准擅自经营等行为进行查处。

第五,中国航运市场将进一步提高开放水平。放宽外商投资国际船舶运输的股本限制;试点开展中资方便旗船在国内开放港口与上海港之间捎带外贸进出口集装箱。经特别批准,允许外国国际邮轮航线沿海多点挂靠。

第六,航运管理将进一步放权,政府服务功能将进一步强化。取消和下放一批审批事项;加深航运市场动态监测和水运经济运行分析,定期发布运力等市场信息。倡导航运企业和货主企业合作理念,开展长期合作或合资、合营。

第七,鼓励航运业转型升级,培育新的经济增长点。鼓励金融业以多种形式投资航运业,发展邮轮经济和滚装运输经济,推进海峡两岸航运共同发展。

第八,参照国际惯例,积极为企业减负。取消和规范一批收费,进一步规范港口收费,减少船舶交易收费。

自贸区的建立,为上海在更高层面探索航运制度及其相关领域制度创新提供了特殊空间,这将为中国航运业带来新的契机。上海航运中心建设进入体制机制创新的新阶段,上海建设国际航运中心将由争取"政策红利"向创造"制度红利"转变。

自贸区可以从消除贸易壁垒、促进投资便利化、发挥金融潜能以及提高服务能级四个层面进行顶层设计。例如投资便利化方面,投资管理制度要有突破创新,突破海上运输、航运金融等业务的外汇管制,提供"制度红利";发挥金融潜能方面,可充分利用上海自贸区在金融、航运领域的开放政策,发展航运金融,发展航运运价衍生品交易业务,放开融资租赁,完善航运发展基金,鼓励私募基金对航运的投资等。

3.2.3.6　促进航运业转型

可以预期在自贸区带动下的上海港的地位将更加凸显,并带动华东沿海地区其他港口的进一步发展。但如何把握时机,借助相关政策,进一步提升港口的竞争力,增强上海国际航运中心的地位,促进航运业转型是接下来航运业面临的首要问题。

近年来,世界经济陷入低迷,中国外贸出口增长疲软,对港口发展的助推作用大大减弱。目前,我国港口建设主要面临以下四个方面的挑战:首先,货量增长放缓;其次,随着自动化技术的发展与应用,港口间以水深、泊位、设备为核心的竞争优势差距越来越小,服务趋向于同质化,而且港口分布趋向于密集化,造成港口间竞争激烈;再次,收入及成本压力加大。目前,整个航运市场处于寒冬期,由运力过剩引发的竞争导致的运费下滑使得航运企业在不断高升的燃油成本下面临巨大压力。同时,借助船舶大型化带来的议价优势,航运企业也尽可能地寻求缩减港口费用以控制成本支出,将压力传递至港口。此外,不断上涨的人工、燃料和物料价格也造成港口运营成本持续增加。最后,管理信息化、系统化缺乏。港口现代化程度、发展水平高低,很大程度上取决于管理的信息化水平。新一代的港口已不再是劳动密集型产业,国外自动化集装箱港口已将码头信息管理软件视为码头基础设施的组成部分。但由于长期以来劳动力成本的相对低廉,我国港口在此方面重视不足。随着技术的发展以及提高竞争力的迫切需要,运用信息化管理系统的集装箱码头自动化运营必将成为大势所趋。

3.3　商贸服务领域

3.3.1　《总体方案》给定的开放领域

《总体方案》中给定的商贸服务领域的开放方案如表 3-8 所示。

表 3-8　商贸服务领域的开放方案

6. 增值电信(国民经济行业分类:I 信息传输、软件和信息技术服务业——6319 其他电信业务,6420 互联网信息服务,6540 数据处理和存储服务,6592 呼叫中心	
开放措施	在保障网络信息安全的前提下,允许外资企业经营特定形式的部分增值电信业务,如涉及突破行政法规,须国务院批准同意
7. 游戏机、游艺机销售及服务(国民经济行业分类:F 批发和零售业——5179 其他机械及电子商品批发)	
开放措施	允许外资企业从事游戏游艺设备的生产和销售,通过文化主管部门内容审查的游戏游艺设备可面向国内市场销售

3.3.2　部委政策

3.3.2.1　工信部、上海市人民政府进一步扩大增值电信开放领域的意见

建立中国(上海)自由贸易试验区(以下简称试验区)是党中央、国务院作出的重大决策。为支持试验区先行先试,实现以开放促发展、促改革、促创新,形成可复制、可推广的经验,2014 年 1 月,工信部与上海市政府联合发布了《关于中国(上海)自由贸易试验区进一步对外开放增值电信业务的意见》(以下简称《意见》),决定在试验区内试点进一步对外开放增值电信业务。

《意见》提出在试验区内进一步试点开放的七个增值电信业务领域,包括两个方面:一是进一步试点开放三项业务的外资股比,其中信息服务业务中的应用商店业务、存储转发类业务等两项业务外资股比不设限制;在线数据处理与交易处理业务中的经营类电子商务业务外资股比放宽到 55%。二是新增试点开放呼叫中心业务、国内多方通信服务业务、为上网用户提供的因特网接入服务业务、国内因特网虚拟专用网业务等四项业务,其中前三项业务外资股比不设限制;国内因特网虚拟专用网业务外资股比不超过 50%。

3.3.2.2　工信部的外商投资增值电信业务管理办法

为了适应自贸区内外商投资经营增值电信业务的需要,根据《中华人民共和国

电信条例》《外商投资电信企业管理规定》《国务院关于在中国（上海）自由贸易试验区内暂时调整有关行政法规和国务院文件规定的行政审批或者准入特别管理措施的决定》及《工业和信息化部、上海市人民政府关于中国（上海）自由贸易试验区进一步对外开放增值电信业务的意见》等有关规定，工信部于 2014 年 4 月发布了《中国（上海）自由贸易试验区外商投资经营增值电信业务试点管理办法》（以下简称《办法》）。

《办法》共十三条，主要内容包括：试验区外资企业申请经营增值电信业务审批程序、申请条件和申请材料、监督审查以及试点评估等。《办法》将审批权限由工业和信息化部下放到上海市通信管理局，并大幅缩短了审批期限。

《办法》的发布是试验区进一步对外开放增值电信业务的有力保障，将有效推进试点的顺利进行，同时也是对电信领域外商投资审批制度改革的积极探索。

3.3.2.3　文化部的文化市场管理政策

为贯彻落实《总体方案》中商贸服务领域中游戏机、游艺机销售及服务的扩大开发，文化部于 2013 年 9 月 29 日发布了《关于实施中国（上海）自由贸易试验区文化市场管理政策的通知》（以下简称《通知》），其中就游戏机、游艺机的销售及服务做出了具体规定：即"允许外资企业在试验区内从事游戏游艺设备的生产和销售，通过文化主管部门内容审查的游戏游艺设备可面向国内市场销售"。

《通知》还对外资企业销售游戏游艺设备的内容审查申请、游戏内容及其表现形式、备案材料等具体事项做出了规定。

3.3.2.4　文化市场开放项目实施细则

根据《国务院关于印发中国（上海）自由贸易试验区总体方案的通知》（国发〔2013〕38 号）《国务院关于在中国（上海）自由贸易试验区内暂时调整有关行政法规和国务院文件规定的行政审批或者准入特别管理措施的决定》（国发〔2013〕51 号）和《文化部关于实施中国（上海）自由贸易试验区文化市场管理政策的通知》（文市发〔2013〕47 号），上海市文化广播影视管理局、上海市工商行政管理局、上海市质量技术监督局、中华人民共和国上海海关、中国（上海）自由贸易试验区管理委员会于 2014 年 3 月 31 日制定了《中国（上海）自由贸易试验区文化市场开放项目实施细则》（以下简称《细则》）。《细则》第一条对游戏游艺设备的生产和销售做出了具体规定：

允许外资企业从事游戏游艺设备的生产和销售，通过文化主管部门内容审查的游戏游艺设备可面向国内市场销售。

(一) 中国(上海)自由贸易试验区(以下简称"自贸试验区")内取得工商部门核发的营业执照且营业执照经营范围载明"生产游戏游艺设备及销售其产品"的外商投资企业,可向市文广影视局申请内容审查。

(二) 向国内市场销售的游戏游艺设备,应当具有合法知识产权,有利于传播科学、艺术、人文知识,有益于青少年健康成长。不得含有《娱乐场所管理条例》(国令〔2006〕458号)第十三条的禁止内容,不得含有押分、退币、退钢珠等赌博功能。设备外观、游戏内容、游戏方法说明应当使用我国通用语言文字。

(三) 从事游戏游艺设备的生产和销售的外商投资企业申请内容审查时,应当提交预装游戏内容的游戏游艺设备和以下材料:

1. 《游戏游艺机市场准入机型机种内容审核申请表》和《游戏游艺机产品内容审核材料登记表》。

2. 企业营业执照复印件。

3. 与游戏游艺内容相关的知识产权证明材料,包括该游戏游艺产品的知识产权证明文件或者该游戏游艺产品的知识产权授权文件。

4. 游戏游艺设备中内容全过程的视频文件或者游戏游艺软件的视频演示(DEMO)文件。视频文件或者视频演示文件是指游戏游艺设备最终上市版本中的所有游戏游艺内容,包括不会在正常游戏进行过程中出现的内容的视频文件(以CD-ROM或DVD光盘为载体)。

5. 能够反映产品整体外观并与实际销售产品一致的电子图片。其中一张正面图,两张侧面图,格式统一为"＊.JPG",图片分辨率不低于800×600。

6. 游戏游艺使用的音频文件、名称列表和歌词的电子文本。电子文本应当是游戏游艺设备中使用的全部背景音乐、歌曲的名称列表、音频文件和歌词的中外文对照文本。

7. 游戏游艺内容中全部对白、旁白、描述性文字以及操作说明的中外文电子文本。

8. 为游戏游艺设备提供游戏游艺内容的方案。其中,在网络上为游戏游艺设备提供游戏内容的,应当提交提供游戏内容的企业的《网络文化经营许可证》。

(四) 市文广影视局应当自受理申请之日起20个工作日内作出审批决定。符合规定条件的,出具《游戏游艺设备内容审核确认单》,并报文化部备案;不符合规定条件的,书面说明理由。

(五) 外商投资企业取得《游戏游艺设备内容审核确认单》后,可以向国内市场销售其游戏游艺设备。游戏游艺设备的游戏游艺内容、机型、机种有升级、改版等实质性变更的,应当重新向市文广影视局申请内容审查。

(六)外商投资企业应当对其生产及销售的游戏游艺设备的产品质量负责,产品应当符合国家和本市有关标准和规定。在向国内市场销售的产品及其包装上,应当用中文标明产品名称、生产厂厂名和地址。

(七)向国内销售其游戏游艺设备的外商投资企业在办理游戏游艺设备内销手续时,除按正常管理规定办理海关手续外,还应当向主管海关一并提交市文广影视局出具的《游戏游艺设备内容审核确认单》。

(八)在网络上为游戏游艺设备提供游戏内容的企业应当遵守文化部发布的《互联网文化管理暂行规定》《网络游戏管理暂行办法》规定,取得《网络文化经营许可证》;游戏产品应当取得文化部的批准文件。通过其他途径为游戏游艺设备提供内容的按照国家有关规定执行。

(九)工商部门、质量技监部门和海关按照各自职能,行使相关管理职责。自贸试验区管理委员会负责有关外资企业的日常监管。

3.3.3 市场影响

3.3.3.1 对增值电信领域的影响

逐步开放电信增值业务是中国加入 WTO 的承诺之一。但由于电信增值业务一向属于敏感领域,工信部此前对外商投资增值电信业务属于从严管理,且要求持股比例不得超过 50%。随着中国电信市场的持续发展和行业成熟度不断提高,电信增值业务扩大开放已较为可行。2012 年,工信部发布《关于鼓励和引导民间资本进一步进入电信业的实施意见》,明确鼓励民间资本开展增值电信业务。此次允许外资企业经营增值电信业务,标志着中国进一步放宽外商进入增值电信业务领域。中国电信企业也将在试验区内直面来自外资独资或控股电信增值业务企业的竞争。同时,由于电信业务的敏感性,此次政策对开放电信增值业务的具体形式和内容作了规定,部分业务开放许可需要得到国务院层面批准。

上海自贸区是面向全球的一个自贸区服务平台,原本一些电信增值行业放开的领域,在其他地方多少也能做一些,上海自贸区是进行了系统的界定与服务管理,目的也是为了吸引全球的电信行业公司前来,而所面向的市场也是全球。电信行业原则上进行"负面清单"管理,特定电信增值服务的开放,有利于国际知名的互联网公司借此契机进入中国市场,同时,电信行业的开放仍有一定限制,主要是考虑保护中国网络信息安全。

上海自贸区对于这个领域的开放,更多聚焦在外资。这可以吸引全球的行业公司注意力,因为自贸区也是放眼全球。

在三大运营商已经建立起覆盖全国的通信网络之时,就电信行业而言,许多民营企业能做的只是依附于电信巨头的周边等领域,这个行业留给民营企业的想象空间原本有限。

自贸区的方案在增值电信领域开放清单中,则是涵括互联网信息服务、数据处理和存储服务、呼叫中心等,但也有不少环节被列入负面清单。不过,就开放规模而言,这已经是较大的进步,因为在此之前,国家对于外资经营增值业务的地域、股份占比都有严格规定。外企在设立增值电信业务的第一年只能在注册地经营,此后才能扩大经营地区;此外,外资的持股比例不能超过49%。

自贸区在某种程度上,未来民营企业可以做一些对于数据的来料加工、数据存储这块,虽然以前在别的地方也能做,但是并没有特别支持的政策,现在自贸区有了清晰的政策支持。

3.3.3.2　对游戏游艺机市场的影响

自2000年6月15日,国务院办公厅转发了《关于开展电子经营场所专项治理意见的通知》,面向境内的电子游戏设备及其零、附件生产、销售即行停止,任何企业、个人不得再从事面向境内的电子游戏设备及其零、附件的生产、销售活动。自此宣告所有游戏机行货在中国内地的销售都是不合规范的。业内一直有调整产业政策的呼声,因为对电子游戏机的市场管理严重制约了发展中国文化产业的步伐。2009年,大型电子游戏机已被允许公开生产销售,但家用游戏机却一直未再有政策提及。虽然中国内地禁止售卖,但家用游戏机在中国市场的占有率并不低,因为行货不行,有"水货"在市场中充斥。

在上海自贸区宣布开放游戏机市场后,多年的游戏禁令终于破冰,外资必然大举进军中国家用游戏机市场。这对于国内希望在家用游戏机行业赢得一定的市场份额来说具有一定的挑战。尤其对于索尼、微软、任天堂这样的国际知名家用游戏机行业的翘楚而言,他们所拥有的早已深入消费者的用户体验是很难追赶的。而且家用游戏机属于时尚型产品,即是指在某一领域里,目前为大家所接受且欢迎的风格的产品。时尚型的产品生命周期特点是,刚上市时很少有人接纳(称之为独特阶段),但接纳人数随着时间慢慢增长(模仿阶段),终于被广泛接受(大量流行阶段),最后缓慢衰退(衰退阶段),消费者开始将注意力转向另一种更吸引他们的时尚。因为现阶段家用游戏机的消费群体还是集中在青年团体,他们有对于新鲜事物的接受能力较强,所以家用游戏机在我国起步的销量可能会处于稳中有升的状态。

百视通和微软合资成立的上海百家合信息技术发展有限公司,该公司拿下了自贸试验区"001"号备案证,成为试验区实行备案制管理的第一个受益者。百视通将与微软共同投资 7 900 万美元(约合 4.83 亿元人民币)成立新公司。其中,百视通拟投入 4 029 万美元(约合 2.46 亿元人民币),持股 51%;微软公司拟投入 3 871万美元(约合 2.37 亿元人民币),持股 49%。新公司将在新一代家庭游戏娱乐技术、终端、内容、服务等领域展开全面合作,打造新一代家庭游戏娱乐产品和家庭娱乐服务中心,推进公司在游戏产业领域的布局。此次与微软合作,有利于引进国际最先进的家庭游戏技术,有利于上海文化游戏产业的布局和产业链的提升,有利于中国文化原创内容、华语影视作品、家庭娱乐游戏进入全球市场,最终走进世界亿万家庭的客厅。

对于国内想进入家用游戏机行业的企业来说,要想实施品牌化发展需要企业做大,而且要有自己的特色。在同样的大环境下,能够比对手跑得更快一点,就可以让自己立于不败之地。此时就需要差异化的竞争,形成自己的特色。在生产材料的采购供应链完整,采购成本低的同时,在充分调研消费者心理需求和市场反响之后增加研发投入,实施创新战略,形成品牌效应。此时更需要对管理团队进行明确分工,同时采用新思维,让市场调研和研发有条不紊地同步进行。同时,除了在采用游戏机销售的盈利模式以外,尽可能寻找其他盈利方式,如研发更受欢迎的配套游戏,让其他游戏机厂家付费使用,这种多元化的盈利方式可以帮助企业更大程度地盈利。

此外,原来国外家用游戏机企业在华的外包工厂,如索尼在广州和深圳的 PSP工厂,这些工厂掌握了一定的生产技术,可以在合作年限期满时与创意企业洽谈合作事宜,不再做廉价劳动力的载体,而且做创造性产品的载体。在提高自身产能的同时,增强自身的创造力和影响力,打造具有本土特色的游戏机品牌。

3.4　专业服务领域

3.4.1　《总体方案》给定的开放领域

《总体方案》给定的专业服务领域的开放方案如表 3-9 所示。

表 3-9   专业服务领域的开放方案

8. 律师服务(国民经济行业分类:L 租赁和商务服务业——7221 律师及相关法律服务)	
开放措施	探索密切中国律师事务所与外国(港澳台地区)律师事务所业务合作的方式和机制
9. 资信调查(国民经济行业分类:L 租赁和商务服务业——7295 信用服务)	
开放措施	允许设立外商投资资信调查公司
10. 旅行社(国民经济行业分类:L 租赁和商务服务业——7271 旅行社服务)	
开放措施	允许在试验区内注册的符合条件的中外合资旅行社,从事除台湾地区以外的出境旅游业务
11. 人才中介服务(国民经济行业分类:L 租赁和商务服务业——7262 职业中介服务)	
开放措施	(1) 允许设立中外合资人才中介机构,外方合资者可以拥有不超过 70%的股权;允许港澳服务提供者设立独资人才中介机构 (2) 外资人才中介机构最低注册资本金要求由 30 万美元降低至 12.5 万美元。
12. 投资管理(国民经济行业分类:L 租赁和商务服务业——7211 企业总部管理)	
开放措施	允许设立股份制外资投资性公司
13. 工程设计(国民经济行业分类:M 科学研究与技术服务企业——7482 工程勘察设计)	
开放措施	对试验区内为上海市提供服务的外资工程设计(不包括工程勘察)企业,取消首次申请资质时对投资者的工程设计业绩要求
14. 建筑服务(国民经济行业分类:E 建筑业——47 房屋建筑业;48 土木工程建筑业;49 建筑安装业;50 建筑装饰和其他建筑业)	
开放措施	对试验区内的外商独资建筑企业承揽上海市的中外联合建设项目时,不受建设项目的中外方投资比例限制

3.4.2   市场影响

3.4.2.1   律师服务领域

1. 开放政策

自贸区成立之前,我国法律规定:外国律师事务所、外国其他组织或者个人不得以咨询公司或者其他名义在中国境内从事法律服务活动,外国律师事务所如欲在中国境内从事法律服务活动,必须在中国境内设立代表机构并派驻代表。此次《总体方案》给定的开放领域为"探索密切中国律师事务所与外国(及中国港澳台地区)律师事务所业务合作的方式和机制",而 2014 版"负面清单"则明确规定"限制投资法律咨询,外国律师事务所只能以设立代表处的形式提供法律服务"。

通过以上对比可以看出,这次开放在国外律师事务所的设立条件和规定方面并没有什么变化,只是要密切探索国内和国外律师事务所业务的合作方式和机制。这意味着国内律师事务所将逐渐开放,外国(及中国港澳台地区)律师事务所将与内地律师事务所有更多的合作机遇,从事内地非诉讼业务等。这次进一步加强国内律师事务所与外国(及中国港澳台地区)律师事务所合作关系,国外律师事务所提供的是一种法律服务,体现的是他的法律机制与思想,有助于我国学习借鉴外国律师事务所的长处,不断提高国内律师事务所的管理、法律服务和人才培养能力,有助于提高国内律师事务所的市场竞争力。

2. 国内现状分析

《中国律师行业社会责任报告(2013 年)》披露的数据显示,2010—2012 三年间我国(不含中国港澳台地区)律师事务所平均年增长速度约为 6%。截至 2012 年年底,我国律师事务所数量为 19 361 余家,律师数量为 23 万多名。我国每 1 万人口平均拥有 1.6 名律师。人口律师比最高的是北京,每万人拥有 11.7 名律师,其次是上海市,每万人拥有 6.7 名律师。从律师事务所形式看,主要是合伙所、个人所和国资所三种。其中,合伙所是最主要的执业机构形式,共为 13 835 家,占律师执业机构的 71.5%;从合伙所的规模来看,3～10 人的合伙所占合伙所总数的92.9%,占律师事务所总数的三分之二。个人所数量为 3 993 家,占律师执业机构的 20.6%。国资所数量为 1 504 家,占律师执业机构的 7.8%。

目前中国的法律服务市场还处在发展阶段,远未饱和。随着国家法治建设的发展,公民的法律意识、维权意识不断增强,大家都把法律解决当做最佳解决问题的途径。如此一来,就会导致案源种类与数量的增加,那么法律服务水平也应该随之不断提高。从大环境来说,我国要建立一个法治国家;从自身来看,法律是维护自身利益的基本武器。法治能否深入人心,相关措施能否得以落到实处,这与法律水平和法律理念有着重大的关系。

在过去几年,很多传统领域法律服务的空间范围更大了。比如随着经济的发展,债券债务纠纷也不断涌现,企业与企业之间、企业和个人之间、个人和个人之间等,劳动纠纷也越来越多了,非诉讼业务就更多了。随着人民法律意识的增强,政府、公司、个人都想将纠纷处理在萌芽状态,这就为非诉讼开拓了市场,非诉讼业务会越来越多,这是一个新的、逐步发展壮大的业务市场,外国(及中国港澳台地区)律师事务所将与内地律师事务所就会有更多的合作机会。

3. 市场影响分析

律师事务所在我国主要有三种形态:一是个人律师事务所;二是普通合伙制律

师事务所,这在我国较为普遍;三是普通的特殊合伙制律师事务所,也就是国外称为有限责任合伙制律师事务所,这种形式具备前两种的功能,也有自己的优势。这种责任制事务所消除了合伙人因为其他合伙人的过错带来的法律风险和责任,有利于事务所业务的扩大和工作效率的提高。普通的特殊合伙制律师事务所在我国没有完全发展起来,还缺乏许多实际经验。此外,近年来中外律师事务所在投资方面的合作较多,但是针对性比较强,多停留在"一事一案"阶段,深度合作较少。预计未来会有更多的境外法律服务机构进驻上海自贸区,国内外律师事务所交流学习的机会也会增多,有利于国内律师服务行业进步。

良好的法治环境是经济贸易得以快速健康发展的基本保障,只有在完善的法律法治环境下,才能更好地使用和发挥律师服务的作用,才能配合政府转变管理职能,形成稳定的、安全的市场秩序。一个新事物的产生就会有与之相对应的规则产生,上海自贸区是我国第一个自贸区。随着不同领域和不同行业的开放和进驻的企业不断增多,将会有更多的新的法律需求产生。

(1)传统行业法律服务需求会有所增长。从企业进入自贸区注册开始,到租赁办公场地、业务经营、贸易交换,包括技术转让、劳动力关系等,这其中必然会涉及诸多法律需求,这一类法律服务需求将会增多。

(2)金融贸易行业将产生新的法律需求。自贸区建立以后,在金融领域相关政策的开放,使得在离岸金融、融资租赁、国际经济贸易中也必然牵扯到相关的法律服务需求。此外自贸区实行资本项目可兑换,人民币业务的开放,建立面向国际的融资平台时,也会产生新的法律需求。

(3)航运业中,在发展航运金融、船舶运输、船舶管理等方面会产生对法律服务的新需求。航运业更多的是面向国际,也就使得在这一方面的法律需要同国际接轨,需要律师精通国内外的法律,需要了解国际经济贸易规则,因此,对法律服务也提出了新的要求。这样才能为客户提供更高水准的法律服务,比如跨境法律咨询、商务谈判、知识产权的保护、劳资纠纷等问题。

虽然国内律师的业务范围已从传统的诉讼代理业务扩大到了金融、证券、贸易、房地产、知识产权等非诉讼法律服务领域,甚至于以北京、上海律师为代表在某些法律服务领域已经与国外同行的差距也不是很大。但从业内整体来看,国内律师的业务专业分工远没有完成。自贸区的开放,必将滋生一系列涉外民商事案件,而国内律师业务量中涉外和国际法律服务仍占比不高,参与高端投资业务、贸易业务、金融业务的知识储备、经验积累和专业能力更是不足。

自贸区律师服务领域的开放,国外律师事务所的数量和业务也必将有所扩大。

一方面可以对国内需求提供一定的服务,另一方面还将使国内律师从外国(及中国港澳台地区)同行那里看到更高的服务标准。中外律师事务所经验互补、取长补短,业务水平、服务能力都会有很大提升,这对于我国法律人才、律师的培养有很大的好处。同时,这种合作既适应于全球化的经济发展形势,又适应于全球化的法律服务市场的发展形势,也将推动国内律师事务所的成长。

3.4.2.2　资信调查领域

1. 开放政策

资信调查是现代市场经济发展到一定阶段的必然要求,它是以一定的调研技术(包括调查技术、财务技术等)和专业人员为基础,对相关企业或个人的资信情况或专项项目的真实性等进行调查、分析,为社会提供专业化服务的一种信用服务行业。《总体方案》给定的开放领域中规定"允许设立外商投资资信调查公司"。

《外商投资产业指导目录(2013 年修订)》将资信调查列为限制项目。《征信业管理条例》第四十五条规定:"外商投资征信机构的设立条件,由国务院征信业监督管理部门会同国务院有关部门制定,报国务院批准""境外征信机构在境内经营征信业务,应当经国务院征信业监督管理部门批准"。这次自贸区内暂停实施上述规定,对资信服务的政策从限制投资到允许设立投资资信调查公司,扩大了资信调查行业的对外开放程度。

2. 国内现状分析

1992 年,中国第一家专业从事企业资信调查服务的公司——北京新华信商业风险管理有限责任公司成立,标志着中国资信调查行业开始起步发展。据不完全统计,目前中国有各类征信机构约 100 多家,资信评估机构 80 多家,信用担保机构 2 000 多家,其他专业信用机构 500 多家。一些外国征信公司 ABC 公司、TCM 公司,以及中国台湾地区的中华征信所等,均已在中国内地设有分支机构,并提供企业资信调查服务。

2007 年,国务院办公厅制定下发了《关于社会信用体系建设的若干意见》,从制定规划、完善法规、促进信息集中共享、建设金融业统一征信平台等方面,明确了当前社会信用体系建设的工作重点和分工,指导和推动了社会信用体系建设。由人民银行牵头建设的企业和个人征信系统已经建成,而且应用广泛,作用非常显著。我国在 2006 年就建成了全国统一的企业和个人信用信息基础数据库,即企业和个人征信系统,该系统由政府主导、全国联网、统一管理,所有的数据集中存放在中央数据库。数据库信息包括信贷信息、部分企业和个人的欠税、欠薪、欠缴社保和住房公积金费用、欠缴电信费用等非金融领域负债信息,以及行政处罚和法院民事案件判决等信息。近年来,中国人民银行与相关政府部门合作,逐步将企业和个人在产品质量、环保、社保、外汇等领域的行政处罚等信息纳入征信系统。2012年平安保险也加入征信系统,上海自贸区也将会建立一套征信体系。自贸区内实行的是事中事后监管政策,征信体系的建立对此就有着重大作用。

虽然我国目前资信调查行业(信用服务)有了一定的发展,但是还是赶不上我国经济的发展,发展过程中还是存在一些急需解决的问题和困难。

(1)信用体系尚不健全,资信调查机构起步较晚。做人以诚信为本,做事做企业也应该一样。经济虽然在高速发展,但是与之配套的管理机制体制还不够完善,对于失信者或者企业没有明确、有效的惩罚措施,信用信息征集、使用和管理的权利与义务没有作出法律规定。这导致相关决策与监管部门责任不明确,领导不统一,对于信用体系的建立存在很大的问题,这也制约着我国资信调查行业的快速发展。

(2)调查渠道较窄,困难较多,普遍缺乏对资信调查的认识。如今的资信调查更多的是通过政府机构。但是这种途径却往往不易实现。部分企业在做生意时,缺乏调查对方的信用情况的意识,或者将调查对方信用情况的行为或向对方索取资料认为是不信任对方,而对方也将这种行为视作侵犯自己的隐私,影响双方合作的表现。资信观念尚未普及,信用风险意识淡漠,是我国现阶段资信调查工作开展的主要困难。

(3)金融机构等信用信息流通不够通畅。银行与银行之间、银行与企业之间的资信交换不畅,经常出现一家企业同时在多家银行抵押相同房产取得贷款或在一家银行欠下巨额债务,而又可能在其他银行顺利贷款的事情出现。同时,企业也难以顺利地从银行了解情况。银行信用的中介功能不突出。

3. 市场影响分析

通过资信调查,能了解投资对象投资环境或合作伙伴的事实真相,借此判断其信用的优劣,并作为决定授信或是否合作。信用问题在各行各业都有着重要的作用,应该受到每个人、每个企业的重视。

在国际贸易中,若不了解贸易对方的资信情况,将极有可能出现贸易双方发生经济纠纷、履行合约发生阻碍等问题,从而使另一方遭受风险及损失,资信调查服务对于国际贸易的顺利进行有着重要作用。首先这有助于选定信用良好的顾客。一个讲诚信的人,一个信用记录很好的人,无论在哪都是受欢迎的。在经济贸易中,信用问题会显得更加重要;其次了解对方的信用程度,付款交单、承兑交单及寄售条件的交易中,可以设定给予赊账的限额与现存契约限额,以便安全;最后即使在与对方缔结了交易关系后,也应定期做资信调查,以便经常了解对方的资信情况。

资信调查服务同样对企业经营有着重大的影响。首先,对建立企业信用的记录、监督和约束机制有利;其次,为金融机构与企业间的合作提供资信信息方面的支持;再次,对企业的交易和信用管理决策提供信息和评估支持有利;最后,可以增强企业间信用信息的透明度,降低交易成本。

自贸区内允许设立外商投资资信调查公司,一方面,将推动国外资信调查公司加快在中国市场建立,这对于认识和普及其重要性有很好的推动作用;另一方面,国外的资信公司都拥有几十年的经验,累积的公司资信报告较为全面,为国内企业特别是试验区内企业进行资信调查带来先进的信用评估技术,减少企业经营中的各种信用风险。同时,外资资信调查公司对于解决或者缓解国内资信调查存在的问题能给予一定的帮助。更重要的是,为国内资信调查公司提供了更多的交流与学习机会,有助于提高国内的资信调查水平,促使我国的资信调查行业能够快速稳定地发展。

3.4.2.3　旅行社服务领域

1. 开放政策

《总体方案》规定“允许在试验区内注册的符合条件的中外合资旅行社,从事除台湾地区以外的出境旅游业务”。2014 版“负面清单”中关于旅行社服务的特别管理措施为:旅行社及相关服务,投资从事出境旅游业务的旅行社限合资(不得从事赴台湾地区旅游业务)。

国务院在 2009 年颁布的《旅行社条例》规定,“旅行社取得经营许可满两年,且未因侵害旅游者合法权益受到行政机关罚款以上处罚的,可以申请经营出境旅游业务”。此次自贸区细则中取消了中外合资旅行社经营许可满两年才可经营出境旅游的限制,这正是此次开放的重点。

2. 国内现状分析

近年来,我国出境旅游市场一直保持快速发展态势。从绝对数量而言,中国成为世界第一大出境旅游市场。图 3-3 为 2007—2013 年的出境旅游人数变化趋势图。中国出境人数自 2010 年首次突破 5 000 万人次,之后每年保持约 20% 左右的增长率持续增长。2011 年比上年增长 22.4%,其中,经旅行社组织出境旅游的总人数增长 21.5%;2012 年比上年增长 18.4%,其中,经旅行社组织出境旅游的总人数增长率高达 40.0%;2013 年比 2012 年增长 18%。其中经旅行社组织出境旅游的总人数增长率高达 18.6%。预计 2014 年中国出境旅游人数为 1.1 亿人次,增长 13%左右,将首次突破 1 亿人次。

图 3-3 2007—2013 年我国出境旅游人数(单位:万人次)

据统计,截至 2013 年年底我国旅行社数量已达到 26 054 家。国内旅行社一直占据着中国繁荣的出境旅游市场。国内传统的规模比较的大旅行社,如中国国旅、中青旅、中旅总社等综合零售商在出境游市场一直占据主流。近年来,包括携程旅游、中兴旅游等在内的出境旅游批发商在做强代理批发网络的同时,建设了电子商务平台,开展线上零售业务,在出境旅游市场上也抢占了一定市场份额。

迄今为止,我国仅在 2011 年批准了三家有出境游资质的中外合资旅行社,分别为中旅途易旅游有限公司、国旅运通旅行社有限公司和交通公社新纪元国际旅行社有限公司。三家公司的外资部分分别来自欧洲、美国、日本的顶尖旅行社。

3. 市场影响分析

此次外资旅行社被允许参与中国繁荣的出境旅游市场,并取消了旅行社获得经营许可满两年后才可经营出境旅游的限制,必将吸引中外合资旅行社选择到自贸区内注册。对我国旅游市场,尤其是出境旅游市场的影响主要体现在以下三个方面。

首先,中外合资旅行社开展出境游业务的开放,有助于促进中外合资旅行社开展和扩大出境游业务,提供丰富出境旅游市场产品,同时也有助于出境游市场细分,使得游客享受到更丰富更专业的旅游服务。

其次,出境游业务的开放,有利于引进国际先进的旅行社经营模式,提升旅游经营管理水平,对整个行业素质的提高也有促进作用。这将有助于实现一种对等关系,为我国旅行社未来在境外经营各种旅游业务铺平道路。

最后,中国境内旅行社开展出境游业务面临巨大竞争压力。一些国际旅游业巨头,例如全球最大的在线旅游公司 Expedia 将更便利地参与我国的出境旅游市场。外资旅行社具有网络、客源、管理、品牌、机制、规模等营销优势,他们将这些优势引入并辅以资金支持,我国出境旅游市场的竞争会变得更加激烈。中国境内旅行社必须利用更加健全的制度,更多创新的理念来吸引庞大的旅游消费人群,提高出境游服务质量,增强市场竞争力。

出境游增多、自贸区内中外合资旅行社的增多,会间接地给交通运输业市场(尤其是航空运输、邮轮等)、工商业市场等在一定程度上带来积极的影响。

另外,国家旅游局已经将中外合资旅行社设立审批程序下放上海市旅游局,但是出境游业务许可仍需由国家旅游局审批。这项政策为中外合资旅行社在自贸区内的设立提供了方便。2014 年 4 月,上海地中海国际旅行社成为首家在自贸区设立的中外合资旅行社,并获得组织中国公民出境旅游资质。上海地中海国际旅行社由上海港客运中心和地中海邮轮公司组建,主要为邮轮游客提供专业性服务。获取出境游审批经营资格之后,将为上海赴境外或者通过邮轮赴境外提供便利。旅游服务业开放政策初见成果。

3.4.2.4　人才中介服务领域

1. 开放政策

《总体方案》规定:①允许设立中外合资人才中介机构,外方合资者可以拥有不超过 70% 的股权;允许中国香港、澳门地区服务提供者设立独资人才中介机构。②外资人才中介机构最低注册资本金要求由 30 万美元降低至 12.5 万美元。2014版"负面清单"中关于人才中介服务的特别管理措施有:除允许中国香港、澳门地区服务提供者设立独资人才中介机构外,其他国家或地区投资者只能设立中外合资人才中介机构,投资比例不超过 70%。人才中介机构最低注册资本为 12.5 万美元,外方出资者应是从事三年以上人才中介服务的外国公司、企业和其他经济组织。

2005 年中国修改后的《中外合资人才中介机构管理暂行规定》,要求注册资本金不低于 30 万美元,中方必须为控股方,外方投资者比例不得低于 25%,中方合资者比例不得低于 51%;其中中国香港、澳门地区服务提供者可拥有的股权比例不超过 70%。自贸区人才中介服务的扩大开放重点在控股比例上,此次将外方控股比例进一步提升,外方合资者(非中国香港、澳门地区)可以实现不超过 70% 的控股,中国香港、澳门地区可以独资,且大幅下调最低注册资本金要求。这对于引进外资人才中介机构将有明显的益处。

2. 国内现状分析

我国的各类人才中介服务机构,除了全国各省、市、县建立的公益性人才服务机构外,还有一大批实力日渐壮大的民营和中外合资企业。但中介服务由于在我国缺乏规范标准,发展一度比较混乱,"中介"甚至成为了"不诚信"的代名词。

我国现有的中外合资人才中介机构中,外方不允许控股,必须保留中方的决策权。以北京为例,目前北京批准的人力资源服务机构有1 071家,从业人员超1.5万人。2012年,北京地区人力资源服务业产值超过800亿元。相关产业在国内大中型城市中,发展潜力巨大。但目前我国人才中介机构存在不少问题,比如:"政企""企事"不分现象严重,人才中介组织缺乏竞争力;中介市场格局分散,资源整合度偏低;中介服务方式单一,服务水平和效率低下;中介活动混乱而不规范,从业人员素质不高;政府管理制度障碍;法规建设严重滞后,缺乏相应的人才中介组织行为规范等。

3. 市场影响分析

一直以来,上海金融、物流等领域的高端人才均处于稀缺状态。拥有1 000万左右人口的纽约、东京等金融贸易中心,至少拥有10%的金融类人才,即约100万人。而在常住人口约2 400万的上海,金融专业人才数年前刚迈过1%关口。可见尽管上海已是我国少数金融市场比较完备的城市之一,人才配备仍显稀缺。自贸区的发展更离不开人才。自贸区的成立一方面使得金融业、物流、进出口贸易等服务行业的岗位需求增加,另一方面使得人才需求将向着信息化、多元化、国际化方向发展。另外,国际化企业的进入,高端人才的需求也会增加。

自贸区此次扩大向外资开放人才中介服务市场准入标准,并准予其控股,这就意味着中外合资人才机构在自贸区有了更大的活动空间和自由度。最直接的影响就是中外合资人才机构在数量和质量上都会有所提升。中外合资人才中介机构有助于国内企业吸引更多的优质的国际人才,增加国际化人才储备。另外,根据规定,中外合资人才中介服务机构的经营管理范围主要包括人才供求信息的收集、整理、储存、发布和咨询服务,以及人才推荐、人才招聘、人才测评和在中国境内的人才培训。因此,自贸区也将引进一些专业的、有影响力的教育培训机构和职业培训机构,有助于区内员工的专业性和职业素质得以提高,真正做到与国际接轨。

国际先进的人才机构的管理模式、服务体制与理念有利于解决我国人才中介机构现存的一些问题,有助于我国的人才中介机构的"政企"或"企事"分离,通过市场的作用规范其市场行为,促使其增强自身资源整合能力,提高效率和服务水平,进而增强我国人才中介机构的竞争力。

　　自贸区此次扩大向外资开放人才中介服务市场准入标准,并准予其控股,向中国香港、澳门地区的人才中介机构全面开放市场,是我国人才中介服务市场开放的一大进步,为人才中介服务市场的向世界全面开放,即允许外商以独资的形式进入内地市场,奠定了基础。

3.4.2.5　投资管理服务领域

　1. 开放政策

　　《总体方案》规定"允许设立股份制外资投资性公司",2014 版"负面清单"规定外商投资设立投资性公司应符合以下条件:①外国投资者应为外国公司、企业或其他经济组织;②申请前一年该投资者的资产总额不低于 4 亿美元,且该投资者在中国境内已设立投资企业,其实缴注册资本超过 1 000 万美元,或该投资者在中国境内已设立 10 个以上投资企业,其实缴注册资本超过 3 000 万美元;③投资设立投资性公司,注册资本不得低于 3 000 万美元。

　　2004 年中国修订后的《关于外商投资举办投资性公司的规定》,对外资投资性公司的公司形式要求为有限责任公司。自贸区对外资投资性公司的开放主要体现在公司性质上,从责任制公司转变成为股份制公司,意味着其可以面向社会募集资金,将极大增强外资投资性公司的资本实力和投资经营能力,并且在运作上也更为规范。

　2. 国内现状分析

　　外资投资性公司是外资企业中比较特殊的一类企业,它是以外国法人的身份在中国进行经济活动,一方面管理、协调、服务在华的投资业,另一方面又作为投资人不断扩大在华投资。1995 年原外经贸部发布了投资性公司的管理办法,2005 年商务部再次修改此办法,进一步扩大了投资性公司的经营范围。除投资业务外,还可从事商品购销等业务。目前,我国投资性公司的发展过程中,主要面临着以下问题:

　　(1) 我国对于外商投资企业从事境内投资业务的相关规定不够明确。目前有关于外商投资企业从事境内投资业务的管理规定中,对外资投资性公司、外资创业投资企业在投资门槛和投资范围上均有较大限制,但是对于外资投资企业在我国成立以后的投资行为要求并不明确,只需要满足相应的申办条件就可以在中国设立公司。

(2) 外资投资性公司在我国定位不准确。投资性公司在创设之初就具有了中国法人的身份,但是其投资仍然被当作外资对待,这样就导致关于投资性公司的法律的实施比较困难,不利于投资性公司的发展,也使得相关管理部门无法实行有效的监管。

3. 市场影响分析

自贸区的成立对于外资投资公司最大的改变就是公司性质可以从有限责任制变成股份制公司。而责任制和股份制最大的区别就是:股份有限公司可以发行股票上市,以发行股票方式吸收社会上分散的资金,集中起来统一使用,而责任制不能。设立投资性公司的目的就是为吸引大的跨国公司来华投资,所以这对外资投资性企业在已经开放的行业领域开展业务有着积极影响。股份制外资投资公司的到来将给我们带来先进的运作、管理经验,有利于提升我们的能力与竞争力,同时,也会对我国的企业带来一定的冲击。以外资企业投资银行业为例,它将对我国的银行业产生如下影响。

外资投资我国银行业的积极影响主要体现在三个方面:一是外资进入我国银行业有利于打破垄断、强化行业竞争、加快金融改革、促进国内银行效率和服务水平的提高、提升我国银行业总体竞争力。二是外资银行的进入对我国外汇市场和证券市场的发展与健全将起到重要作用,有利于促进我国金融市场的发展和金融机制的转变。三是外资银行的进入有利于国内完善银行金融制度,加快了我国国内银行市场融入国际金融市场的步伐,有利于我国银行开拓海外业务,实现国际化经营。

进入我国的外资银行拥有雄厚的资金实力、先进的金融技术和丰富的经营管理经验,而我国银行整体实力相对较弱,因此外资银行的进入会对国内银行带来一定的冲击。一方面,外资银行通过优厚的待遇和广阔的发展空间吸引着大量优秀人才;另一方面,外资银行具有优势来大力发展的中间业务和个性化多品种服务,这正是国内银行的薄弱环节。由此,外资银行在同国内银行争夺优质客户的竞争中具有较大优势,使国内银行客户质量和市场份额下降,从而对国内银行竞争力的提升带来冲击。此外外资银行的进入会将国外的金融风险带入国内金融市场。国际金融市场的波动和在我国的外资银行分行及其总部的经营问题均会增加我国金融体系的风险。

对于外资企业投资其他行业领域比如商业领域、城市规划、建设工程领域,可以为我们带来先进的技术和优秀的管理经验,但是其依靠强大的资金支持,较高技术水平和我国政府的优惠政策,会对我国的投资性公司造成冲击,抢占一定的市场份额,所以这是对我国本土企业的一个挑战,需要国内企业不断学习增强自身实力,才能在激烈的竞争中占有一席之地。

3.4.2.6　工程设计领域

1. 开放政策

《总体方案》规定"对试验区内为上海市提供服务的外资工程设计(不包括工程勘察)企业,取消首次申请资质时对投资者的工程设计业绩要求"。2014 版"负面清单"中关于工程勘探服务的特别管理措施有:①投资煤层气勘探,石油和天然气的风险勘探,油页岩、油砂、重油、超重油等非常规石油资源勘探,页岩气、海底天然气水合物等非常规天然气资源勘探须合资、合作;②限制投资贵金属(金、银、铂族)和金刚石、高铝耐火黏土、硅灰石、石墨等重要非金属矿勘查;③限制投资重晶石勘查(限于合资、合作);④限制投资特殊和稀缺煤类勘查(中方控股);⑤禁止投资钨、钼、锡、锑、萤石、稀土及放射性矿产勘查。

根据我们的 WTO 承诺,中国已允许外商独资工程设计企业进入中国市场,但仍然存在一定的门槛。根据中国《外商投资建设工程设计企业管理规定实施细则》规定,外商投资建设工程设计企业,首次申请工程设计资质,其外国服务提供者(外国投资方)应提供两项及以上在中国境外完成的工程设计业绩,其中至少一项工程设计业绩是在其所在国或地区完成的;申请资质升级,应提供取得工程设计资质后在中国境内或境外完成的工程设计业绩,其中至少有两项工程设计业绩是在中国境内完成的。此次政策放宽对首次申请资质时的工程设计业绩要求,意味着中国进一步降低外资工程设计企业进入中国的要求,有助于外资工程设计企业更好地在中国工程设计市场开展活动。

2. 国内现状分析

工程勘察设计行业在政府有关部门、行业组织和勘察设计企业的协力推动下,获得了长足的发展。行业队伍素质、经营规模、经济效益得到大幅提升。完成了青藏铁路、载人航天、大型电厂、跨海大桥、深水港口与航道工程、高速铁路、奥运工程、世博场馆等众多举世瞩目的重大工程勘察设计任务,为我国国民经济和社会发展作出了重要贡献。根据《中国统计年鉴 2013》,截至 2012 年年底,工程勘察设计行业各项指标都较上年有较大幅度的提升,企业总数达 18 280 余家,从业人员 2 123 379 人,其中,具有高级职称人数 291 700 人,中级职称 454 920 人,初级职称 386 726 人,营业收入突破 1.6 万亿元,人均营收达 76 万元,均创历史新高。

在工程勘察设计行业不断发展壮大过程中,也存在一些问题。

(1) 行业地位与技术水平需要进一步提高。工程勘察设计是比较辛苦的一个行业,从统计数据看,虽然人数有增长,但是相对于其他行业来说从业人数还是比较少,人们对其认识也不够,从而使大多数人不愿从事这个行业。而且技术水平的不足,使企业更多依靠人而不是技术。

(2) 政府监管力度不够,市场管理仍需加强。对市场的指导、监督管理应与经济法律手段相结合,依法办事,将各种相关政策落实到实处。

(3) 技术标准体系问题。现阶段我国实行的标准体系与国际上通行的技术法规和技术标准有一些不同之处,执行力度不够。再加上有写的标准互相掺杂,在实际工作中不易实施。自贸区的建立,相关政策的开放,我国现有的标准体系就需要做出改变,需要与国际接轨,这样才能避免在以后的工程勘察设计工作中带来一些不必要的麻烦。

2013 年,有关部门曾对工程勘察设计行业展开一次小规模调研。调研企业中49%来自建筑设计行业,27%来自土木工程设计企业,24%来自土木工程设计企业。受访企业普遍认为 2013 年设计行业市场增速放缓,建筑设计企业和工程工业设计企业反应尤为明显。设计竞争较往年加剧,工程设计行业、建筑设计行业竞争最为激烈。未来 1～2 年内,大部分企业对市场总体形势持乐观态度。其中,建筑设计行业对未来形势预期最乐观。监管上,大部分企业认为设计行业的市场监管环境变化不大,甚至表示会进一步恶化;还有部分企业认为未来监管形势不明。绿色节能环保及新型城镇化被普遍认为是未来发展重要机遇点。面对未来机遇,细分的行业将呈现多样化特征,工程设计企业在未来 1～2 年内最有可能遭受的威胁来自于激烈的外部竞争市场以及有限的市场空间。大多数企业都有比较强烈的变革意愿,尤其以土木工程设计行业最盛。

3. 市场影响分析

未来一段时间内,在经济结构调整持续深化的背景下,工程勘察设计行业的市场热点也将发生持续改变,并继续呈现以下趋势特点:从传统低技术、低附加值产业市场向新兴、高技术、高附加值和节能环保产业市场转移;从基础设施、制造业领域向服务业领域转移;从建设阶段向运营阶段转移;从东部向中西部地区转移。产业结构调整转型,也迫使相关工程勘察设计企业实现转型升级。此次自贸区的工程设计开放政策为我国工程勘察设计企业的转型升级起到了一定的促进作用。

自贸区此次开放的领域是工程设计,不包括工程勘察。工程勘察多涉及国家的自然资源、各种能源的勘察,这对于我们来说是需要加以保护的,但是我们可以引进国外比较先进的勘察技术和设计理念。对自贸区内为上海市提供服务的外资工程设计(不包括工程勘察)企业,取消首次申请资质时的工程设计业绩要求。这条政策的开放降低了外资工程设计企业进入中国的门槛,吸引外资工程企业入驻,更好地在中国工程设计市场上开展业务,同时也会促进我国的工程勘察设计行业的发展,为我国工程设计行业带来新的技术、新的思想。

工程设计领域的开放还将促进相关咨询市场的建设。有限的市场空间,加上外部竞争力量的进入,我国的工程设计行业在未来的一段时间内将面临激烈的竞争。行业竞争由国内的、区域的转向国际的、全方位的竞争。业务规模将逐渐扩大,涉及的领域也越来越多,领域的交叉性也逐渐变强,比如法律、建筑业、制造业等,导致更多新问题的出现。这就需要新的方法、新的思想去解决这些问题,由此,工程设计咨询市场的建设脚步就会进一步加快。

工程设计领域的开放使得知识产权保护意识增强。在我国知识产权问题还没有被人们普遍所重视,知识产权意识还比较薄弱,不尊重知识产权的情况比较普遍,其相关的规章制度也不够完善。但是国外对于知识产权相当重视,国外相关企业的进驻,将会在知识产权保护方面给我们带来积极影响。

工程设计领域的开放还有利于节能减排等"绿色"技术的引入。现在全球都在提倡绿色环保、低碳节能。绿色节能环保及新型城镇化是未来发展重要机遇点,这已经得到了国内工程设计企业的普遍认可,也将成为工程类行业所要追求的目标。为了尽量减少在工程实施过程中造成的环境破坏,降低能源的消耗,使污染降到最低,这就需要在工程实施之前的勘察设计阶段,将绿色经济等因素考虑进去。在绿色节能环保上,我国与其他发达国家还存在着差距,所以这次工程设计领域的开放,也应该看作是引入国外绿色技术的契机。

3.4.2.7　建筑服务领域

1. 政策措施

《总体方案》规定"对试验区内的外商独资建筑企业承揽上海市的中外联合建设项目时,不受建设项目的中外方投资比例限制";2014 版"负面清单"中关于建筑业服务的特别管理措施有:①投资支线铁路,地方铁路及其桥梁、隧道、轮渡和站场设施的建设、经营须合资合作;②投资铁路干线路网的建设、经营须中方控股;③投资高速铁路、铁路客运专线、城际铁路基础设施综合维修须中方控股;④投资城市地铁、轻轨等轨道交通的建设、经营须中方控股。

按照 2002 年中国发布的《外商投资建设工程设计企业管理规定》,外商独资建筑业企业允许承揽四类工程:①全部由外国投资、外国赠款、外国投资及赠款建设的工程;②由国际金融机构资助并通过根据贷款条款进行的国际招标授予的建设项目;③外资等于或者超过50％的中外联合建设项目,及外资少于50％、但因技术困难而不能由中国建筑企业独立实施,经省、自治区、直辖市人民政府建设行政主管部门批准的中外联合建设项目;④由中国投资、但因技术困难而不能由中国建筑企业独立实施的建设项目,经省、自治区、直辖市人民政府建设行政主管部门批准,可由中外建筑企业联合承揽。

此次实施放宽政策表示国外投资商将可以更多地承揽中外联合的建设项目,以往因为受到相关政策的限制,外商承揽的中外合作项目的市场份额很小,而这次政策的改变将有利于我国建筑市场的发展,虽然政策的开放带来了竞争,但这应该是一种良性竞争。

2. 国内现状分析

建筑业是专门从事土木工程、房屋建设和设备安装以及工程勘察设计工作的生产部门,其产品是各种工厂、矿井、铁路、桥梁、港口、道路、管线、住宅以及公共设施的建筑物和设施。建筑业是国民经济的重要物质生产部门,它与整个国家经济的发展、人民生活的改善有着密切的关系。我国的建筑业主要集中在长三角地区、珠三角地区、环渤海地区、沿江地区以及京广铁路沿线地区,其中又以江浙一带最为繁荣。近年来,我国建筑业一直呈高速增长态势,详情见表 3-10(根据 2013 年国家统计局公布数据整理)。

从表 3-10 数据来看,我国建筑业的发展一直保持着比较快速的发展。最新数据显示,2013 年建筑业总产值为 159 313 亿元,较上一年增长 16.1％,可见自 2011年开始建筑业总产值的增速已开始回落。从表 3-11 可以看出,我国建筑业外商投资部分比重较低,外商投资企业个数以及外商投资企业总产值均仅占 0.5％左右。

表 3-10　2002—2012 年建筑业发展情况

年份	企业单位		从业人员		建筑业总产值	
	总量(个)	增长率	总量(万人)	增长率	总量(亿元)	增长率
2003	48 688		2 414.3		23 083.87	
2004	59 018	21.22％	2 500.3	3.56％	29 021.45	25.72％
2005	58 750	−0.45％	2 699.9	7.98％	34 552.1	19.06％
2006	60 166	2.41％	2 878.2	6.60％	41 557.16	20.27％
2007	62 074	3.17％	3 133.7	8.88％	51 043.71	22.83％
2008	71 095	14.53％	3 315	5.79％	62 036.81	21.54％

（续表）

年份	企业单位		从业人员		建筑业总产值	
	总量（个）	增长率	总量（万人）	增长率	总量（亿元）	增长率
2009	70 817	−0.39%	3 672.6	10.79%	76 807.74	23.81%
2010	71 863	1.48%	4 160.4	13.28%	96 031.13	25.03%
2011	72 280	0.58%	3 852.5	−7.40%	116 463.32	21.28%
2012	75 280	4.15%	4 267.2	10.76%	137 217.86	17.82%

表 3-11　2002—2012 年外商投资企业个数及建筑业总产值

年份	外商投资企业（个）	外商建筑业总产值（亿元）	年份	外商投资企业（个）	外商建筑业总产值（亿元）
2003	287	129.39	2008	363	387.14
2004	386	202.46	2009	351	415.17
2005	388	249.03	2010	331	439.68
2006	370	274.87	2011	303	658.17
2007	365	396.32	2012	295	476.99

我国建筑业的快速发展伴随着一些突出的问题。

首先，工程质量问题。很多企业为了追求速度而忽略了质量，有的则故意偷工减料、粗制滥造，以次充好来节约成本，以至于现在新闻报纸上随处可见很多新建的水泥楼出现地面起砂、空鼓，厨房、卫生间楼地面渗水、底层地面沉陷等问题，甚至于出现楼房塌陷的现象。建筑的安全度比较低，这不仅对人民的生命财产安全造成了很大的威胁，并且也严重影响了国民经济的发展。

其次，工程技术问题。我国建筑业似乎仍停留在劳动密集型的水平上。我国企业科技含量普遍较低，缺乏国际先进水平的工艺和技术，并且很不注重技术开发和成果的应用。此外，我国的各项技术装备总体虽说有一定增加，但是人均水平仍较为低下。据统计，2012 年我国国有建筑企业技术装备率平均为 17 796 元/人，动力装备率为 8.2 千瓦/人，远远落后于发达国家水平，相当多的企业施工仍靠体力劳动来完成。

最后，行业恶性竞争严重。目前，我国建筑业市场压级压价、回扣、垫资盛行，地方保护、行业保护依然存在。另外，大小项目所有建筑企业一拥而上，建筑企业之间不存在差异化，造成了竞争市场的混乱无序。究其深层原因就是建筑市场管理体制的不规范。

3. 市场影响分析

试验区放宽外商独资建筑企业承揽中外联合建设项目时的中外方投资比例限制,使得外商独资建筑企业可以承接更多的中外联合建设项目,为外商独资建筑企业提供更大的发展空间,有利于改变其在中国建筑市场份额过小的局面。更重要的是,就中国建筑业目前存在的问题提供了一定程度上的技术支持和规范支持。

工程质量方面,在发达国家,如美国,他们对建筑质量的控制主要是依据施工许可证、使用许可证以及在施工过程中连续不断的检查和监督来进行的全过程管理。有了这些硬性指标的约束,建筑工程的质量就有了一定的保障。工程技术方面,在欧美等发达国家,很多大型跨国建筑企业都有自己的技术和专利,并以此形成了自己独特的竞争优势。劳动生产率及资源利用率都比较高。自贸区的开放政策有利于加强国内建筑企业与外资建筑企业的合作与交流,不断汲取国外资本的先进理念和经验,学习国外先进技术,因此,外商独资建筑企业对我国混乱的建筑市场就好比一股清风,有助于我国工程建筑质量和技术的提高,进而促进我国建筑市场的良性竞争和规范发展。

建筑服务业的开放,对与建筑配套的装饰业市场也具有一定的促进作用。据中国建筑装饰协会2013年初调查,我国从事建筑装饰行业的施工人员约850多万。其中,管理及工程技术人员约50万,吸纳的农村剩余劳动力约700万。因建筑装饰业带动的就业人数约500多万。我国装饰行业尤其是设计行业的发展同国外企业存在一定差距,比如企业数量较多,市场竞争激烈。竞争又以价格战为主,企业抗风险能力不强。行业市场秩序混乱,质量价格相差很大等。优秀的国外企业的进入,为我国装饰行业与国外企业互相交流搭建了平台,提供了更多可借鉴和合作的机会。国外企业优秀的管理经验与市场竞争手段也将帮助我国装饰企业建立更加良好稳定的市场秩序,推动整个建筑装饰行业的良性发展。

不过,上海自贸区的设立,本身就为我国建筑业发展开辟了新的市场空间,也为建筑行业发展提供更为广阔的契机和平台。不仅自贸区内必要设施和配套设施需要建设,随着自贸区产业链的升级,部分生产性企业或者辅助性企业搬迁到自贸区附近,形成新的产业园。目前已有千亿资金意将投入到上海自贸区建设,以加强自贸区内及附近的必要设施、配套设施,如港口、办公区域、交通设施、文化生活等的建设。

3.5　文化服务领域

3.5.1　《总体方案》给定的开放领域

表 3-12 为《总体方案》给定的文化服务领域开放措施。

表 3-12　文化服务领域开放措施

15. 演出经纪(国民经济行业分类:R 文化、体育和娱乐业——8941 文化娱乐经纪人)	
开放措施	取消外资演出经纪机构的股比限制,允许设立外商独资演出经纪机构,为上海市提供服务
16. 娱乐场所(国民经济行业分类:R 文化、体育和娱乐业——8911 歌舞厅娱乐活动)	
开放措施	允许设立外商独资的娱乐场所,在试验区内提供服务

负面清单中,涉及文化的内容主要分散在批发和零售业、信息传输、软件和信息技术服务业、租赁和商务服务业、文化、体育和娱乐业等十多个门类的近 20 多个小类。根据对细则和负面清单的分析发现,原《外商投资产业指导目录》中涉及文化的限制、禁止类许多条款仍在自贸区里以负面清单的形式体现,除游戏机生产和销售、演艺经纪、娱乐场所等三项内容得到开放外,暂时还没有更多开放政策和内容,而专业管理方面还是以相关职能部门既定的政策与程序为主。

目前,中国对外资投资境内演出经纪机构要求必须是合资或合作(中国香港、澳门地区投资者可以独资),且股比要求不得超过 49%或内地合作者拥有经营主导权。此次取消外资演出经纪机构的股比限制且允许独资,有助于外商演出经纪机构更好在国内市场开展业务,进一步规范中国演出经纪机构市场,不断扩大这一市场规模,促进中国演艺行业的发展。

中国目前对外商投资境内娱乐场所(如卡拉 OK 厅)要求必须是合作或合作模式,不得独资从事娱乐场所经营。此次政策上允许外商在试验区内独资设立娱乐场所,意味着中国在服务领域对外商投资的一次开放,将推动外商独资娱乐场所在试验区内成立,更好满足区内国际人士的娱乐休闲需求。

3.5.2　部委政策

3.5.2.1　文化部的文化市场管理政策

为贯彻落实《总体方案》文化服务中对演出经纪和娱乐场所的扩大开放,文化部于 2013 年 9 月 29 日发布了《关于实施中国(上海)自由贸易试验区文化市场管理政策的通知》。

1. 演出经纪

《通知》规定:"允许在试验区内设立外资经营的演出经纪机构、演出场所经营单位,为上海市提供服务。"还对在试验区内合资、合作、独资经营演出经纪机构或演出场所的设立、备案以及经营做出了具体规定。

2. 娱乐场所

《通知》规定:"允许在试验区内设立外资经营的娱乐场所。"在试验区内设立合资、合作、独资经营娱乐场所的,应当符合《娱乐场所管理条例》《娱乐场所管理办法》等法规规章规定的设立条件,向上海市文化主管部门提出申请。上海市文化主管部门自受理申请之日起 20 日内做出决定。

3.5.2.2　文化市场开放项目实施细则

根据《国务院关于印发中国(上海)自由贸易试验区总体方案的通知》(国发〔2013〕38 号)、《国务院关于在中国(上海)自由贸易试验区内暂时调整有关行政法规和国务院文件规定的行政审批或者准入特别管理措施的决定》(国发〔2013〕51号)和《文化部关于实施中国(上海)自由贸易试验区文化市场管理政策的通知》(文市发〔2013〕47 号),上海市文化广播影视管理局、上海市工商行政管理局、上海市质量技术监督局、中华人民共和国上海海关和中国(上海)自由贸易试验区管理委员会于 2014 年 3 月 31 日发布了《中国(上海)自由贸易试验区文化市场开放项目实施细则》。《细则》第二条和第三条分别就演出经纪、娱乐场所开放项目做出了具体规定。

1. 取消外资演出经纪机构的股比限制,允许设立外商独资演出经纪机构,在上海市行政区域内提供服务

(1) 自贸试验区内取得工商部门核发的营业执照的外商投资企业,可向市文广影视局申请演出经纪机构《营业性演出许可证》和演出场所经营单位备案证明。其中,设立合资、合作演出经纪机构和演出场所,不受外国投资者的外资股比限制。

(2) 外商投资演出经纪机构申请《营业性演出许可证》的,应提交以下材料:

①《设立演出经纪机构申请登记表》;

②企业营业执照复印件;

③3 名以上专职演出经纪人员的资格证书。

(3) 市文广影视局自受理申请之日起 20 个工作日内作出审批决定。准予许

可的,核发《营业性演出许可证》;不予许可的,书面说明理由。

(4) 外商投资企业在自贸试验区服务贸易区域内设立演出场所的,应当自取得营业执照之日起 20 个工作日内,向市文广影视局申请备案,并提交以下材料:

①《演出场所经营单位备案表》;

②企业营业执照复印件;

③消防、卫生等行政管理部门的批准文件复印件;

④演出场所的方位图与内部平面图。

(5) 自贸试验区内依法设立的演出经纪机构举办营业性演出活动的,按照下列规定办理:

①在自贸试验区内举办营业性演出的,应当向自贸试验区管委会提出申请。其中,对举办国内文艺表演团体与演员参加的营业性演出的,自贸试验区管委会应当自受理申请之日起 3 个工作日内作出决定。对举办涉外及涉港澳台营业性演出的,自贸试验区管委会应当自受理申请之日起 20 个工作日内作出决定。

②在自贸试验区外、上海市行政区域内举办涉外或涉港澳台营业性演出的,应当向市文广影视局提出申请,市文广影视局应当自受理申请之日起 20 个工作日内作出决定。举办国内文艺表演团体与演员参加的营业性演出的,应当向演出举办所在地的区(县)文化行政部门提出申请,区(县)文化行政部门应当自受理申请之日起 3 个工作日内作出决定。

(6) 自贸试验区内依法设立的演出场所在本场所内举办营业性演出的,应当向自贸试验区管委会提出申请,自贸试验区管委会应当自受理申请之日起 3 个工作日内作出决定。

2. 允许设立外商独资的娱乐场所,在自贸试验区内提供服务

(1) 自贸试验区内取得工商部门核发的营业执照的外商投资企业,可向自贸试验区管委会申请《娱乐经营许可证》。外商投资娱乐场所在筹建阶段,可向自贸试验区管委会咨询,自贸试验区管委会应当依法为外资企业提供指导。

(2) 外商投资企业在自贸试验区服务贸易区域内设立娱乐场所的,应当符合《娱乐场所管理条例》(国令〔2006〕458 号)、《娱乐场所管理办法》(文化部令〔2013〕55 号)等法规、规章规定的设立条件,并向自贸试验区管委会提交相关申请材料。自贸试验区管委会自受理申请之日起 20 个工作日内作出决定。准予许可的,核发《娱乐经营许可证》;不予许可的,书面说明理由。

3.5.3　市场影响

中国(上海)自由贸易试验区文化领域涉及的内容概括起来是"四加一":游戏、

娱乐、演艺、拍卖和国家对外文化贸易基地建设。就目前的细则而言,其将会对这些领域造成直接的影响,关键在于相关部门如何去落实这些细则,如何做好服务工作。若是从文化领域切入到自贸区、红利最大化的角度来说,应该去思考如何与自贸区的其他相关政策进行对接,这恐怕是对文化切实实现"走出去,大发展、大繁荣"关键性的一步。但不可否认的是,中国(上海)自由贸易试验区将给上述几个领域带来明显的变化和深刻的提升(游戏市场的开放可参见3.3.3.2节)。

1. 允许设立外商独资的娱乐场所

自贸区内允许设立外商独资的娱乐场所,这将从整体上提高我国娱乐业的服务水平。

从硬件设施上说,境外娱乐场所的成立年限比境内要久。无论是从产品、配套设施、服务以及规章制度来说,境外的娱乐场所更为完善。知名外商娱乐场所,其成本运作等经营费用已较为成熟,在消费者选择上也有较强的针对性。固定层面的消费水平及较低的经营成本,都会冲击境内的新兴娱乐企业。目前,国家宏观经济增速放缓,从长远看,国家越来越重视精神文明建设,娱乐设施的建设也随之增多。相信对于好的娱乐场所项目,投资者们还是会表现出持续关注的态度。境内娱乐企业想要与外商独资娱乐场所抗衡,必然要经过一场成本、服务、经营产品等全方位的完善和升级,才有机会在眼下这个竞争激烈的行业中站稳脚跟。其实就娱乐场所运营或商业模式本身,并无太大差异。境内娱乐场所目前发展瓶颈或存在的问题在于服务水平不高,缺乏对客户需求的理解。预计外商独资的娱乐场所会借鉴境外经验,在这方面得到相应的改善,从而提高整个行业的服务水准。总之,放开政策还需要相关部门进一步明确具体规则,严格产品准入制度,强化对娱乐场所的经营管理。

2. 取消外资演出经纪机构的股比限制

一直以来,外资对于进入中国演出经纪市场有着强烈的意愿。以往外商投资演出经纪机构的股比限制,使他们在业务经营上不占主导权。无法在排除其他因素的情况下,获得在中国市场的第一手经验,并作出长期投资与经营的计划。

上海自贸区给了他们一次试点的机会,允许设立外商独资演出经纪机构,为上海市提供服务。尽管外资演出经纪机构对快速增长的中国内需市场有着浓厚的兴趣,但对于中国与其他市场差别较大的政策、文化、市场环境有一定的"畏惧"心理。从这个角度看,自贸区还面临着帮助有创新能力和资源、理解中国文化的外企顺利度过市场适应期的挑战。同时,帮助他们及时了解行业动态与信息,特别是中国市场上成功与失败的案例,以及具有良好信誉、实力与潜力的中方合作伙伴网络,将使他们能尽快在中国市场适应调整出可持续的发展模式。

3. 艺术品保税仓库推进国家对外文化贸易基地建设

自贸区的实施发展,使得这个国家对外文化贸易基地进入了一个更高层级的建设和发展空间。其中,加快上海国际艺术品交易中心建设和功能拓展成为基地的工作重点之一。艺术品交易作为一种新的文化贸易品种正在积极实践。虽然没有涉及拍卖行业的明显的优惠政策,但是自贸区内艺术品保税仓库为区内拍卖行业的快速发展保驾护航,这为加快建设文化贸易基地建设起到了积极的促进作用。

2013 年 9 月底,中国首个艺术品保税仓储交易中心入驻自贸区,位于国家对外文化贸易基地大楼四楼。9 月 26 日,在中国成功首拍的世界著名拍卖公司佳士得,此前已悄然进驻自贸区内的国家对外文化贸易基地,包括首拍在内的所有拍卖工作均由对外文化贸易基地及区内上海国际艺术品交易中心提供全程服务。佳士得国内首拍共计 149 件艺术品,来自于 11 个国家和地区。在戒备森严的 3 000 平方米仓库内,有陈逸飞、吴冠中等名家的大作,毕加索、梵高等大师名作的珍贵拓本也被收藏。

按原有的模式,这些拍品在我国境内要进行展示、交易,整个通关流程一般长达 7 天。然而,在保税仓储模式下,拍品当天就能从停机坪送入区内的艺术品保税仓库。这对于价值高昂的艺术品来说,极大地提高了安全系数。

此前,艺术品进境缴纳的保证金一般为等同货值甚至高达货值的 1.5 倍。现在,这笔保证金由交易中心代为缴纳,节省了客户的运作成本。交易方式上也提供了很大便利。以油画为例,国内买家如果想要把画作保存在境内区外,需要缴约 24% 的税费。但鉴于艺术品大多是投资行为,买家可以选择把艺术品再度放到保税区内,以便进行下一轮交易,这样就可免去征税环节,节省大笔财务成本。以一件 100 万的商品为例,在自贸区内进行储存将节约至少 24 万的税金。

在毗邻自贸区的森兰国际社区,计划投资 15 亿元建立面积 10 万平方米的国际艺术港,吸引美术馆、艺术酒店、教育机构等入驻。一条有利于扩大国际与国内艺术品交易、展示、投资及服务的产业链正在加快形成。

4. 自贸区文物拍卖仍在途中

上文所提到的拍卖行业并不包括文物拍卖。一直以来,外资拍卖企业进入内地市场一直受限于我国《文物保护法》第五十五条第三款规定:"禁止设立中外合资、中外合作和外商独资的文物商店或者经营文物拍卖的拍卖企业。"外资拍卖企业若想在中国从事文物拍卖,就要向国务院文物行政主管部门提出申请,获得文物拍卖许可证。

　　自贸区内文物拍卖的开放一直以来备受各界关注。然而,根据上海市政府于 2014 年 3 月发布的《中国(上海)自由贸易试验区文化市场开放项目实施细则》,外资拍卖行在自贸区内拍卖文物艺术品的相关规定并没有落实在细则之中。上海自贸区对外资拍卖公司至今仍未解禁,《文物保护法》在上海自贸区照常实施。这就意味着外资拍卖行,诸如佳士得、苏富比等虽然进驻内地,但还是只能进行当代艺术品、珠宝、红酒等拍卖,对于在中国艺术品市场占据 60%-80% 市场份额的文物艺术品则不能涉足。在佳士得刚宣布进入上海时也明确表示,佳士得获得的是上海市政府认可的外商独资拍卖执照,但尚不具备文物艺术品拍卖资质。佳士得想要拍卖文物还需要向国务院申请拍卖许可,至于什么时候能拿到或者什么资格能拿到跟自贸区就没有什么关系了。而且即便上海佳士得目前能够取得文物拍卖资质,要想拍卖含金量高的一类文物如陶瓷、玉、石、金属器等也需要三年以上合法经营。可见,自贸区内文物拍卖虽然备受期待,但是真正做起来并不容易。

3.6　社会服务领域

3.6.1　《总体方案》给定的开放领域

　　表 3-13 为《总体方案》给定的社会服务领域开放方案。

表 3-13　社会服务领域开放方案

17. 教育培训、职业技能培训(国民经济行业分类:P 教育——8291 职业技能培训)	
开放措施	(1) 允许举办中外合作经营性教育培训机构 (2) 允许举办中外合作经营性职业技能培训机构
18. 医疗服务(国民经济行业分类:Q 卫生和社会工作——8311 综合医院,8315 专科医院,8330 门诊部[所])	
开放措施	允许设立外商独资医疗机构

　　以往如果成立中外合资的教育培训机构,先需要商委的批复,按照合资公司的程序,然后需要得到教育部或人社部批准,教育部负责批准教育培训机构,人社部负责批准职业技能培训机构,这样才可以在工商注册企业。此次自贸区的开放,中外合资培训机构在自贸区内可以自由设立,省去了事前审批环节。

　　由于医疗行业的特殊性,国内政策对于外资进入医疗领域一直持保守态度。2010 年 12 月,国家发布《关于进一步鼓励和引导社会资本举办医疗机构的意见》,

将境外资本举办医疗机构由限制类调整为允许类。外商独资医疗机构先行试点、逐步放开。2012 年,国家有关部门公布《外商投资产业指导目录(2011 年修订)》,将外商投资医疗机构由限制类调整为允许类。目前,根据内地与中国香港、澳门、台湾地区有关合作框架,中国港澳台地区投资者可在内地部分省市独资设立医疗机构。在国家政策的推动下,一些合资高端医疗品牌已经相继在国内大城市落户发展,并取得良好业绩。此次政策允许设立外商独资医疗机构,意味着中国在医疗服务领域对外资的进一步放开,将推动一批国际高端医疗品牌进入中国,有助于打破中国医疗服务领域的垄断局面,实现更充分的市场竞争。

需要说明的是,在 2013 版的负面清单中,尽管开放了外商独资的医疗机构,但是对投资总额,有 2000 万的限制。而在 2014 版负面清单中,"取消外商投资医疗机构最低投资总额和经营年限限制"。这对医疗机构的设立是一个更开放的信号。

3.6.2　市场影响

3.6.2.1　对教育市场的影响

1. 允许举办中外合作经营性教育培训机构

1) 促使国外优质教育培训资源进入中国

加快中国教育培训业的国际化步伐中国的教育培训业是从公办高校的剩余教育资源转化延伸出来的,经过近 15 年的发展,目前已经形成了多种办学主体的市场格局,各类教育培训主体超过 10 万家,但大多以区域发展为主,发展良莠不齐,连锁机构少,知名品牌少。教育部这些年批准的中外合作经营性教育培训机构有著名的长江商学院,还有国内高校与国外高校联合成立的学历培养机构。

从政策层面理解,此次允许举办中外合作经营性教育培训机构和中外合作经营性职业技能培训机构,有助于进一步鼓励国外优质教育培训资源进入中国市场,加快引进国外先进的教育培训系统、课程和方法,从而加快中国教育培训业的国际化步伐。

2) 推动潜在的国际教育机构的进入

之前除了设立审批的麻烦外,中国还有一系列的教育培训经营相关法规,导致国外机构对中国市场"无从下手"。上海自贸区政策的推出,会使得国外有实力的、知名的教育培训机构更容易、更自由地进入中国市场。具体而言,主要有两类教育培训企业可能进入中国市场,一类是目前已经与中国内地机构采取代理、版权引进和品牌授权等合作方式的国外机构;另一类是尚未踏足中国市场的国外大型教育机构。当前国际巨头进入中国,主要的优势领域是英语相关培训和学前教育培训等,未来这些领域可能会竞争更加激烈。

3) 有利于自贸区的人才储备,助力自贸区的深入长远发展

在亚太33个城市中,上海对人才的吸引力排在第11位,主要原因是经济增长速度趋缓,知识投入不足,知识产出优势不明显,信息、通信和技术等方面基础设施落后等。上海市"十二五"规划中提出了高层次创新型科技人才开发计划等八项重点人才计划,建议在"十二五"下半程中增加自贸区等重大开发领域的人才计划内容。而此次自贸区方案提出开放教育培训,将有助于自贸区人才的储备。而教育培训业的开放和发展,也将反过来助力上海自贸区科技领军人才、创新创业人才和高技能人才的培养,有利于改善人才服务环境,大力加强知识产权保护,提升基础服务业的技术服务能力。

2. 允许举办中外合作经营性职业技能培训机构

国家规定一些职位必须经过职业培训,获得技能等级证书后方可上岗,例如,挖掘机、数控模具、服装设计、化妆、摄影、家电维修、配维修、电工、调酒等。根据国家统计局的数据,截至2012年年底,我国的职业技术培训学校有2768所。其中,教育部门办的有1052所,民办523所,其他部门1193所。自贸区开放的职业技能培训主要是针对就业人员在就业前的培训和其他技能培训活动,并不包括社会上办的各类培训班、速成班和讲座等。

3.6.2.2　对医疗行业的影响

医疗产业具有高投资、高风险、高回报、高度专业性的特点。目前,我国医疗行业面临着各种各样的问题,诸如医疗纠纷不断、医院成本不透明、医保制度存在弊端、医疗服务质量有待提高等,导致国内医疗产业竞争力不足。目前,我国有1.8万家医院,国有医院占94%,垄断了大部分政府的资金、医疗技术和人才。公立医院的垄断,外加政府对公立医院的各种优惠政策和补贴,很大程度上遏制了外商独资医疗产业的发展,不利于市场的公平竞争,医院、政府、医保办三方与患者的博弈更加玄妙。为此,中国必须推动新一轮的改革开放,立足于医疗行业现状,向改革要效益。

1. 允许外商独资医疗机构

我国约有200余家各种形式的外资医疗机构,投资规模较小,以不设床位的诊所或诊疗中心居多。因投资额不高,医疗服务项目容易收回。投资利用最新的诊断治疗设备及最新的诊疗技术,主要分布在经济比较发达的沿海地区,选择外籍人

士集中的商务区、居住地、外交人员区。

早在 2010 年 12 月 3 日,国家就已放开外资举办医疗机构权限。医疗体制改革相关政策明确规定,境外资本举办医疗机构由此前的限制类调整为允许类,逐步取消对境外资本举办医疗机构的股比限制,对外商独资医疗机构先行试点、逐步放开。最终在程序审批上也要简化,中外合资、合作医疗机构的设立审批权限由国家下放到省一级,外商独资医疗机构的设立由卫生部和商务部审批。到 2012 年初,国家发改委、商务部进一步发文放开相关权限,将外商投资医疗机构从限制类调整为允许类,彻底取消对外资最多不超过 70% 的股比限制,允许外商独资投资医疗机构。2013 年 9 月底,上海自贸区明确宣布允许在区内设立外商独资医疗机构,这意味着在自贸区内将享受外资医疗服务,包括综合医院、专科医院和门诊服务,2014 版负面清单取消了外商独资医疗机构的投资额限制。

1) 税收、审批等配套政策带动外商投资医疗行业热情

尽管自贸区发出了一波又一波的扩大开放信号,但是政策的出台与政策的落实是两码事。外商是否有热情到自贸区开设医疗机构或医疗咨询机构,主要取决于审批的速度、税收问题等一系列配套政策。如前文所述,我国对外商独资医疗机构早有开口,但遗憾的是,由于需经过部门的重重审批,没有一家外商独资医疗机构得到批准,相关文件亦沦为空头文件。税收上,我国将外商投资医疗机构定义为盈利机构,外商投资医疗机构不享受任何的财政补贴或优惠。以购买医疗设备为例,很多设备必须到卫生计生委审批,教学医院申请进口医疗设备可以享受免税政策,而社会资本办医进口高端设备并不享受优惠待遇。税务部门对经营三年以上的外商投资医疗机构还将征收 5.5% 的营业税和 25% 的企业所得税。

医疗机构投资巨大。以建设医院为例,投资医院动辄上亿,胡乱试水很可能被烫伤,因此必须慎行。行业内人员表示,如果审批的速度能够提高一倍以上,到自贸区开设医疗机构就变得颇具价值。上海禾新医院为大陆首家台商独资医疗机构,于 2012 年落户上海。该医院表示大概会试着从门诊部开始尝试,服务自贸区的所有厂商。若自贸区配套政策支持,将愿意尝试在自贸区建立一所高端医院,发展国际观光医疗。所谓的配套政策,无非是税收问题、审批问题、贷款问题以及是否放开多点执业。

2) 发掘外商独资医疗机构的竞争优势

就目前的中外合资医疗机构看,用户群体多是外籍及高收入人群,服务内容主要是社区全科门诊或集中于眼科、口腔科、皮肤科、妇产科等专科。外商独资医院引进国外先进设备、优质的医疗技术、优秀的管理服务等,是能获得百姓认可的。

随着中国工业化、城镇化进程加快,人口老龄化加剧,社会经济结构和人们的生活行为方式发生改变,医疗需求量也获得急速扩张。外商投资医疗产业能够给予人民高技术的医疗服务。同时,需求结构的多样化要求医院提供多样的医疗服务产品,而这正是外商投资医疗产业的竞争力所在。

我国的社会医疗保险的定点机构多是国有医疗机构。外商投资医疗机构被批准为社会医疗保险定点机构的可能性极低。在自贸区开设一家医院,若想在不需要医保报销的情况下,还能与自贸区以外的三级医院机构形成竞争,那所开展的项目必须是科技密集、资本密集的项目,比如质子刀、国外引进的近视眼激光手术。自贸区内开办医疗机构不能在区外办分支机构,因此,第三方检验机构适合在自贸区开设,比如基因检测等。另外,如果自贸区严格执行负面清单,可以考虑在自贸区开展试管婴儿等产科业务。需要特别指出的是,因为很多国家的公费医疗需要长时间排队,自费医疗又比中国的花费高出好几倍,上海非常适合做旅游医疗。

3) 外商独资医疗机构仍是一条"缺氧的鲶鱼"

外商独资医疗机构的介入,将带来先进管理理念和医疗技术,为公立医院的改制提供借鉴,全方位推动我国医疗事业的发展。外商独资医疗机构的设立将进一步打破医疗行业的垄断,形成强有力的竞争机制,市场自我调解功能将大大增强。公民看病难、看病贵的问题将得到一定缓解。这都是业内人士对自贸区医疗服务领域开放成果的美好期盼。

但是好的开端还要有好的落实,若想外商独资医疗机构真正进入中国市场,推动中国多元化办医发展,进而发挥其"鲶鱼效应",还需解决一系列细节问题。包括设备采购的审批、技术的准入、诊疗的许可、医师执照的注册、收费标准、技术操作规范等等系列问题。例如,先进设备引进上,目前,包括高档核磁共振机在内的甲类医疗设备引进,需要国家有关部门审批,影响了医疗技术水平的提高;外籍医生注册时间只有半年至一年,这直接影响了高端医疗人才的引进。以上都是后续医疗行业开放细则所要考虑的问题,否则,外商独资医疗机构在运营上将多处受限,就好比一条"缺氧的鲶鱼",无法带动国内医疗市场形成真正的良性竞争。

2014 年 7 月 22 日,首家外商独资医疗机构——阿特蒙医院正式落户试验区。阿特蒙医院是由德国阿特蒙集团、银山资本共同出资设立,预计两年内建成投入使用。经过近一年的努力和等待,上海自贸试验区总体方案中关于开放外商独资医疗机构的措施,终于"开花结果"。德国阿特蒙集团是一家有着世界声誉的国际先进医疗服务和养老服务运营机构,在德国本土运营着 8 家医院和 5 家养老机构,尤其擅长骨科康复治疗与医疗影像诊断。阿特蒙医院主打影像诊断和运动创伤,可能配备数十名外籍医生。阿特蒙医院计划设立 7 个医疗中心,包括医疗影像、第三方独立诊断、医疗培训等,以及心血管、肌骨、腹腔、肺部疾病四个住院中心。计划分三期建设 300 张床位,届时将提供包括普通门诊、第三方诊断和远程诊断在内的多项服务。其中,医疗影像中心、第三方独立诊断中心、医疗培训中心、研发中心、演示中心、肌骨疾病中心等将作为项目一期首先设立并运营,其他拟建中心将根据项目二期及三期的扩建情况、市场需求情况以及医院经营状况等逐步建设。

在这个过程中,政府需要积极通过制度创新,逐步扩大外商独资医疗项目的开放,解决上文提到的细则问题,帮助解决外资医院遇到的各种问题,争取为外资医院带来更多便利。通过外资医疗机构带动国内医疗产业的技术水平和服务能力,让老百姓享受到更好的医疗服务。

2. 设立外资专业健康保险机构

社会医疗保险是国家或地方通过立法强制执行的,不取决于个人意志,同时作为一种社会福利事业具有非营利性质。相较于社会医疗保险,商业医疗保险是由保险公司运用经济补偿手段经营的一种险种,是社会经济活动的一个方面,是由保险人与投保人双方按照自愿原则签订合同来实现的,保险公司可以从中盈利。

国内商业健康保险公司有 4 家,尽管已经经营 8 年之久,但基本上仍处于亏损状态,甚至亏损的裂口越来越大,发展极不景气。目前我国低水平的保险产品供应过多,针对高端人士的产品供应不足,国内健康险市场呈现出一种"冬眠状态"。中国保监会针对上海自贸区开展专业健康医疗保险推出相关支持措施:支持在自贸区内试点设立外资专业健康保险机构,同时对国内保险公司可以在自贸区设立分支机构,开展人民币跨境再保险。对商业健康保险领域来说,自贸区政策确有突破。

1) 放开外资健康险进入,有助于降低健康险产品费率

当服务的供应主体增多时,商业医疗保险公司的议价空间会大一些,能够得到的条件也会更好一些。按市场运作规律来讲,谁付钱谁占有话语权,但是目前在商业保险公司支付费用的过程中,医院占强势主导地位,所以主体增多对于商业保险公司加强费用控制和与医院的紧密合作有积极影响。

2) 有利于促成国内外商业保险机构的合作

目前由于保险产品保障程度高且受众群体较少,没有大范围的发展,而且国内机构处于"做与不做"两难境地,使得国内专业的健康医疗保险发展艰难。再加上国内骗保行为多发,医疗机构数量偏少,导致保险公司在与医院的合作中处于弱势地位,极大限制了专业的健康医疗保险的发展。所以,国内企业与外资企业的合作

对国内专业健康医疗保险的发展是一个利好：由于医保共性难以实现差异化，全民医保之下存在多样化的市场需求，从现实的环境来讲，有利于实现健康医疗保险多元化的发展要求。对外资保险公司来说，由于解除了之前的政策限制，自主经营的空间加大。试点设立外资专业的健康医疗保险服务机构，或包含一些税费上的优惠，有助打破健康医疗保险行业现状。对于国内险企来说，将促成国内企业与外资企业的合作。

3) 对外资医疗机构联合商业健康保险的盈利模式构成有益支撑

"低水平，广覆盖"是我国基本医疗保险制度实施的基本原则。这种政策决定了我国的社会基本医疗保险提供的服务水平只是低层次的、有限责任的、最普遍性的医疗保证。我国的社会医疗保险的定点机构多是国有医疗机构，外商投资医疗机构被批准为社会医疗保险定点机构的可能性极低。而且外资医疗机构的投资大多定位于高端，医疗费用较高，离开了完善的医疗保险制度，市场空间更加狭窄——绝大多数市场只能停留在我国富人和外国人的市场。因此，外商独资医疗产业相关产业只有与商业医疗保险的发展紧密联系，才能在中国市场分得一杯羹。自贸区允许设立外资专业健康保险机构，对外资医疗机构联合商业健康保险的盈利模式构成有益支撑。

第 4 章

上海自贸区对各地的影响

4.1 自贸区对上海的影响

通过表 4-1 可以看出,近几年来,上海 GDP 增速徘徊在个位数,位于全国 GDP 增速平均线或以下。上海已连续几年排名位于全国倒数,尤其是 2011 年和 2012 年。在全国 31 个省区 GDP 增速排名中,上海分别位列倒数第二和倒数第一,上海经济发展急需新动力。

表 4-1 2008—2013 年上海市和全国的 GDP 增速对比

	2013 年	2012 年	2011 年	2010 年	2009 年
上海市	7.7%	7.5%	8.2%	10.3%	8.2%
全国	7.7%	7.8%	9.2%	10.4%	9.2%

中国首个自贸区落户上海,对上海发展而言,是一大机遇。自贸区紧紧围绕面向世界、服务全国的战略要求和上海"四个中心",即国际经济中心、国际金融中心、国际航运中心和国际贸易中心建设的战略任务,用开放形成倒逼机制,用开放促进新一轮改革,推动完善开放型经济体制机制。上海将率先享受到自贸区带来的辐射效应,进而推动上海中心城市建设。

1. 上海国际经济中心建设

国际经济中心城市应当是在世界范围内对全球经济发展能产生巨大影响力和控制力,具有极强的综合功能的大城市。一般来说,国际经济中心城市所在的国家或区域不一定要求是世界最大的经济体之一,但一定是在新的国际分工中占据有利位置、经济增长速度较快、经济发展动力较强的国家或区域。

自贸区自由、开放的环境和政策为外资进入中国提供了便利。上海自身在吸引外资方面本就极具优势,自贸区的成立为外资进入中国提供了更大的便利,有利于促进贸易增长、带动产业发展、创造就业机会。同时,外商进入后的"鲶鱼效应",

有利于增强上海本地经济市场的经济活力,使企业竞争意识增强,专业化、精细化水平提升,企业服务水平也随之增强,最终促进上海产业结构的调整。在自贸区的带动下,上海经济转型指日可待。

上海考虑转型发展思路的重点方向是平台经济。平台经济即是一种虚拟或真实的交易场所。平台本身不生产产品,但可以促成双方或多方供求之间的交易,收取恰当的费用或赚取差价而获得收益。自贸区的引入,将特别有利于该构想的实现。自贸区可以凭借政策、配套资源集中等优势,成为上海发展平台经济的最好区域。而上海也可以通过打造一批具有带动力和国际影响力的龙头型平台企业,使平台经济成为上海经济转型的重要抓手、商业模式创新的重要载体。

自贸区也是国内企业走出去的助推器,届时国内外双向经济力量相互渗透,上海将加速成为国际经济中心。

2. 上海国际金融中心建设

上海浦东陆家嘴本身已聚集了众多大型金融机构,自贸区拟扩大服务业的宗旨,将吸引包括融资租赁在内的新兴金融业态落户上海。同时,区内优惠政策也有利于跨国公司内部的全球调拨,更多的金融机构将在上海注册开业。对于在沪金融机构来说,自贸区的设立将带来更多业务,市场也可以扩大到为国际资本市场提供金融服务。不过,与机遇并存的,将是国际金融机构同台竞争的冲击。竞争会使金融机构更强大,最终与国际机构接轨。

就自贸区政策"成熟一项,复制推广一项"的原则,上海也是首先享受到自贸区优惠政策的地区。例如,2014年3月起,上海自贸区取消小额外币存款利率上限,在市场反应良好的情况下,目前已经在上海市推广执行。上海市率先品尝到了自贸区开放政策的利好,对上海成为真正意义上的国际金融中心起到了推动作用。

另外,上海可以进一步推进人民币国际化进程。首先是加快服务贸易的开放,并鼓励人民币结算,以交易量的优势巩固人民币在国际上的地位和影响力;其次是发挥上海现有各类交易所的作用,尤其是商品交易作用,提升以人民币定价的大宗商品和金融资产的国际接受度。在金融产品方面,上海将鼓励境外机构在上海发行熊猫债,探索境外企业在上海资本市场以人民币上市的路径。同时还应不断开发与自贸区业务相适应的金融产品。自贸区金融配套服务也相应地具有广阔发展与进步空间,比如,相关法律和实施细则的完善;法律仲裁机构、咨询服务机构、人才培养机构等的完善;辅助人民银行在上海建立CNAPS(人民银行支付系统),加快形成全球人民币清算系统;鼓励金融机构完善并使用上海银行间同业拆借利率(Shanghai Interbank Offered Rate,SHIBOR)定价机制,以巩固其利率市场化中定价基准的地位。

3. 上海国际航运中心建设

回顾国际航运中心的发展历史可以发现,国际航运中心建设主要受到以下四个因素的限制和影响。首先,国际航运中心需要得天独厚的地理环境作为基础;其次,国际航运中心需要宏观经济的支持,货运量作为宏观经济的表象,支撑着国际航运中心的发展;再次,技术革新对国际航运中心有深远影响,如集装箱的发明,计算机和互联网技术的广泛应用等;最后,国家政策支持是国际航运中心的必要条件。上海拥有得天独厚的地理位置,港口货运量连续三年世界第一,码头现代化程度较高,支持国际航运中心建设的文件也早有出台。但是,上海在航运服务业等软实力方面与主流航运中心仍有较大差距。

自贸区在融资租赁、航运价格指数衍生品、航运保险方面的政策将促使上海提升航运服务能级,从航运金融方面提升上海航运软实力。以航运险为例,随着自贸区开放程度的进一步加大,外资船舶企业、外资船舶管理和制造企业的落户,使得上海船舶航运险市场总量提升,同时航运险参与主体将更多,航运险市场竞争将更为激烈。这将倒逼上海市的保险机构进行国际化改革,进一步完善与国际惯例接轨的航运支持政策和制度环境。因此,此次自贸区对航运金融的大力支持有助于我国航运服务能级的提升,加快建设上海国际航运中心的步伐。

另外,国际中转集拼业务在区内开展,既有利于相关企业开展拼箱货业务,又能为小批量货物货主的贸易活动提供方便的运输服务,这将会吸引国际中转箱来上海港中转,增强上海港对韩国釜山港的竞争力。事实上,国际中转集拼业务作为国际航运中心的指标远比集装箱吞吐量更具说服力。另外,上海自贸区将吸引国内外知名的大型工贸公司到区内开展业务,形成大批的适箱货物,为航运企业提供更多的本地基础货。

最后,自贸区带来"蝴蝶效应"的同时,"鲶鱼效应"也相伴而生,中外企业同台竞技,优胜劣汰的法则即将上演,期待上海航运业能在竞争中率先完成转型升级。

4. 上海国际贸易中心建设

货物贸易是上海的优势,自贸区的特殊性将会吸引更多进出口商涌到上海交易。短期看,它有助增强区域经济活力,助力区域经济增长,间接使区域零售行业及相关服务行业受益。中长期看,如果复制自贸区经验,将上海自贸区范围扩大至全市,则区域零售行业有望直接受益:区域内税收优势将使商品价格具备竞争优势,有助于拉动区域内商品销售;在区域商品价格优势带动下,来沪消费人数规模有望增加,这将提升区域零售行业景气度,本地零售行业有望中长期受益。

　　未来在试验区内,将按照"一线逐步彻底放开,二线高效管住,区内自由流动"的要求,改革现行的一线进境货物"先申报、后入区"的海关监管模式,允许企业"先入区,再申报",最大限度地提升一线进出境便利程度和物流效率。贸易便利化程度的提高有助于促进国际贸易的发展。游戏机、游艺机销售领域的开放使得上海贸易市场进一步开放。这都将对加快上海国际贸易中心建设起到了积极促进作用。不仅仅传统贸易形式将有较大的发展,上海还可以依托自贸区对新型贸易业态进行先行先试。譬如服务贸易方面,还有很大的提升空间。投资领域的开放也将促使上海从中获利,使上海加快形成国际贸易中心。

　　另外,此次自贸区内艺术保税仓库的设立促进了自贸区内艺术品拍卖活动的进行,这将吸引各类外资拍卖行以及世界级艺术博览会和展览会来上海,进行拍卖、展览、进出口活动,上海可以借助自贸区这个平台将自身打造成亚洲艺术品交易中心。

　　综上,上海要充分结合自贸区优势,将自贸区与"四个中心"对接形成良性互动,推动建立综合配套改革与自贸区的联动机制,复制区内政策,在区外的上海地区推广,形成更大范围的发展优势。譬如,自贸区内已经实施的备案制度和负面清单模式等试点工作,今后都将运用到上海的"四个中心"建设中。期待上海自贸区能成为上海经济建设的"第二个经济助手"。

4.2　自贸区对长三角经济圈的影响

4.2.1　自贸区对长三角经济圈的影响综述

　　长三角经济圈是我国第一大经济区,是综合实力最强的经济中心,包括上海市、江苏省、浙江省以及安徽省部分城市。长三角地区是上海市重要的经济腹地,是自贸区成立及运行后受到影响最大的地区。总的来说,自贸区为给地区带来了辐射效应、虹吸效应以及政策上的示范效应。

　　辐射效应,就是指一个地区通过其较强的经济、文化、科技、教育、人才等资源优势,带动周边地区经济、文化、教育、科技的发展。2013年9月29日,伴随着上海自贸区的正式挂牌,迎来了中国经济发展的新时代。自贸区可为上海以及周边地区带来外资、先进技术和管理经验。同时,上海自贸区的一系列优惠措施,不可能孤立存在。因自贸区面积本身有限,其配套设施必定会向长三角地区扩散,带动周边地区发展,形成区域联动效应,临近上海的江苏、浙江和安徽部分地区则可以利用地域优势借力提升。

虹吸效应,是指一个地区由于政策、区位、配套等优势,对周边地区形成强大的吸力,使得周边地区的各种要素资源,包括人流、物流、资金流、信息流向本地区集聚。上海本身就是一个特大城市,是中国的经济中心,并正在建设成为世界的经济、贸易、金融、航运中心。现在又成为全国首个也是唯一的自贸区,有着明显的政策优势。如果周边地区生产要素向自贸区过度集聚,可能会阻碍或减缓周边地区的发展。

除了对经济的辐射以及虹吸之外,上海自贸区的优惠政策也给长三角乃至全国各地的开放和政策改革带来了示范效应,但同时也在一定程度上降低了当地现有开放或者优惠政策的含金量。长三角地区将面临制度创新的压力。

4.2.2　上海自贸区对浙江的影响

4.2.2.1　对浙江经济的辐射效应

1. 自贸区金融服务政策给浙江金融服务业带来利好

按照国务院对长三角城市的定位,上海是国际金融中心,杭州是区域金融服务中心,宁波是次区域金融中心。上海先行示范的金融政策,因为地域关系以及金融地位上的关系,杭州和宁波也将有可能在今后享受到。一些金融创新举措也一定会促使浙江和杭州更好地发展他们的金融服务业。

浙江的一个突出特点就是其民间资本比较发达。长期以来,这些民间资本渴望进入金融领域行业,以此作为民营企业的新的投资机会和发展机会的突破口。上海自贸区的设立给了这些民间资本一个良好契机。这是浙江省需要借此机会借力推进的一个领域。通过发达的民间资本促使原来的产业运作和金融运作结合起来。若产融成功结合,将对浙江省金融和经济的发展产生重大影响。

在互联网金融领域,浙江和杭州的发展条件也很好,包括阿里巴巴在内的一些互联网金融产品都是在浙江发展起来的。互联网金融的发展可以很好地解决中小企业融资难的问题,且有利于电子商务的发展,意义重大。上海金融创新试验区的方向正是准确把握了未来金融改革和金融发展的新领域和新拓展空间,而这些新领域和新空间,在浙江尤其是杭州具有很好的发展基础。

2. 自贸区可能引发购物热潮给嘉兴带来旅游利好

临港新城将于 2014 年建设自贸区第一保税商品展示交易中心,展示品种丰富的各类进口商品,其售价也比其他商场更有竞争力。自贸区虽然不等于免税港,但伴随自贸区的发展,不仅商品的销售成本可能会逐步下降,而且进口商品种类会逐渐增多,为消费者带来更多的选择。上海浦东新区的迪斯尼乐园的建设已经全面启动,且基于对自贸区后续发展前景的看好,迪斯尼乐园打算在原有基础上扩建。建成后预计参观人数可能仅次于东京迪士尼的2800万人次。如此一来,上海成为像香港那样的购物天堂也许为期不远了。

嘉兴位于中国浙江省东北部、长江三角洲杭嘉湖平原腹心地带,是长江三角洲重要城市之一。嘉兴相距上海不到百公里,必将凭借其于上海的距离优势,在这场购物狂潮中受益匪浅。嘉兴是有名的旅游胜地,有嘉兴南湖、西塘古镇、桐乡乌镇、海盐盐官、平湖九龙山、湘家荡、浙北桃花岛、陶庄汾湖等风景名胜,凭借紧挨自贸区和迪斯尼乐园,很有可能在未来旅游消费市场中分到更大一块蛋糕。

上海自贸区具体的执行细则或将涉及金融改革、行政改革、投资管理改革以及贸易便利化改革等多方面,未来上海也将成为真正的国际经济中心、国际金融中心、国际贸易中心和国际航运中心,对于周边地区的巨大影响肯定是不言而喻的。因此,作为邻居的嘉兴在未来自贸区的发展建设中获得的机遇将不断增多。

3. 增加外贸出口机遇

作为位居全国第三的出口大省,浙江拥有众多品牌进出口企业和出口基地。上海口岸和宁波口岸是浙江出口产品的重要通道。自贸区的航运政策将促使上海港通关日益便利、物流成本降低、口岸能级提升,上海港和宁波港距离非常近,这必将给宁波港带来巨大压力,迫使宁波港转型升级,在强势的自贸区影响下发掘自身独特优势,迎难而上。而这对浙江省的外贸企业而言,无疑是一大利好。

4. 与自贸区良性互动,提升城市能级

上海自贸区是一个平台,起到衔接中国和世界的作用。自贸区将为我国,特别是长三角地区的企业打开"窗口"。这不但利于出口,还能把国际新技术、新经验引进我国。从国际上自贸区的发展经验看,成功的自贸区是所在城市与周边城市良性互动发展的结果。而在互动发展过程中,上海乃至周边城市也就能慢慢吸收这些先进的技术和管理经验,从而逐步提升城市能级。

浙江民企经济发达,但多为劳动密集型企业,研究开发新技术方面比较欠缺。由于人文、地缘优势,自贸区建立后强大的辐射效应,在给上海带来巨大变革的同时,也会给浙江带来信息流、资金流、技术流的支持,为浙江省的发展提供良好的便利条件。当然,面对这唯一的自贸区,其强大的政策优势必然也会给浙江部分产业领域带来竞争的压力。然而压力也即动力,这将使浙江在利用自贸区便利的同时,促使其经济转型升级,进一步加快改革步伐,创造新的发展机会,发挥好毗邻上海自贸区所带来的正面辐射作用。

4.2.2.2　对浙江经济的虹吸效应

1. 总部经济面临"虹吸"

中央赋予上海自贸区的种种突破性政策,不可避免地会在短时间内对浙江乃至整个长三角群的资源产生一定的虹吸效应,集聚更多的人流、物流、信息流等到上海。浙江若在此时仍想吸引外资、招大引强,必将面临更大的竞争压力。逐利是资本的本性,上海自贸区的强大政策优势,不仅使得有海外业务的企业自发地在自贸区设立财务中心、运营中心和营销中心等功能性的企业总部,甚至会吸引浙江本土的一些有海外业务的企业把企业总部或部分功能性机构迁往上海自贸区,或者设立子公司、货币结算公司等。这对浙江发展总部经济来说将形成巨大挑战。

2. 高端服务业面临挑战

上海自贸区内开放程度进一步加大,企业营运环境更加宽松便利等,将有利于提升区内企业的国际竞争力。这吸引着周边城市的高端制造业、高端服务业等纷纷跻身自贸区。浙江的高端制造业、部分高端服务业为了避免竞争中的劣势地位,也可能流入自贸区,这对浙江产业结构调整、提升整体经济竞争力将产生一定的负面效应。

以杭州为例,IT 业、电商业、总部经济产业等是其重要的产业。上海自贸区试行外资的准入前国民待遇,以备案制代替审批制,这对于外资尤其是技术周期较短、时间价值突出的外商投资而言,无疑具有很大的吸引力,这将导致地区间的招商引资和产业竞争更为激烈。

3. 杭甬独立发展大都市受到压制

所谓"大树底下不长草",上海城市能级的提升可能会对杭州、宁波等城市形成有力压制。高铁、杭州湾大桥等使得杭州、宁波在上海的一小时交通圈之内,距离过近加上交通便利,使其与上海的同城化趋势加速。周边城市将逐渐成为上海自贸区重要的服务合作平台,在自贸区的衬托下,其"配角"的地位进一步"巩固"。对于嘉兴、湖州、绍兴区域中心城市或许不是太大的问题,但作为整个长三角副中心城市的杭州、宁波,独立发展大都市的机会更加受限,难以发展出独立于上海的、城市能级更高的大都市。

在自贸区成立之前,浙江的舟山、温州、义乌拿到了发展的特殊政策,自贸区的成立,对那些较早时间拿到特殊政策的地区会产生什么样的影响,一直是人们讨论的热点。

4.2.2.3　舟山自贸区亟须创新思维引领

早在 2013 年 1 月,《浙江舟山群岛新区发展规划》就得到了获国务院正式批复,成为了国内首个以海洋经济为主题的国家战略性区域规划,舟山群岛新区也就此成为我国第四个国家级新区。但是由于舟山和上海处于一个几乎相同或相似地理位置上,中央再批准一个与上海具有相同或相近或相似的自贸区,可能性不大,所以,现在舟山群岛新区不仅需要借势发展,更要加快自身申报自贸区的脚步,但是自身申报不得不面对另外一个问题:准确定位舟山自贸区,实现与上海自贸区错位发展。这就需要思维的创新:可以往哪里错位,借什么势和怎么借势? 这是创新的角度和速度的考量,不仅需要纵向出新,还需要横向出新。

从"自贸区"的角度看,舟山群岛有如下四个方面的独特优势:一是深水岸线,不仅水深,而且线长;不仅有直线,还有圈线,更有群线,这是建设枢纽港的必备条件;二是气候良好,这是做科研和做学问的好地方;三是文化优势,特别是佛教的菩萨道场普陀山的观音文化,已经形成一个文化传播的流域,已经产生一个文化传播的极地;四是后发潜力,原先越不发展和发达,后来就越容易发展和发达,不同阶段和类型的发展所借用的势能是不同的,一般而言,先期发展往往会成为后期发展的障碍,尤其在不同性质发展上更是如此。如何发挥自身优势并将其融入到自贸区的申请与发展中,是舟山接下来要思考的问题。

舟山群岛新区是一个面向未来的新区,要发展就要进行产业转型的升级。其实,从现实情况看,整个人类都面临一个整体转型升级的问题,都有一个将往哪里拓展和发展的方向问题,都面临一个创新的问题。

4.2.2.4　温州金融改革先发优势遭弱化

2012 年 3 月 28 日,国务院总理温家宝主持召开国务院常务会议,决定设立温州市金融综合改革试验区。温州市金融综合改革发布了十二项的主要任务。设立温州金融综合改革试验区传递出的四大政策信号,分析人士认为,试验区的设立以及相关金融改革措施的部署,向外界传递出国家进一步推进金融改革、构建多元化金融体系等诸多政策信号。可见,温州金融改革所受到的重视程度。

然而,18 个月后,上海自贸区建起来了,其声势之大、改革和开放力度之深却非一般的试验区可比。上海自贸区绝非仅是一个改头换面下的自由金融试验区,上海自贸区内将进行的一系列金融创新,包含贸易、投资、金融、行政管理各个领域。这就有可能令温州金融改革的先发优势被弱化,使温州的金融改革更多地局限于国内,而非一个着眼全球的金融改革。

4.2.2.5　义乌国贸综改试点含金量下降

2011 年 5 月 6 日,我国第 10 个综合配套改革试验区——义乌市国际贸易综合改革试点全面启动,成为中国第十个综合改革试验区,这让义乌又一次在全国备受瞩目。义乌国贸综改试点着力在国际贸易重点领域和关键环节深化改革、先行先试,聚焦于构建国际贸易新体制、新机制。它不是专项改革,而是涉及科技引领、市场发展、产业转型、金融发展、城市建设、政府管理、区域合作、国际交往等诸多领域,包含了管理体制、政策体系、服务平台、保障机制等方面内容的综合性改革。从这个角度来讲,"义乌试点"与上海自贸区建设有相通之处。

试点三年,义乌不仅确立了市场采购贸易方式,还出台了多项贸易便利化政策。同时不断拓展贸易展示平台、交通物流平台,创新涉外管理和服务体制,持续推进国土、金融专项改革。然而自贸区的获批以及一系列政策的出台,使得义乌国际贸易综合改革试点被指"含金量"下降。对此,义乌国际贸易综合改革试点工作领导小组副组长郑宇民表示,任何一个政策的"独享性"都很难长时间维持,保持它的"含金量",与开挖的深度、提炼的精度以及开采的时间长度有关。在自贸区强盛的风头之下,义乌现在能做的,就是深耕细作、实干快干。同时,还要以更加开放、更加积极主动的态度,加强谋划、大胆创新,主动对接上海,融入上海自贸区,争取上海自贸区政策尽早为我所用,令义务国贸综改试点朝着义乌自由贸易区的方向发展,将义乌打造成真正意义上的国际小商品贸易中心。

4.2.3　上海自贸区对江苏的影响

4.2.3.1　对江苏经济的辐射效应

1. 江苏服务业力争奋起跟上

江苏和上海毗邻,上海改革举措的一举一动可以说对江苏有很大影响,主动对接、融入,在上海的开放创新中获得一些辐射利好,这是江苏省经济取得跨越式发展的一大宝贵经验,此次的自贸区开放肯定也不会例外。自贸区《总体方案》给予了六大服务行业更大力度的开放以及政策上的优惠,上海的现代服务业必将迎来高速发展的春天。从目前自贸区带来的辐射效应,以金融为例,南京、苏州等地更有条件打造金融后台服务基地。前期可以承接数据单据处理、呼叫中心等中低端业务,中远期主要吸引电子银行、产品创新研发等中高端业务,建设金融中心的后援系统。作为邻居的江苏势必要发挥其地理与现有基础上的优势,紧紧跟进,借势发展。否则,不仅会在新一轮的改革与发展浪潮中被上海远远甩下,还会被同样临近上海的浙江等地赶超,如此就很可能在未来的区域竞争中被迫扮演制度模仿及经济追赶的角色。

2. 对江苏制造业带来福利

上海自贸区在集中开放的同时,不仅会提升自贸区内的贸易量,也会抬高相应的员工工资和物流成本等,这就使得上海自贸区对以制造业为主的周边地区会产生溢出效应。临近上海的江苏极有可能承接这些溢出效应,促进江苏制造业的发展。上海现代服务业发展水平越高,溢出的可能性就越大,江苏的现代制造业也就可能会越发达。同时,自贸区内金融改革开放将会可能为江苏的制造业提供更加优质和高效的金融服务。上海航运中心、物流中心和贸易中心的建设,有利于苏州和昆山物流、商贸的发展,并带动相关产业出口,同时促使苏南地区在长三角的分工更加精细。

3. 金融领域的开放,方便企业交易资金自由兑换

自贸区最大的政策突破点在金融领域的放开,以江苏无锡的方亮照明科技有限公司为例,"方亮"的客户多是通过国际电子商务平台获得的跨境交易,销售渠道方便快捷,却梗阻于交易资金的自由兑换。由于交易采用美金结算,为了避免境内结算时大笔美金支出和取用时的审批程序和兑换时缴纳的费用等,公司选择在澳门设立结算中心,以方便资金的自由流动。现在,自贸区内即可实现人民币的自由兑换,资金的审批程序也大大简化等,这对于跨境交易企业来说的确是一大利好,就不必在澳门或香港再单独设立外贸公司等。只要在上海自贸区内设立一个外贸公司即可,省去了很多繁琐的程序。

4.2.3.2　虹吸效应给江苏经济带来的影响

自贸区的虹吸效应同样对江苏影响较大,将对其总部经济尤其是区域性智能性总部经济造成巨大压力,这种压力甚至可能会对产业转型升级带来重大影响。而受冲击最严重的就是昆山。

上海自贸区的税收优惠和贸易便利化将削弱昆山试验区及昆山综保区的政策优势,不仅会导致昆山大型企业中的一些功能性业务,如销售、投融资、物流、结算向自贸区集中,还极有可能会促使昆山近些年致力打造的一些已成规模的高端制

造业包括高端服务业流入自贸区,从而固化昆山的生产制造地位,不利于产业结构升级与服务业转型。以昆山笔记本代工为例,曾经西部大开发15％的税收政策就让其占全球的比例由50％下降到现在的25％左右。局部的税收等优惠政策极有可能打乱中国正常的产业转移梯度和秩序,这对昆山的笔记本产业如何转型升级提出了严峻考验。

昆山花桥镇与上海地理上接壤,现上海地铁已正式开通与花桥的日常连接。花桥镇是江苏现代服务业和海峡两岸产业合作的先行试点区域,亦是江苏转型升级的最重要窗口。国务院赋予昆山和中国台湾在产业合作领域8个方面的优惠,而花桥成为人民币对新台币的结算中心。由于人民币在自贸区内可一定程度兑换包括台币在内的多种外币,出于节约成本以及便利性的考虑,企业必然更愿意将功能性的部分放到上海自贸区。这样,花桥就失去了在新台币与人民币结算方面的绝对优势。国务院也批复昆山实验区的地方企业可以与中国台湾金控企业成立合资公司,昆山经济区本可以借此机会大力发展地方经济,但是在自贸区更有力的政策优惠面前,优势很明显被削弱。

尽管自贸区会对江苏的发展带来不可轻视的压力,但其的改革示范效应或许会更大。自贸区赋予上海成为新一轮中国经济体制改革的试验区和风向标,其他地方政府为了在新一轮改革中不被落下,必将变成被迫追赶的角色,想方设法按照规范的自贸区要求推进体制改革和制度创新,改革的倒逼机制和竞争动力由此产生。自贸区的倒逼改革似乎已发挥出了它的作用,昆山主动开始了某些方面的改革,例如考虑深化与上海制造业的价值链分工,适度调整服务业的未来重点,暂缓推进知识密集度高、对成本不敏感的高端生产性服务业,着力发展物流仓储、服务外包和金融后台服务等生产性服务业等。

4.2.4 上海自贸区对安徽的影响

安徽与上海地缘相近,是长三角经济圈重要成员。近年来,安徽省和上海的合作日益扩大,主要表现在经济、贸易、科教、文化、旅游等方面。仅以2012年为例,安徽省就有600多亿美元的货物从上海口岸报关进口。沪商在皖投资602.9亿美元,占全省利用省外资金总额的11.4％。自贸区建设的同时,安徽省正积极谋划可融入、可借鉴、可复制的对接措施,拟充分利用这次机会,加快推动产业结构的优化提升,深入推进与长三角区域的分工和联动发展。

4.2.4.1 对安徽经济的辐射效应

一直以来,安徽省视上海为其连接国际市场的一个出口。而落地中部的安徽,也是上海与中部地区联系的一座桥梁。自贸区的落成,对致力于东向发展的安徽来说,会使她与上海的联系因此而越来越紧密。

1. 促进安徽高端制造业的发展

自贸区的成立将有利于安徽省承接国际国内产业转移。上海自贸区在促进上海向服务型国际城市加快升级的同时,也将抬升上海地区的产业成本。就拿上海和安徽两地的工资作对比,上海的月最低工资为1 620元,比安徽的1 260元高出28.6%;上海职工月平均工资为4 692元,比安徽的3 716元高出26.3%。在土地成本方面,上海每平方米1万多元的土地出让均价较安徽的1 806元高出近6倍。由于自贸区内土地成本、人工成本较高,基于降低商务成本的考虑,这种"挤出效应"也会促使诸如高端制造业向安徽等地区转移。可以说,上海自贸区赋予了安徽重大机遇。

上海自贸区内进口设备和技术的免税优惠,有利于安徽省企业引进国际先进技术,带动安徽省高端设备的进口,对加快安徽省高端产业发展特别是装备制造业转型升级,起到积极的推动作用。

2. 有利于安徽发展服务外包业务

新政策下上海自贸区相关物流、航运、贸易基地的建设,必然少不了周边地区相应配套设施的支持,必然需要更多的加工、仓储、配送、物流等服务的支持。同时,上海对于服务等相关要素的集聚,必然会抬高各种成本,出于降低成本的考虑,将大力发展服务外包业务,这就给周边地区以机会。自贸区将吸引众多离岸金融、国际航运、电信、软件外包、云计算等国内外服务企业集聚,从而必将产生大量的数据处理分析、呼叫等外包需求,而安徽省的区位地理优势、要素成本以及相关的服务外包业务发展较好的条件,有利于承接上海溢出的服务外包业务。

3. 促进安徽软实力升级

自贸区建成后,安徽可利用临近上海的地缘优势,更便捷地与前往上海投资考察的跨国公司对接。对接上海自贸区,有利于提高安徽对外贸易便利化水平,方便安徽企业引进国际先进技术和管理经验,提升本地企业软实力。

上海自贸区为安徽发展带来了更高水平的开放平台,为安徽积极探索对外开放的新路径和新模式、推动全面扩大对外开放提供了难得机遇。区内集聚的大量境外金融机构可以为企业的海外并购提供融资、信息咨询和风险管理等服务。区内境外投资所得税分期缴纳的政策,能够为企业提供更好的支持。这既有利于安徽更加便捷有效地利用外资,也有利于加快安徽省内企业的国际化进程。

4.2.4.2　虹吸效应对安徽经济的影响

1. 自贸区吸引安徽企业在上海设立总公司

自贸区在给周边地区带来正辐射效应的同时,其强大的虹吸效应也是难以避免的。自贸区对总部经济的虹吸对安徽当地扩大招商引资和进出口有一定影响。安徽省内的很多企业对于上海自贸区的政策及发展动向很是关注,有的提出要将企业的总部尤其财务中心、运营中心、营销中心等迁到上海去。如此一来,安徽省内的海关特殊监管区的发展空间将会被进一步挤压,本地进出口货物通关率也将会进一步降低。目前,安徽省扩大招商引资还没什么明显动静,本地企业却有了些流失的苗头,企业一旦流入自贸区,对安徽的进出口统计的影响也是不言而喻的。

2. 自贸区对核心要素的聚集

虹吸效应也许还将会体现在高端服务业、高端消费品进口、核心要素在自贸区集聚等方面。因为自贸区的免税、保税、完税功能将吸引上海的周边省份居民的高端消费需求,影响相应省份的高端消费品的进口,还将集聚周边更多的人流、物流、信息流等。与此同时,就将会有更多人才流入上海,上海周边地区的核心要素也将面临集聚挑战,可能会造成人才流失的局面,比如一些有关研发与营销之类的具有较高附加值的业务也将转向在自贸区中开设。而国务院给予自贸区服务业的政策优惠势必也会对安徽省服务业贸易也将产生一定的影响。

4.2.4.3　对合肥综合保税区的影响

2012 年 9 月,合肥综合保税区申报工作开始启动。2013 年初,选址方案上报国务院,正式启动审批工作。2014 年 3 月,合肥综保区正式获批,6 月份已开建,预计 2015 年 7 月正式运行。

合肥综合保税区总规划面积为 4.91 平方公里,分为南北两区,南区位于合肥经济技术开发区,在合肥出口加工区的基础上升级扩容;北区位于合肥新站综合开发试验区三十头镇。从政策上看,自贸区拉高了海关特殊监管区开放的上限,这也为紧随其后合肥综保区提供了方便,目前来看,合肥综保区的政策仅次于自贸区。

上海自贸区的面积有限,其配套设施必将分布在长三角外围,而劳动密集型、加工组装类型的产业向中西部转移。安徽地处中部地区,隶属长三角经济圈,一直以来是我国的劳务输出大省,本地生产成本、商务成本较低,外加合肥综保区"打造出口加工区升级版""承接产业转移"等定位,较江苏、浙江两省而言,更适合作为自贸区的出口加工类配套角色,这就很好地实现了与自贸区的错位联动发展,也为安徽省将来申请自贸区打下了坚实的基础。

此外,自贸区的设立意味着上海在区域竞争中获得压倒性的政策先行优势并再次抢占发展先机,目前,合肥综合保税区已经有了优于除自贸区外的其他海关特殊监管区的政策优势,理应继续在开放型经济体制创新方面抢先一步。在通过区域合理分工的方式实现与自贸区的联动发展的同时,积极推进自身体制机制创新,以区内制度的活力带动安徽省的开放型经济的加快发展,推动省内经济转型升级,力争成为中西部地区改革创新的典范,避免沦为制度模仿及经济追赶者的角色。

4.3　自贸区对香港的影响

《总体方案》公布了自贸区的6大开放领域:金融服务、航运服务、商贸服务、专业服务、文化服务和社会服务,这6大产业与香港的优势发展领域相仿,特别是上海自贸区大力推行金融服务领域的创新。社会各界均在预测自贸区对香港国际航运中心和国际贸易中心的影响,尤其是自贸区是否会动摇香港国际金融中心地位。有人认为上海金融市场本身比较成熟,以中国内地经济作为依托,并有政府政策大力扶持,上海会在不久的将来取代香港国际金融中心的地位;也有人认为香港国际金融中心具有先行优势,另有成熟的市场和发展经验,并不会被轻易超越。这些过于乐观和过分悲观的观点向我们传达了这样一个信息:中国(上海)自由贸易实验区的建立与发展对香港来讲既是机遇也是挑战。

我们不妨从香港固有的优势和劣势入手,通过上海自贸区与香港的对比,分析自贸区为香港带来的影响(挑战)和机遇,最后就香港的应对策略提几点建议。

4.3.1　香港的领先优势

香港地处珠江口以东,靠近广州,与深圳市隔深圳河相望,濒临南中国海,素有"东方之珠"的美誉。香港的发展历史可以追溯到1840年鸦片战争结束以后,在中西经济的影响下,香港凭借其独特的地理优势、体制优势以及税率优势发展成为现在世界公认的国际金融中心、国际航运中心和国际贸易中心。

1. 国际金融中心

香港金融业起步于第一次鸦片战争结束后,港英政府对港金融业采取自由放任主义政策,促进了香港金融业的发展。改革开放以后,在中国内地的带动下,香港金融服务也迅速发展,逐步发展为国际金融中心。在170多年的发展历程中,受中西经济的影响,历经第二次世界大战、亚洲金融风暴和2008年全球金融危机的洗礼,香港金融业和金融服务业已经形成了完善的发展体制,自由的市场经济环境、透明的政府、健全的法制监管环境、充足的金融人才、税制上的优势以及多年金融市场发展的成果、经验和抗风险能力使得香港金融业较我国其他地区具有不可比拟且短时间内难以超越的优势。

2. 国际航运中心

香港拥有维多利亚港、葵涌货柜码头等天然深水良港,终年不淤不冻。它背靠中国内地,面向东南亚,地处亚太中心,可经太平洋和印度洋的海上干线,通往世界各地,交通条件十分便利。它的港口、码头的设备先进,可容纳上百艘远洋轮同时靠泊和系泊作业;同世界上 100 多个国家和地区有航运往来,拥有一个以香港为枢纽,航线通达五大洲、三大洋的完善的海上运输网络。世界各个船舶公司均在港设有分支机构,使这里成为国际航运财团在亚太地区的行政和船舶管理中心。香港实行世界上最开放的自由港航运政策:航运企业可自由经营,个人和企业均可在港投资经营航运业,不受国籍和投资比例与形式的限制;各国船舶可自由通航,除极少数政府规定的商品外,货物免税、免检;香港船东所拥有的船舶可自由选择在任何国家和地区注册登记;任何国家的船舶,只要符合香港船舶注册法例的规定,均可在港注册。航运业需要大笔的资金作支撑,香港国际金融中心为航运保险和航运融资等航运金融业务需求提供了保证。

3. 国际贸易中心

香港是与纽约、伦敦、东京、巴黎比肩的全球城市,是世界上经济自由度最高的经济体之一,涉及了贸易自由、投资自由、经营自由、融资汇兑自由等一系列制度安排。香港特别行政区税基窄、税率低、海外利得无需纳税,外加独特的地理位置和发达的航运业和金融业作支撑,为货物中转提供了极好的条件。据统计,2012 年的贸易总额中约有 46.7% 为转口贸易。在香港出售的大部分商品都不征税,所以在香港购物,货品价格相应较低,吸引中外游客前往购物,香港店铺售卖着世界各地不同特色的货品,由国际顶级品牌至地方特色小商品,都可以找到。这些因素都使香港在多年的国际贸易竞争中始终保持活力,令中国大陆其他城市难以媲美。

4.3.2　香港自身的弱点

1. 经济腹地的差距

香港拥有的珠江三角洲地区面积 5.6 万平方公里,占全国面积的 0.58%,人口5 616.39 万,占全国人口的 4.15%。珠三角开发历史较长,城镇用地高度集约化。珠江三角洲是港澳地区与内地产业转移与合作的发源地。该地区经济一体化程度不断加深,工业化、城市化程度也不断地提高,已经形成中国香港、广州、深圳为核心的国际化城市群地区。上海是长江三角洲地区的核心城市,长三角是我国最大的综合性工业基地,是经济实力最强的地区,全区面积21万平方公里,占全国总面积的2.19%,人口1.59亿,占全国人口的11.75%,而上海是长三角地区经济实力最强的龙头城市、经济扩散中心、产业布局的重心。从工业基础和人才的集聚分析,上海所处的长三角远比香港所处的珠三角强得多。

2. 创新能力不足

根据世界经济论坛公布的最新全球竞争力报告,香港排名第7,其中金融市场发展排名第1位,而创新能力则排名第23位。在港营商者也认为香港面临的主要困难在于创新能力不足,因此,创新能力不足日后极有可能逐渐成为阻碍香港金融竞争力的瓶颈。一旦上海这支强劲的后起之秀"蝶变"成"国家级"的国际金融服务中心,创新能力缺乏的香港,从贸易到金融服务的竞争优势必将削弱。

上海创新能力一直以来均优于香港,且上海国际金融中心加速建设,金融创新成为上海自贸区改革的一大主题,尤其是近年来上海在金融服务创新上表现突出。例如,上海洋山保税港区2012年4月正式启动的期货保税仓单质押业务,《总体方案》明确提出要在自贸区继续拓展该项业务。这项业务适应大宗商品产品交易金额大、金融属性强的需求特征,也是在全国率先为保税大宗商品提供的大宗供应链融资平台,以此推动保税交割从单纯的物流属性向金融属性拓展。若香港在创新能力上继续落后于上海,竞争力会被进一步削弱。

3. 码头操作成本过高

香港码头运营成本过高,特别是码头处理费(THC)全球最高,这主要是港口运营商垄断带来的后果。香港港有8个集装箱码头,18个泊位的葵涌码头,共4个码头经营商。从表面上看,8个码头由4个运营商经营,竞争应该是比较激烈的。但判定码头运营商市场占有份额的主要依据是泊位数量,占有56%泊位的HIT和占有28%泊位的MTL无疑是香港集装箱处理业的两大寡头,两大寡头对香港码头定价具有很强的话语权。事实上目前香港港口运营商的竞争动力来自外部,过高的码头运营成本直接削弱了香港国际航运中心的竞争力。尽管港口运营商的垄断为香港码头的设备、运作效率和服务水平提供了保证,但是随着内地港口的建设,香港的货源会被分流,直接影响香港的货运及贸易量。

4. 整体发展潜力弱于上海

中国社科院2013年5月份发布了《中国城市竞争力报告》。该报告指出,香港虽然连续11年蝉联中国城市之首,但是中国香港的竞争力已现颓势,内地龙头城市即北京、上海、广州、深圳等与香港的差距正在不断缩小。早在 2004 年香港中文大学教授段樵与伍凤仪教授领衔,历时三年完成的"沪港城市竞争力研究项目报告"就指出,上海的发展潜力胜于香港。香港在引资环境和全球化形象上明显超越上海,科技实力持续改善;在工业或经济结构调整、大学科研活动和科技发展上,两者差距不明显;劳资关系、财经决策及国际化形象上两者也很接近;在政府的管制能力上,上海明显进步,而香港却有所下降。这说明沪港两地的竞争力差距正在逐步缩小。图 4-1 和图 4-2 分别为 2004 年以来上海和香港的生产总值及环比增长率的对比,从这两幅图也可以看出,上海 GDP 增长态势更加强烈,GDP 总量上香港已经渐渐被上海赶上。近年来上海在后奋力直追,外加现在自贸区发力,上海的开放程度、自由化程度也在不断加强。尽管香港目前诸多方面的表现均优于上海,但是上海的发展潜力胜于香港,长此以往,香港总有被超越的一天。

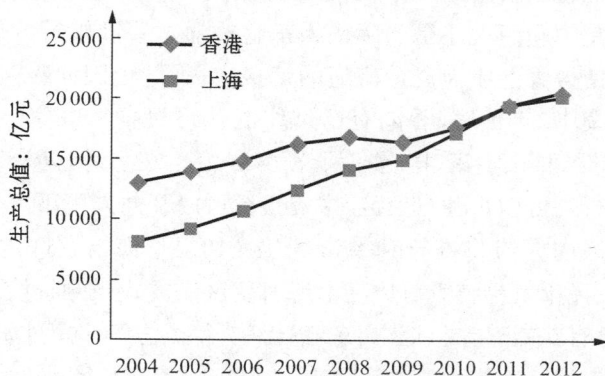

图 4-1　上海和香港生产总值对比

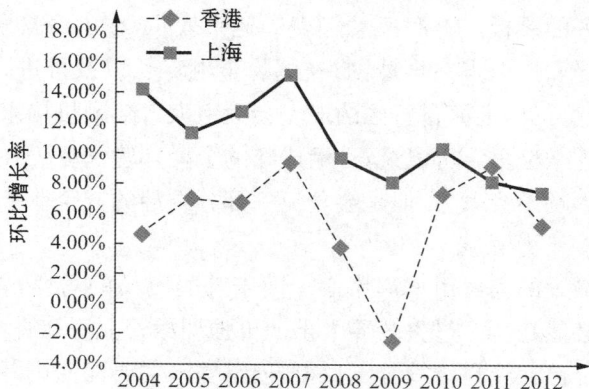

图 4-2　上海和香港生产总值环比增长率对比

4.3.3　自贸区对香港的影响

香港之所以在物流、贸易、金融等方面比较发达,原因之一是得益于大陆过去比较保守的经济政策和基础建设、信息交流等方面的弱势。随着改革开放,中国内地经济稳步增长,基础设施和信息技术明显提高。上海自贸区又标志着经济政策的进一步开放,特别是金融和服务产业,6大开放领域31条具体开放措施直接与香港优势产业有关,这对服务产业占本地生产总值80%以上的香港来讲,无疑是个挑战。

1. 对香港金融业影响

自贸区是否会影响香港国际金融中心地位是各大媒体及研究机构的关注焦点。香港没有外汇管制,各种外币可以随时兑换流动,而且资金进出没有限制。在国际贸易中无论是中国商人还是国际商人都喜欢通过香港银行的便利,进行交易支付与清算。这使得香港成为资金流通的汇接点,香港也因此吸引了大量的金融机构进驻。截至2012年年底,香港有已运作的认可机构198家。其中持牌银行153家,有显示牌照银行21家,接受存款公司24家。在上海,外资银行、民营资本以及中外合资银行均可以进驻自贸区,中资银行可以开办人民币离岸业务,帮助企业在境外融资。区内亦或将推行利率市场化。如果上海自贸区内不实施资本管控,那么大量的人民币贸易结算可以在上海自贸区完成,不必通过香港。自贸区运行仅两个月,就已有花旗、星展、汇丰、东亚、恒生、德意志等多家外资银行陆续获批在自贸区内开设支行。花旗中国总部就设在上海。董事长欧兆伦表示,上海自贸区将成为连接中国和亚太地区的中间点。汇丰银行总部设在香港,自贸区将成为汇丰拓展内地业务的跳板。上海区总经理邱运平表示,在上海自贸区这样一个开放的环境里能更好发挥汇丰在全球网络、贸易金融专长以及推进人民币国际化等方面的优势。由此可见,上海自贸区的成立会吸引大量金融机构来此设立分机构,但迄今尚无总部迁来这里。可以说,香港成熟的金融环境优势仍在,相信对其现有的金融总部经济影响不会太大,但是会分流一部分香港的资金业务,其中对人民币离岸业务的影响应最为明显。

目前香港是最大的人民币离岸中心。由于跨国贸易的需要,自贸区内开展人民币离岸业务是必然趋势。过去政界人士一再强调尽管上海和香港一样开展的人民币离岸业务均定位在贸易清算与支付上,但是香港主要面向国际市场,上海则主要服务于国内金融市场,因此不会存在恶性竞争。然而,随着上海自贸区的开展,开放程度和国际化程度将进一步提升,市场运作逐渐成熟,监管体制也逐渐完善,由于资金流动过程中的趋利性特征,上海和香港服务范围的分界线会逐渐模糊,届时上海与香港之间必然会存在竞争。

2. 对国际贸易尤其是转口贸易的影响

纵观全球数百个自由贸易区,大多数都是转口贸易区。尽管内地财经媒体上的关注多集中在对其服务贸易、金融业发展的想象,实际上货物贸易这一实业贸易应成为这个自由贸易实验区的重要基础。其中转口贸易可谓是自贸区成败的关键。上海自贸区对外资制造业和以外销为主的加工贸易企业吸引力应最大。贸易企业也是目前注册最多的企业类型。

据统计,2010 年,经由香港转口到内地的贸易占转口贸易的 52.9%,有中国内地经由香港转口的贸易占转口贸易的 61.5%。2012 年香港对外贸易总额 73 465 亿港元,转口 33 755 亿港元,占贸易总额的 45.9%,经由香港转口到中国内地的贸易占转口贸易的 54.3%。由此可见,中国内地具有广阔的转口贸易市场。

香港开展转口贸易的有利条件除了其良好的港口资源外,主要有以下四点:一是金融业支撑:身处其中的企业可以向各国自由进行支付与清算,不受中国外汇管制,避免汇兑损失,还可享受超过 200 多种的金融服务;二是国际性开放:香港是一个国际性城市,是一个能接触全世界之门。可以透过贸易发展局的资料及设施接触世界各地的买家及顾客,有助于将产品打入全世界市场;三是经营业务广泛:许多中国内陆严格限制的业务在香港只要不违法都可以经营;四是税率及关税优惠政策:香港的税基狭窄、税率低,且具有海外利得无需纳税的税务条例,通过香港转口可以合理避税。

上海自贸区依托外高桥保税区(含外高桥保税物流园区)、洋山保税港区和浦东机场综合保税区,为上海自贸区大力开展转口贸易提供了良好的天然条件。上海自贸区内人民币资本项目可兑换、金融市场利率市场化、人民币跨境使用等方面的先行先试,为上海自贸区开展转口贸易提供了金融支撑。自贸区采用负面清单管理模式,扩大了对外开放的领域。国内外企业纷纷入驻自贸区,希望享受中国改革带来的红利,自贸区将成为更加开放、国际化的地区。关于税率上的优惠目前尚无具体政策出台,假定自贸区能提供相对香港更具竞争力的税收政策,那么综上所述,香港将不再是唯一具有开展转口贸易优势的地区。

从贸易规模上看,按进出口商品境内目的地/货源地统计上海一市进出口贸易额,2012 年达到了 4 341 亿美元,超过全世界大多数国家,比 2 833 万人口、33 万平方公里国土的马来西亚外贸总额(4 240 亿美元)还高,而马来西亚是当年世界第 18 大出口国、第 19 大进口国。从经济腹地上看,上海的工业基础远胜香港,南北两翼的苏、浙两省都是制造业发达的省份,再加上腹地的安徽、江西、两湖、川、渝等省市制造业和对外贸易也在快速发展,足以为上海货物贸易发展提供长久的支持。

因此,本身雄厚的对外贸易基础加上自贸区的强力推动,上海会将华北地区的转口贸易吸引至由上海转口的同时会分流华南地区经由香港的转口的贸易也是无需怀疑的事。

3. 对国际航运中心地位的影响

国际航运中心是指拥有航线稠密的集装箱枢纽港、深水航道、集疏运网路等硬件设施,并拥有为航运业服务的金融、贸易、信息等软功能的港口城市。世界各地存在着不同的航运中心,主要有三种运作模式:以市场交易和提供航运服务为主,代表港口为伦敦;以中转为主,代表港口为中国香港和新加坡;以为腹地货物集散服务为主,代表港口为鹿特丹和纽约。这些航运中心各具特色,但都具有以下共同点:

(1)区域内重要的货物中转港及集散地,有众多向外辐射连接世界各地的航线。

(2)具有高效优质的港口设施及装卸、存储、疏运能力以及吞吐能力。

(3)重要的补给和服务基地,有配套齐全的港口服务与支持系统,诸如船舶的维修保养、备件和物料供应、供油加水、船员的遣返及服务、海上救助、海事处理、商品检验、船舶登记与检验等。

(4)在当地拥有相当数量的船公司,经营、管理、控制着相当规模的船队,或在当地集中了许多船舶以及货物的代理与经纪。

(5)在这些基本市场的内外以及围绕着这些传统的基本行业,还具有支撑行业和围绕这些行业发展起来的相关市场与中心,例如航运交易市场、买租船市场、船员劳务市场、海上保险市场、航运信息市场、航运资本(金融)市场以及与国际航运经济及法规等相关的各种国际组织和国际论坛等。

上海自2009年明确了建设国际航运中心的任务。经过这几年的建设,已经初步取得了一定的进展,但是由于法律制度、税收、金融等方面的短板,上海与香港国际航运中心相比,仍有一定的距离。根据《总体方案》,自贸区将设立探索性的国际大宗商品交易和资源配置平台,开展大宗商品国际贸易;扩大完善期货保税交割试点,拓展仓单质押融资功能,增强商品尤其是大宗商品金融化趋势,促进航运贸易方式转型升级。上海自贸区还将不断提升航运服务能力。主要措施有:依托外高桥港、洋山深水港、浦东空港国际枢纽港,积极发展航运金融、国际船舶运输、国际船舶管理、国际航运经纪等产业;加快发展航运运价指数衍生品交易业务;推动中转集拼业务发展,支持浦东机场增加国际中转货运航班;利用中资"方便旗"船税收优惠政策,促进符合条件的船舶在上海落户登记;在试验区实行已在天津试点的国际船舶登记政策;简化国际船舶运输经营许可流程,形成高效率的船籍登记制度。

航运贸易方式的转型升级、航运服务能级的提升,再加上外资准入条件的放宽,自贸区内航运产业及体系将不断完善,航运服务水平将不断提高,同时也会吸引更多航运外商进入,上海国际航运中心的建设将加快,竞争力随之提升。换言之,香港航运中心的综合功能和支持服务系统的传统优势将相应逐渐弱化。

航运、贸易、金融的发展相辅相成。一方弱化,其他各方面均将受到影响。随着自贸区建设的推进,香港的优势地位将被弱化,这无疑对香港是个挑战。

4.3.4 自贸区为香港带来机遇

自贸区就像一把双刃剑,存在对香港的挑战,自然也蕴涵着促进香港发展的新机遇。面对自贸区,香港不应过度紧张。香港交易所行政总裁李小加说:"香港应是为上海自贸区发展喝彩最响亮的拉拉队,也是最好的发展伙伴。"商务部沈丹阳也表示上海自贸区的建立,有利于促进香港的繁荣稳定,实现内地与香港共同发展。

1. 更加开放的中国堪比强力磁铁

上海自贸区的设立实际上是为中国内地深化改革、扩大开放探索新路径,可以预见未来的中国市场将更加开放,经济更加自由。对外商而言,一个更加开放的中国将似一个强力磁铁,对资金的吸引力更强。香港资本市场前二十年的发展已经是全球资金、机构与人才大量沉积香港,香港已成为全球投资中国的最主要前沿阵地,届时香港将依托其固有的优势成为外资进入中国的长期"中转站";同时,内地资本对外开放也将使得内地投资者进军国际市场的步伐加快,香港将会成为中国资本国际化进程中初期的主要"终点站"和长期的"中转站",香港的资产管理行业将面临黄金机遇。

自贸区人民币可兑换的试验如果成功,将大幅扩大离岸人民币的流通量。作为离岸人民币业务中心,香港的市场份额可能因上海离岸业务的竞争而下降。不过随着离岸人民币流通量迅速增加,香港经营的离岸业务的绝对值仍可能增加。而且只要香港维持本身的竞争力,其离岸人民币业务仍有蓬勃的发展空间。根据香港金融发展局 2013 年 11 月 18 日发布的《就加快建设香港离岸人民币中心,巩固香港作为全球主要国际金融中心地位提出建议》,香港人民币离岸市场的规模、产品及国际使用程度仍属刚刚起步阶段,人民币 80%的外汇交易,98%的人民币债券余额,以及99%的存款都是在内地进行;而美元2/3的外汇交易,30%的债券余额及10%的存款均在境外。如果人民币在未来15年内的国际化程度要达到美元的1/3,则香港人民币存量则至少需要11万亿元,以香港可持有其中一半的存量来推算,香港的人民币存量在15年之后,即2028年,将达到6万亿元。

长期"中转站"的效果同样存在于贸易市场。一个更加开放的中国,对外贸易也将增加,届时香港将依托其固有的转口优势获得更多的转口贸易。尽管未来转口市场份额可能会和上海"分一杯羹",但是从总量上看,香港绝对会获得更多。所以说内地开放规模越大、速度越快,给香港带来的机会越大。

2. 双剑合璧,吸引外资

香港和上海自贸区的定位区别很大。香港与新加坡、纽约、伦敦类似,是开放程度很高的国际金融中心,对国外投资者的接纳程度比较高;而上海类似于东京和法兰克福,成立和发展国际金融中心是国内经济快速发展后的需要。

不同的形成背景和定位,也会为上海和香港未来的业务带来差异。因此就未来外资进入中国这方面来讲,假如上海自贸区能成功开展,上海成功建设成为另一个国际金融中心,那么国外资本可以通过上海直接进入中国内地,而香港作为老牌国际金融中心,将会因为其成熟的金融市场体系、监管机制和市场经验等成为需要进行风险管理运作公司的首选。

3. 离岸金融结合海外投资,共促人民币国际化

长远来看,香港和上海可以实现错位发展,在推进人民币国际化进程中合作共赢。离岸人民币市场为人民币在境外的流通提供了平台,是人民币国际化的有机构成部分。尽管《总体方案》没有提到人民币国际化,但是人民币国际化是中国人民一直以来的期盼,并且随着中国经济在世界经济中占的比重越来越大,人民币国际化是早晚的事情。只有人民币离岸金融业务与投资金融业务齐头并进,未来人民币国际化才会成为必然的结果。

香港于2004年正式取得经营人民币业务的资格。经过10年的积极发展,已经成为全球最大的离岸人民币中心,除办理跨境人民币结算交易外,还拥有最大的离岸人民币资金池和人民币融资市场,可以提供多元化的人民币产品。但是,香港的金融业务也只是停留在离岸金融上,自贸区内为了避免人民币投机、套利、套汇膨胀现象,也仅仅强调人民币清算与支付的离岸业务。实际上,人民币的海外投资金融业务才是人民币国际化进程中最艰巨,也是对国际人士最具有吸引力的内容。香港国际金融中心发展至今,其制度优势、市场开放度、国际化程度和抗风险能力是中国任何一个地方都无可比拟的。假若未来中国真的明确提出将人民币国际化

提上日程,那么排头兵角色非香港莫属。因此,香港可以借此契机,奋发图强,大胆尝试人民币海外投资业务。香港的人民币投资业务与上海的人民币支付与清算业务共同发展,形成合作互利的关系,这对香港的繁荣稳定、巩固其国际金融中心的地位有着积极的推进作用。

4. 以自贸区为跳板,协助港企开拓华北市场

国家"十二五"强调扩大内需和推进服务业发展。香港品牌以其优质的产品形象获得了广大内地消费者的信赖。尤其近年来,内地对香港产品的需求激增,为港企扩宽了市场空间。入驻自贸区有助于港企享受更多内地改革的红利,但是由于自贸区目前政策的不确定性,许多港企对是否入驻自贸区持观望态度。香港软件行业协会副会长叶毅生认为自贸区有很多优惠配套政策,对港企而言具有吸引力,只要解决了港企对政策层面的担忧,自贸区会吸引大量港企入驻。另外,上海自贸区依托保税区和保税港区,物流体系发达,因此,上海还可以扮演物流中转站的角色,协助港企开拓华北市场。

5. 敦促香港审视自身的优劣势,在竞争中求发展

上海自贸区的目的是以开放促改革,并不是为了和香港"比个高低"。即使业务范围有一定的重叠,那也是一种竞争。如果完全没有竞争的话,香港市场的发展会没有动力。自贸区带给香港的压力足以敦促香港审视自身的优劣势,摆脱长久以来中国最强城市的优越感。居安思危,积极进取,开拓创新,实现突破式发展。香港的确拥有很多优势,但是近年来经济发展现状却不容乐观:土地和资源紧缺的制约越来越严重;长久以来依靠金融、航运、贸易领域的发展,而这些行业过分依赖内地。面对内地城市的迅猛发展,香港在这些领域的优势也在逐渐丧失,亟须创新思维打破传统结构性发展问题;金融业和服务业只能吸纳少数人才,基层就业不足,造成社会贫富分化严重,亟须发展实业经济,带动基层就业;高科技产业发展不足,无法实现长足发展等。因此,如果自贸区的改革和发展能给香港带来一些警醒和启示,那么这也是促进其持续发展、保持长久稳定的间接动力。

4.4　自贸区引发的各地跟风

有人把试水自贸区的上海比作改革开放初期的深圳。深圳在改革开放政策的推动下,从一个小渔村摇身一变成为大都市。现在,自贸区以开放促改革,又将中国引向了新一轮改革的风口浪尖。上海自贸区的成立引发了各地的跟风,天津、广东、山东、浙江等地对自贸区望眼欲穿,在自贸区的申请上,都表现得异常积极。其

动力来源于自贸区是中国新一轮改革的号角,成为自贸区就意味着走在了中国改革的前沿,未来将成为中国政治、经济、社会、文化等领域发展的先锋,同时本地经济也会借助这股东风取得突飞猛进的发展。在中国第一个自贸区——上海自贸区尚处于试点阶段之时,地方自贸区跃跃欲试,这是因地制宜的大势所趋还是唯恐落后的一味跟风,他们凭借什么优势打动中央政府,成为继上海之后的改革试点呢?各地拟议中的自贸区,又是以什么作为特色和依托呢?

4.4.1　天津:跨境租赁,离岸金融

天津自贸区旨在打造跨境租赁投融资自由港。在天津自贸区总体方案中,跨境租赁、离岸金融将是未来天津自贸区最为重要的板块。天津申报建设自贸区重点已经不再是分得改革红利,而是金融体制创新。天津东疆保税港区,目前正逐步向天津自由贸易区的方向转型,未来也将成为天津自贸区的核心主体。

东疆保税港区集港口、保税区、出口加工区、保税物流园区等优势于一体,通过功能创新、政策叠加,成为目前国内对外开放层次最高、功能最齐全的保税港区,其各项政策优惠已非常接近自贸区。例如,在东疆保税港区注册的租赁企业将商品租赁出境时,可视为出口租赁,享受融资租赁17%左右的出口退税。东疆港区实行真正的"境内关外"政策:

(1) 国内货物(含区内企业耗用的水、电、气、热)入港区视同出口,实行退税。

(2) 对境外运入保税港区的,企业加工出口所需的原材料、零部件、元器件、包装物件以及转口货物在区内存储货物实行保税。

(3) 保税港区企业生产供区内销售或运往境外的产品,免征区内加工环节增值税。

(4) 港区内企业之间的货物交易不征增值税和消费税。

(5) 货物在保税港区与境外之间自由进出;不实行配额、许可证管理,仓储时间不受限制。

(6) 进区货物实行"只检疫,不检验"。

由于优惠税率的安排、出口退税、优先借用外债指标等政策,天津东疆港区发展良好。其融资租赁,特别是飞机租赁,已经取得了骄人的业绩。但由于政策、体制的关系,仍存在一些问题。

一是法律问题,制定适用于出现租赁合同纠纷时法律;二是海关问题,分期偿还的租金要征收关税和增值税;三是涉外税收问题,外国企业其来自于中国境内的所得要缴纳所得税,而且融资租赁和经营性租赁征税税基还存在一定的差异;四是

外汇问题,需要获得国家外汇管理部门的许可,得到外债指标,才能将租金汇出境外;五是监管问题,具有行业主管部门批准的经营资质,才能开展这方面的业务,否则,一旦出现租赁合同纠纷,法律不予保护。

如果天津东疆划为自贸区,实行境内关外政策,那么就不存在海关问题和涉外税收问题,但在业务结算方面还存在着一定的问题。例如,境内企业 A 和境外企业 B 有业务往来,A 企业和 B 企业进行外汇结算时,需要在境内一家银行兑换货币,然后在这家境内银行再与 B 企业所在国家的另一家银行进行结算,这两家银行结算时需要经过所在国的审核,会拖延一定的时间。在外汇市场不断波动的情况下,容易出现汇兑损失。再比如,注册在东疆的租赁公司在开展业务时,如果购买了国外设备然后再租给国外相关企业时,需要去其他地方开设离岸账户。这些只是在我国开展租赁时普遍存在的小问题,但从中可以看出,没有离岸金融业务的支撑的跨境租赁,会存在诸多的不便,比如手续复杂、汇兑风险高等。开展离岸业务后,仅需一名银行客服人员就可以同时办理 A 和 B 企业的所有业务。东疆区内的企业,只需要在区内的离岸银行开设离岸账户即可。开展离岸金融业务后,企业可以不受账户和币种的限制,无存款保险制度,豁免法定准备金,居民与非居民享受同等国民待遇的投资政策。对在区内注册的具有“两头在外”准离岸经营性质的企业,可纳入离岸银行业务的服务对象和允许开立离岸账户,实行较宽松的金融监管,对区内银行和企业实行税收优惠政策等。人民币在资本项目下开放,公司可以通过证券的形式来融资,这对于租赁大型设备的东疆,无疑是如虎添翼。

天津东疆保税港区申报建设自由贸易区,还具有一定的金融试点意义。与上海原本就有很雄厚的金融基础不一样,天津的金融基础相对薄弱,这也是中国城市的普遍情况。在这样的地点试点,其积累的经验或许更适合于普通的国内城市。

4.4.2　广东:面向港澳

上海自贸区瞄准国际,旨在打造一个自由港,而广东拟打造的自贸区跟上海自贸区的区别,就在于广东自贸区的定位是面向港澳,加强粤港澳合作。广东自贸区是一个区域性的自贸区,面积将远远大于上海自贸区。广东自贸区包括广州南沙新区、深圳前海新区、珠海横琴新区、白云机场综合保税区共 931.385 平方公里,其中,南沙、前海、横琴目前是国家级开发区。

广东打包申报自贸区是为了提高获批的可能性。如果单兵作战,可能会出现功能重叠、政策竞争、定位不明等问题。如果联合起来作为“一区三园”,申报国家级自贸试验区,将来获批的可能性会大一些。为了避免出现恶性竞争,申请过程中,每个地区都有明确的定位与分工。南沙的定位为粤港澳全面合作示范区,即综合试验区。前海的定位是进行金融创新,探索资本项目对外开放和人民币国际化的新路径,并实现与香港资本市场的对接和错位发展。横琴扮演的角色就是促进港澳经济金融互通的"润滑剂",侧重协调粤港澳关系。

广东对外可以辐射港澳及东南亚,对内则有广大的内陆腹地,这是广东的有利条件。其将来的自贸区也将围绕这些条件。譬如,有力促进粤港澳服务贸易自由化和内地与港澳 CEPA 实施的先行先试;推动粤港澳生产性服务业全面合作,实行投资便利化,强化粤港澳国际贸易功能集成,创新金融服务,在自贸区形成对外开放的新高地。没有特色就没有生命力,面向港澳正是广东自贸区的特色所在,所以未来广东自贸区的关键就在于如何利用区位和产业优势挖掘出粤港澳合作的发展潜力,给港资和澳资提供一个新的机会,为港企和澳企创造一个更好的平台。

另外,广东自贸区可以发挥其口岸业务和进出口贸易优势,打造交通枢纽。广东的服务业不如上海,但在口岸业务、进出口贸易方面则强于上海。因此,广东可借助深圳、珠海、广州等地多个既有的进出口岸以及同样在广东自贸区申报范围内的白云空港,打造交通枢纽,从而带动珠三角周边出口加工、贸易、物流产业的发展,通过货物贸易的自由化而集聚人气。同时,利用为汽车工程、石化、物流等支柱产业提供配套为支撑,大力发展与实体经济相关的产业金融业务。

广东版的自贸区还可以试水投资自由化。自由贸易区在中国是无先例可循的新生事物,享受着很多豁免政策,但这同时也意味着将出现很多法律上的真空地带。而广东在这方面有一定的便利。早在获批国家级新区之际,"海琴沙"三地就不约而同地提出了要求沿用香港的商业投资法律体系,而中国香港的商法体系源于英美商法。事实上,外国投资者对贸易区的司法体系是非常敏感的,在这一点上,广东无疑比上海更有吸引力。未来在广东自贸区或许还能实现"粤港澳商事生效判决相互承认与执行"的构想。

未来广东建设自贸区也是有较好基础的。早期,国家把类自贸区的有些政策已经给了广东。2012 年,《国务院关于支持深圳前海深港现代服务业合作区开发开放有关政策的批复》称,在制定产业准入目录及优惠目录的基础上,对前海符合条件的企业将按 15% 的税率征收企业所得税,这是目前最为优惠的税率。一旦广东自贸区获批,相信国家将会把支持上海自贸区的全部政策给广东自贸区,在负面清单、土地金融创新、海关通关、金融改革等方面,甚至于会采取更加开放的政策。

不过,广东自贸区的"一区三园"未来不可能由一个机构来管理,而且目前的政策也有差异。因此,即使打包申报的自贸区可能也得对三园的政策作出相关不同细则的规定,否则与前期各自的政策相冲突。这不仅需要广东三区的内部协同,还需要与港澳政府合作。

4.4.3　浙江:依托海洋经济

"21 世纪是海洋世纪"。海洋是 21 世纪人类社会可持续发展的宝贵财富和最后空间,我国已将大海洋战略作为 21 世纪中华民族"伟大复兴"应该实施的战略之一。合理利用海洋资源、开发海洋经济,已成为我国沿海地区实现现代化的共同战略。浙江舟山群岛新区,是我国首个以海洋经济为主体的国家级新区,加快舟山群岛开发开放,全力打造国际物流岛,建设海洋综合开发试验区,对于促进我国海洋经济发展、创新海岛开发模式无疑具有特殊意义。自贸区在舟山群岛新区试验,颇具有改革试点意义,不仅可以整合浙江省海洋资源,给整个浙江带来大的发展动力,也可以起到示范作用,推动我国海洋经济的健康快速发展。

紧邻舟山的宁波市,是我国副省级计划单列市,是我国区域中心城市和国际物流枢纽。在浙江省政府的支持下,宁波-舟山港的成立,为宁波-舟山一体化发展奠定了基础。目前的宁波-舟山港是世界第一大港、第四大集装箱港,是我国第一大原油进口港、第一大铁矿进口港、第一大液化品港。宁波-舟山港以其覆盖所有货物种类,成为我国功能最为完备的港口,而且,宁波-舟山港已经进入了实质融合的阶段。在政策上,包括保税区、出口加工区、保税物流园区、保税港区在内的各种类型的特殊关税区,宁波几乎均在上海获批后不久就获批。其运作时间长,运作经验丰富,发展良好。所以,这次继上海后,如果国家继续审批自贸区,宁波-舟山这个历史上一直紧密结合的经济体可联合申请,以其良好的基础和"国家级海洋新区"的特色,极有可能获批。

宁波-舟山自贸区如果获批,其发展战略可与上海形成一定的错位。宁波-舟山港是天然深水良港,非常适合发展大宗物资贸易、物流、海洋渔业及临港工业等产业,可成为长三角乃至全国制造企业生产要素的配置市场。舟山又是有名的旅游城市,以其优美的海岛风光和佛教文化名扬世界,完全有条件成为购物休闲的天堂。当然,浙江也是以商贸大省著称,在商贸要素市场的建设上,也会与上海构成一定竞争。但竞争是好事,没有竞争就没有动力。竞争会促使双方互相取长补短,不断提高竞争力。经济发达的长三角也完全能够容纳几个自贸区的发展。上海、宁波双双成为世界顶级大港就是一个很好的例子。

4.4.4　江苏:综保区升级版

从某种意义上说,自贸区是现有海关特殊监管区的升级版。苏州省拥有众多综合保税区,例如盐城综合保税区、淮安综合保税区、南京综合保税区、无锡高新区综合保税区、苏州工业园保税区、苏州高新区综合保税区、昆山综合保税区等,是全国综合保税区数量最多的省份。其中,单苏州一市就拥3个综合保税区。除了综保区,苏州还拥有12个国家级开发区、5个省级开发区和1.7万多家外商投资企业,是全国开发区、海关特殊监管区和外商投资最为密集的城市。截至2013年,苏州规模以上工业总产值30 393万元,仅次于上海。辖区内8个海关特殊监管区(5个出口保税区和3个出口加工区)实现进出口1 050亿美元,分别占江苏和全国的87%和15.1%。目前苏州已经成为了江苏申请自贸区的首选城市,而综合保税区成了苏州申请自贸区的竞争砝码。一旦申请成功,苏州工业园区综合保税区将会成为苏州自贸区的核心试点区域。

制造业转型升级和台湾牌是苏州申请自贸区的两大利器。首先,苏州的制造业规模全国第一,新兴产业、高新技术产业产值较高。其中苏州工业园区综合保税区是国内最重要的精密机械制造基地和电子产品集散中心之一,现已初步形成了以汽车飞机零部件为主的精密机械、笔记本电脑为主的电子信息产业报税加工体系。然而,苏州虽然制造业规模庞大,但以"两头在外"的"加工贸易"为主,也就是一直处于产业链的低端或者说是底端,完全是靠劳动密集取胜。这种生产方式已经越来越不适合当今经济的发展,制造业转型升级势在必行。而借助自贸区,有利于集聚和利用高层次人才、高技术、高质量外资,促进江苏建立自主品牌,打造知识型、技术性经济,向着产业链和价值链的高端发展。其次,苏州是中国大陆台资企业最密集的城市,目前已经聚集了1万多家台企和5万多台籍人士。台商实际投资250亿美元,每年贡献了大陆对台贸易的20%,而且,2013年2月,国务院正式同意成立昆山深化海峡两岸合作区,对台经济成为了苏州申请自贸区的一大特色。

从政策上看,苏州的政策优势不明显。目前,深圳前海、珠海横琴、福建平潭都获得了15%的企业所得税优惠税率,而且除了金融业,其他的高端产业大多列入了享受这一政策的产业目录,这对苏州经过科技孵化出的一些企业造成了明显的虹吸效应。除此之外,境外新型产业和高毛利率制造业项目在现有投资审批体系下,难以通过招商引资在苏州落户。苏州制造业对金融、教育培训等行业的服务需求难以得到满足。苏州近年来虽然引进了200多家外商投资的研发中心、投资管理中心、地区行政管理中心等总部企业,但苏州仍未能引进跨境财务结算中心,且本土民营跨国经营企业也不得不将跨境财务结算总部、销售采购总部建在新加坡、香港等无金融外汇管制的国家和地区。争取设立自贸区,毫无疑问是苏州加快转型升级、提升开放型经济水平、再创发展新优势的重要抓手。

　　然而,由于苏州离上海太近,从国家对自贸区的布点战略考量来说,苏州自贸区获批的的申报难度较大。但是在现有经济基础和综保区护航之下,苏州若能发挥本地经济特色,准确定位自贸区功能,实现和上海自贸区的对接和联动,也是极有可能在将来获批的。

4.4.5　福建:对台自贸区

　　相较于苏州的对台经济,福建和台湾隔海相邻,是中国对台战略的重要省份,拥有建立两岸"自贸区"的先天优势。2012 年福建省进出口总额为 9 843.58 亿元,其中仅厦门一市的进出口总额 744.9 亿美元,折合人民币 4 685.42 亿元,占据了福建省对外贸易的半壁江山。其中,台资企业完成工业总产值 1 703.03 亿元,增长 19.5%,高于全市规上工业 6.4 个百分点。全年台湾直接投资项目 121 个,占全市新设外资项目总数的 36.6%,居各来源地首位;合同台资 1.07 亿美元,增长 87.5%,占全市外商直接投资合同金额的 4.8%;实际利用台资 0.64 亿美元,主要投资领域包括制造业中的光电、模具、机械设备,现代服务业的软件业等。对台进出口贸易总额 76.47 亿美元,增长 5.7%,其中对台出口 14.66 亿美元,增长 0.2%;自台进口 61.81 亿美元,增长 7.1%。对台经济成为了厦门经济的主要动力。目前厦门已与台湾多家银行签订人民币清算代理协议,人民币结算额增量居全国首位。

　　厦门位于福建东南端,地处中国东南沿海,九龙江入海处,与台湾宝岛隔海相望,设立对台自贸区,具有得天独厚的优势。目前,厦门已经拥有两岸区域性金融服务中心、东南亚国际航运中心、大陆对台贸易中心等政策优势,但是都是单项突破。厦门对台自贸区的设立有助于打破以上三个中心的界限,实现整体破局,繁荣对台经济。就目前厦门经济发展现状来看,厦门具备设立对台自贸区的条件。

　　2013 年 11 月底,厦门已成立申报工作组,自贸区方案已经上报商务部。厦门自贸区方案秉承"立足综改、借鉴上海、对接台湾、敢行敢试"的改革思路,突出对台贸易优势,也对应了台湾地区正在规划建设的以"六海一空"为核心的自由经济示范区。若厦门的对台自贸区和台湾的自由经济示范区成功对接,那么台湾和大陆之间就形成了一个几乎零壁垒的经济区,将促进大陆经济和台湾经济大融合。

　　以"对台"为特色是厦门申请自贸区的"王牌",但免不了与苏州自贸区的申请撞车。不过凭借厦门对台的区位优势,其获批的可能性依然较大。自贸区是世界的自贸区,厦门不能把自贸区局限于"对台",而要把对台开放寓于对外开放之中。利用高度开放的政策,把外商"引进来",让自己"走出去",以带动福建省以及周边地区的发展。

4.4.6　山东:中日韩自贸区

中日韩均为亚洲重要经济体。据统计,目前中日韩三国经济总量达 15 万亿美元。2012 年 GDP 总量合占全球 GDP 的 21.4%,贸易总额占全球贸易额的 18% 以上。中日韩自贸区的设想于 2002 年首次提出。2012 年中日韩三国的 GDP 总量合占全球 GDP 的 21.4%,贸易总额占全球贸易额的 18% 以上。中国已连续多年成为日本、韩国最大贸易合作伙伴,日本、韩国在中国贸易伙伴中分居第四和第六位。三国自贸区建设不仅对促进贸易合作有着推动作用,也将对稳定全球经济和贸易起到重要作用。尤其是随着日本与中韩两国在钓鱼岛和独岛问题上的对立加深,利用经济互利推动政治紧张,促进亚太地区的稳定和繁荣显得更具意义。

山东毗邻日韩,具有独特的区位优势。日韩在山东投资的项目大都属于资源或劳动密集型产业,这也是山东在这方面的优势,与日韩具有产业互补性。2012 年,山东对日本和韩国的出口总额分别为 242.34 亿美元和 283.02 亿美元,占到了山东 2012 年 2 455.45 亿美元出口总额的 21.40%,堪称山东省第一大贸易区,因此山东省也具备了设立中日韩自贸区的雄厚的经济基础。山东省聚集了大量的日韩企业、专家等,具有完备的人才优势。因此,山东省具有设立中日韩自贸区的先天优势条件。青岛不仅是山东的门户,也是我国第二大外贸港口,拥有深水岸线码头和韩国隔海相望,与韩国、日本呈"三角"结构,一直以来在日韩经贸往来中占据得天独厚的地缘和商缘。细数山东省各大城市,若未来中日韩自贸区确定设立在山东省,那么青岛便是其最有可能的落户地。

2013 年 5 月,山东省政府向国务院呈报了《山东省人民政府关于试点建设青岛贸易自由港区的请示》,拟申请建设的青岛自由贸易港区主体规划面积 26.9 平方公里,以 9.72 平方公里的青岛保税港区为主体,涵盖整个前湾港码头作业用地和后方物流用地。青岛自由贸易港区将以前湾保税港区为贸易便利化改革试点区域,以货物贸易海关监管模式改革和贸易金融外汇改革为重点,以青岛经济技术开发区为投资便利化改革试点区域,以投资体制机制改革以及服务领域和制造领域扩大开放为主要试点内容,突破发展转口贸易,争取试办自由港的相关政策,力争建成有特色的自由贸易港区。

截至 2014 年 7 月,中韩自贸区谈判已进行十二轮。虽有分歧,但目标明确。为了争取中日韩自贸区的落户,山东省可以继续发挥"先行一步"的作风,为未来落户做好充分准备。

第一,区域划定。6.4 万平方公里的蓝色经济区的建设、中日韩地方经济合作示范区的打造、青岛自由贸易港区的申请等都标志着山东尤其是青岛市在向中日韩自贸区逐步逼近。未来中日韩自贸区的落户肯定是区位、产业、政策、发展现状等条件最合适的地方，所以，山东省可以就未来中日韩自贸区内可能出现的问题与发展障碍，在地方经济合作示范区内先行先试，提前探索中日韩自贸区的发展道路。

第二，发展策略。从 2012 年开始，山东与日韩之间的合作就从交流合作转向了战略合作。中日钓鱼岛冲突影响了中日的经济互利，钓鱼岛冲突以后中日贸易大幅萎缩就是非常明显的证据。关于钓鱼岛问题的紧张政治局势，山东应积极调整产业合作方向，推动三国产业间相互投资和产业重组，与日韩企业在新兴产业方面加强研发共同合作，增强三国企业之间的互信关系。

第三，产业定位。三国产业优势的不同是自贸区成立的基础。相对发达的日本和韩国在资本和技术密集型产业上竞争优势明显，而中国的竞争优势目前仍主要集中于资源或劳动力密集型产品上。近年来，日本韩国对华投资开始转型升级，从以往以出口加工为主的投资模式逐渐为扎根中国市场的当地销售型模式所取代。现代服务业、高端制造业、绿色经济、节能环保等逐渐成为两国对华投资的新增长点。山东若要促成中日韩自贸区的落户，一方面要发挥传统的产业优势；另一方面，要就日韩对华投资的新增长点逐步扩大本省的开放领域，向自贸区方向靠近。山东可在医疗、旅游、文化及服务业方面率先展开合作，继而开展在金融、信息技术、电子通信、教育产业等领域的合作。可借助青岛自由贸易试验区，推动山东省内能源行业在风能、太阳能、节能环保领域与日韩企业合作。

第四，推动青岛自贸区的建设。眼下，青岛应调整中日韩地方经贸合作示范区的规划思路，结合国家提升经济开放水平战略考虑，引入高水平、高标准和高质量的自由贸易机制；找准青岛定位，结合中日韩自贸区谈判环境，规划差异化的自贸区蓝图。青岛的西海岸有保税区，还有董家口港等资源优势，可以重点发展新能源汽车、汽车及零部件、船舶零部件等产业，建设中日韩循环经济示范基地和汽车整车和新能源汽车产业基地。另外，青岛可以率先成立地区性银行——东北亚银行，争取成为区域金融合作试点区。

当然，具有建立中日韩自贸区优势条件的不至青岛，在其北面的大连，也与日韩具有紧密的合作关系，在高新技术产业、航运规模和吸引人才方面，比青岛走在前面，也在积极筹备类似自贸区的申报工作。

另外，内地的武汉、重庆等在我国的东中西布局中具有重要的意义，有一定的基础和特色，也在积极筹备。

结 束 语

自贸区自挂牌至 2014 年 6 月底,区内累计新设企业 10 445 家,新设外资企业 1245 家。2014 年上半年,自贸区完成经营总收入 7 400 亿元,同比增长 11.2%,其中商品销售额 6 350 亿元,增长 11.3%;航运物流服务收入 535 亿元,增长 19.0%。截至 5 月底,跨境人民币境外借款发生 45 笔,共 101 亿元;参与跨境双向人民币资金池试点企业 17 家,资金池收支额 78 亿元。2014 年 1—8 月,自贸区里的进出口额增长了 11%,物流仓储成本平均降低了 10%,平均的通关时间大约减少了 3～4 天。截至 2014 年 9 月 15 日,上海自贸区已有 283 个项目落户,共新设企业 12 266 家。其中,外资企业 1677 家,占 13.7%,是去年同期的 10 倍。在"简政放权"方面,强调"法无授权不可为"。上海自贸区管委会目前已梳理出 64 项行政审批事项、30 项日常管理事项、9 项处罚事项。可谓成绩斐然。

经过一年的改革实践,上海自贸区推进了四大制度创新,以负面清单管理为核心的投资管理制度已建立,以贸易便利化为重点的贸易监管制度平稳运行,以资本项目可兑换和金融服务业开放为目标的金融创新制度基本确立,以政府职能转变为导向的事中事后监管制度基本形成。在建立国际投资贸易通行规则相衔接的基本制度框架上,取得了重要阶段性成果。

在自贸区运行一周年之际,中国政府又在试验区内暂时调整 27 项准入特别管理措施。这些措施在自贸区内从原来的禁止或限制外商投资,调整为可以投资。包括允许外商以独资形式从事盐的批发以及物探、钻井等石油勘探开发新技术的开发与应用,航空运输销售代理、铁路货物运输业务等。

诚然,自贸区以后的发展仍然面临挑战。这些挑战既有来自内部的,也有来自外部的。

1. 政府职能转变面临挑战

在现在中国经济环境下,如何处理好政府和市场在经济中的关系,是政府职能转变的核心。要处理好这个问题,就是要充分发挥市场在资源配置中的基础性作用,更好地发挥政府的调控作用。

自贸区就是一个"简政放权"的改革试验田,一个通过开放暴露问题进而倒逼的改革试验田,一个还经济运行于市场的改革试验田。换言之,政府需要放权,发挥市场的基础作用。而这对已经习惯于权力运行的行政体制来讲,其遇到的阻力是可想而知的。

尽管有阻力,但政府推进改革的决心是坚定的。2013 版负面清单特别管理措施共计 190 条,2014 版负面清单在此基础上减少了 51 条,在剩下的 139 条中,限制性措施 110 条,禁止性措施 29 条。"负面清单"加上"备案制",相较于之前的"正面清单"和"审批制",这充分体现了政府简政放权的决心。

2. 外部环境不尽乐观

改革开放初期,中国对世界具有巨大的吸引力,廉价的土地、劳动力,神秘的国度,巨大的市场,安全的环境和优惠的政策。经过多年的发展,中国的综合国力显著上升,经济总量已位居世界第二。同时,原先的成本、资源优势下降。为此,一些国家对中国的态度与策略开始转变,新的各种形式的贸易壁垒不断增加。所谓 ABC(Anyone But China)正是反映的这点。

3. 各种风险因素不可轻视

服务贸易、金融业是自贸区最受关注的企业,贸易企业也是目前注册最多的企业。金融业则是最先进入自贸区的企业。这种企业一般具备快速流动能力。自贸区在服务好这些企业的同时,对资金外逃、不良资产的流入、利用区内外汇差变相洗钱、过分炒作、市场对自贸区的过分逐利解读等,都始终必须有清醒的认识,必须严防严控。

自贸区是新生事物。很多政策法规、制度规范、管理方法有待于我们去探索,挫折和失败是在所难免的。对此,我们必须有思想准备。

上海自贸区建立以后,很多省市热情高涨,希望成为下一个自贸区。自贸区会不会像过去那些特殊关税区那样逐批审批建立?三年后自贸区怎么办?成为大家关注的热点。作者认为:

1. 自贸区短期内不会像过去那些特殊关税区那样成批审批

"中国(上海)自由贸易实验区"这个全称告诉我们,上海自贸区不仅仅是上海的,更是中国的。它不是一般意义上的自贸区,更是我国改革开放的试验田。在上海自贸区还没成熟之前,在一套行之有效的可复制可推广的经验被总结出来之前,国家不会成批审批新的自贸区。同时,一些被证明行之有效的可复制可推广的经验,会跨出自贸区,逐步推广。

当然,各地有各地的优势和特色,每地的发展模式不尽相同。可复制的更多的是一些规则性的东西,比如法律法规的改变,一些做法的创新等。把这些制度上的创新化为己用,仍需一定的探索。为此,也不能排除政府以后再批一些特色的自贸试验区。

2. 自贸区三年后将继续

自贸区自 2013 年 9 月 29 日正式挂牌以来,到 2016 年 9 月 28 日将完成三年的试验。三年后怎么办是很多人关心的问题。可以肯定的是,三年不是自贸区的终结期,而是自贸区的总结期。是试验总要总结,成功的、失败的、需继续深化的、需收缩的、需重点防控的、需大力放开的等,以后的自贸区肯定会有更重的改革任务去实施。

国际经济环境不是一成不变的,近期,TPP、TTIP 和 PSA 协议的兴起正在改变原有的国际服务贸易体系。自贸区要始终保持动态应对,对外开放的同时要尽量推出新的国际规则,以更加积极、主动和友好的姿态融入日新月异的全球贸易体系,适应全球贸易格局的发展。

参 考 文 献

[1] 陈文轩. 实现人民币自由兑换的必要性和路径选择[J]. 中山大学学报,2007(4).

[2] 侯刚. 浅谈离岸金融的兴起及其对我国经济的影响[J]. 经济观察,2009(8).

[3] 顾永东. 利率市场化对中国银行业的影响分析[J]. 商场现代化,2007(2).

[4] 陈国栋. 贷款利率市场化对银行盈利能力的冲击[J]. 财税统计:79-80.

[5] 尹继志. 试论逐步推进利率市场化改革的积极作用[J]. 改革论坛:21-25.

[6] 陈柳钦. 发展和完善我国原油期货市场[J]. 石油化工技术与经济,2012(5):1-7.

[7] 丁丽君. 我国原油期货上市问题研究——基于上海燃料油期货功能完善角度[D]. 南京财经大学硕士论文,南京,2008.

[8] 史晓月. 我国金融衍生品市场监管现状及应对[J]. 时代金融,2011(7).

[9] 王鹤,桑彤. 融资租赁开掘自贸区富矿,携手装备制造业走出去[N]. 中国信息报,2013-10-01.

[10] 徐海英. 浅析跨境租赁及其税务问题[J]. New Finance Economics,2011(7).

[11] 韩家平. 我国商业保理行业的现状与展望[N]. 国际商报,2013-05-29 (C04).

[12] 王卫东. 我国融资租赁公司的融资问题研究[D]. 西南财经大学,2012.

[13] 杨吉荣. 船舶融资租赁优势、发展困境及应对措施[A]. 中国会计学会高等工科院校分会第十九届学术年会(2012)论文集[C],2012.

[14] 中投顾问发布的《2012-2016 年中国建筑业投资分析及前景预测报告》.

[15] 贺瑛. 中国的外汇黑市[J]. 上海金融学报,1996,31(3):16-18.

[16] 黄宪. 从外汇黑市溢价看人民币自由兑换所需条件[J]. 天津金融月刊,1993(4):8-11.

[17] http://xinwen. qiyeku. com/xinwen/27377.

[18] http://gegu. stock. cnfol. com/130930/125,1332,16071188,00. shtml.

[19] 黄志勇. 中国保税港区和自由贸易区发展模式比较研究[J]. 改革与战略.

[20] 刘宇. 聚焦东疆保税港区的政策优势[N]. 天津港湾,2012(7).

[21] http://www. chinaleasing. org/doc/doc546. htm.

[22] 王彬. 力推离岸金融天津东疆保税港发力[N]. 21 世纪经济报道,2009(007 版).

[23] 于扬. 加快深沪津离岸金融市场建设[N]. 证券时报,2007(A10).

[24] 薛洁. 离岸金融市场风险管理研究[D]. 中国海洋大学(F832.6).

[25] 李海平,邓雪琴. 中国离岸金融市场的模式选择及风险管理[N]. 精力日报,2003(11).

[26] 李思敏. CEPA 背景下深化粤港澳金融合作的探索[N]. 金融时报,2013(9).

[27] 宁波市海洋经济发展规划[N]. 中国海洋报,2012(008).

[28]　陈焕友.江苏发展开放型经济的回顾与思考[N].南京大学学报,2004(3).

[29]　江苏高新技术产业发展状况实证分析.中国统计信息网,2008(3).

[30]　陈万灵,唐曦宁.香港国际金融中心地位的形成、发展及其启示[J]南方金融,2012(11):
　　　70-73.

[31]　刘桂芳,钟韵.香港国际金融中心的发展前景研究[J]市场经济与价格,2010,4:35,
　　　42-46.

[32]　黄运成,杨再斌.关于上海建设国际金融中心的基本设想[J]管理世界,2003,11:103-110.

[33]　车军,季岚,汤连帮.对上海国际航运中心发展方向选择的探讨[J]中国工程科学,2013
　　　6(15):66-72.

[34]　http://news.cnfol.com/130905/101,1279,15920232,00.shtml.

[35]　http://finance.ifeng.com/roll/20120426/6378090.shtml.

[36]　http://finance.huanqiu.com/sto/2013-09/4322132.html.

[37]　http://paper.wenweipo.com/2013/09/28/WW1309280002.htm.

[38]　http://epaper.stcn.com/paper/zqsb/html/epaper/index/content_507228.htm.

[39]　http://business.sohu.com/2003/11/27/51/article216165102.shtml.

[40]　http://topic.eastmoney.com/shzmq/.

[41]　http://www.archives.sh.cn/slyj/shyj/201304/t20130428_38437.html.

[42]　http://www.chinacity.org.cn/csfz/fzzl/67046.html.

[43]　http://www.cstjj.gov.cn/Content/lst_reference_sub3.asp?id=2103.

[44]　http://biz.163.com/41213/9/17GNIPH100020QBO.html.

[45]　http://hb.ifeng.com/economic/detail_2013_09/25/1265186_0.shtml.

[46]　姚士谋,李青,陈振光,等.上海与香港国际化大都市发展前景研究[J]地域研究与开发,
　　　2010,2(29):44—48.

[47]　张松涛.内地与香港转口贸易关系的几个问题[J]国际贸易,1992,12:25-27.

[48]　http://www.shbiz.com.cn/Item/222993.aspx.

[49]　http://news.ifeng.com/mainland/detail_2013_09/30/30002090_1.shtml.

[50]　http://www.guancha.cn/zhang-jun/2013_11_07_184064.shtml.

[51]　http://www.news365.com.cn/zt/cjzt/shzmqgp/shzmqgpxgxw/201309/t20130929_
　　　1602307.html.

[52]　http://www.ceconline.com/manufacturing/ma/8800068407/01/?pa_art_6.

[53]　http://www.hkuws.com/45.html.

[54]　http://www.cs.com.cn/xwzx/jr/201309/t20130928_4158191.html.

[55]　http://finance.sina.com.cn/stock/hkstock/hkstocknews/20130925/082016843261.shtml.

[56]　http://finance.eastmoney.com/news/1371,20131105334906459.html.

[57]　张卓然.香港港口运营商垄断对航运金融发展的影响[J]管理观察,2011,22:73-77.

[58] 吕振艳,杜国臣.中国融资租赁行业现状与问题分析[J].技术经济与管理研究,2013,9:64-69.

[59] 莫言.中国融资租赁现状及 SWOT 分析[J]中国外资,2014,304(1):154-156.

[60] 王冠凤,郭羽诞.借力上海自贸区,助推融资租赁新全景[J].上海企业,2014,1:62-63.

[61] 纪宁.上海自贸区对融资租赁行业的影响性分析[J]时代经贸,2014,2:105.

[62] 张雯.浅谈上海设立自贸区对融资租赁行业的影响[J].经营管理者,2014,10:16.

[63] 任声策,宋秉良.航运高端服务业的内涵及其发展启示[J].中国水运,2009,9:93-95.

[64] 邵娜,外商投资性公司存在问题及对策[J].青海金融,2011,10:40-41.

[65] 中国(上海)自由贸易试验区 60 题[J]上海企业,2014,2,:15-30.

[66] 曾耀莹.自贸区暂难撼医疗格局[J].中国医院院长,2013,21:43-45.

[67] 徐爱军,施燕吉.再论我国外资医疗机构发展环境与发展建议[J].中国卫生经济,2011,30(11):13-15.

[68] 秦艺蓉,上海自贸区外商独资医疗产业竞争力分析[J].经济师,2014,1:71-74.

[69] 殷晓婷,上海自贸区现状及对上海的影响[J].经济视野,2014,10:36-38.

[70] 张颖杰.自贸区对上海航运中心建设的影响研究[J]新金融,2014,2:33-37.

[71] 张文颖.上海自贸区建设对上海航运业的影响分析[J]对外经贸,238(4):48-49.

[72] 胥会云.粤港澳自贸区:升级版 CEPA?[J]第一财经日报,2014,1,3,第 A05 版.

[73] 乐美龙,高金敏.基于 SWOT 分析的上海自由贸易区发展研究[J].特区经济,2014,301,2:58-60.

[74] 罗培根,乐美龙.关于建立宁波液化品自由港的探讨[J].中国航海,2006,67,2:68-71.

[75] 乐美龙,李艳秋.上海会展物流业的发展现状与创新模式研究[J].武汉理工大学学报(社会科学版),2012,25(3):339-343.

[76] 方奕,乐美龙.港口物流现状与发展思考[J].中国航海,总第 55 期,2003,55,2:38-41.

[77] 乐美龙,黄竞,王曼子.上海集装箱运输现状及发展思考[J].中国航海,2001,49,2,58-64.

[78] 杨贵法,乐美龙.区港一体化模式探讨[J].集装箱化,2004,153,6,43-45.

索　引

致　　谢

　　值此本书出版之际，特别感谢复旦大学经济管理学院赵彦营博士。感谢为本书作出过贡献的我的 2013 级所有博士生、硕士生。

　　本书的撰写参考了大量的文献资料。参考文献中所列的资料仅仅是很小的一部分。感谢那些在列和不在列的参考文献的作者们。